大浪淘沙　勇立潮头

——记山东三岭集团董事长倪国岭

杨柱山　著

中华工商联合出版社

图书在版编目（ＣＩＰ）数据

　　大浪淘沙,勇立潮头:记山东三岭集团董事长倪国
岭 / 杨柱山著. -- 北京:中华工商联合出版社,
2021.12
　　ISBN 978-7-5158-3267-8

　　Ⅰ.①大… Ⅱ.①杨… Ⅲ.①倪国岭—传记 Ⅳ.
①K825.38

　　中国版本图书馆 CIP 数据核字(2021)第 272816 号

大浪淘沙,勇立潮头:记山东三岭集团董事长倪国岭

作　　者	杨柱山
出 品 人	李　梁
图书策划	池　的
责任编辑	李　瑛　孟　丹
装帧设计	文以载道
责任审读	李　征
责任印制	迈致红
出版发行	中华工商联合出版社有限责任公司
印　　刷	武汉楚商印务有限公司
版　　次	2022 年 1 月第 1 版
印　　次	2022 年 1 月第 1 次印刷
开　　本	787mm×1092mm　1/16
字　　数	261 千字
印　　张	15.5
书　　号	ISBN 978-7-5158-3267-8
定　　价	98.00 元

服务热线：010－58301130－0（前台）
销售热线：010－58302977（网店部）
　　　　　010－58302166（门店部）
　　　　　010－58302837（馆配部、新媒体部）
　　　　　010－58302813（团购部）
地址邮编：北京市西城区西环广场 A 座
　　　　　19－20 层，100044
http://www.chgslcbs.cn
投稿热线：010－58302907（总编室）
投稿邮箱：1621239583@qq.com

工商联版图书
版权所有侵权必究

凡本社图书出现印装质量问
题，请与印务部联系。
联系电话:010－58302915

1988 年 12 月，被中共后魏乡委员会评为模范共产党员。

2004 年 2 月，被中共德州市委、德州市人民政府授予"优秀建设者"荣誉称号。

2003 年 2 月 20 日，参加中国人民政治协商会议德州市第十一届委员会第一次会议全体委员合影。

2008 年 12 月,被中共德州市委、德州市人民政府授予优秀企业家,并记二等功。

2009 年 9 月,山东省委统战部、山东省发展改革委等多部门共同授予倪国岭"山东省优秀中国特色社会主义事业建设者"称号。

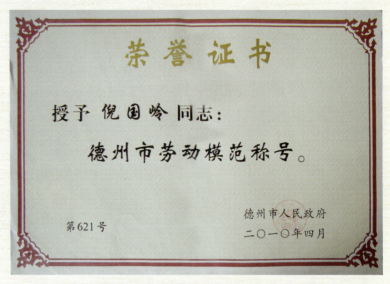

荣 誉 证 书

授予 倪国岭 同志：

德州市劳动模范称号。

第621号

德州市人民政府
二〇一〇年四月

2010 年 4 月，被德州市人民政府授予"德州市劳动模范"称号。

位于大柳镇后魏的山东三岭汽车内饰有限公司。

山东省宁津县银河开发区山东三岭汽车内饰有限公司新厂区图片。

山东省宁津县银河开发区山东三岭汽车座椅有限公司新厂区图片。

2009 年 7 月 7 日,董事长倪国岭亲赴汶川支援灾后重建工作。

2010 年 5 月 31 日,三岭集团参加德州慈善月捐赠大会。

2010 年 7 月 2 日,时任德州市委书记雷建国、德州市市长吴翠云一行视察指导三岭集团新项目,时任宁津县委书记孙起生、宁津县长景文新陪同。

2011 年 5 月 9 日，三岭集团生产的第一批启迪电动车全部无偿捐献给宁津县城管局。

德州市市委书记吴翠云莅临三岭指导工作

2011 年 8 月 18 日，时任德州市委书记吴翠云一行莅临三岭集团指导工作。

2016 年 4 月 28 日，宁津家具大世界落户三岭集团，家具 A 厅开业。
受邀参加仪式的有德州市政协原主席史好泉，德州市人大原副主任李光仁，德州市人大原副主任夏荣恩，德州市政协原副主席、市委统战部原部长陈建国，德州市政协原副主席张跃中等领导。

2017 年 9 月 11 日，新城实验小学开学典礼，由三岭集团牵头，共 6
家爱心企业捐赠 10 万元现金爱心助教。

2018 年 10 月 25 日，时任德州市委常委、宣传部部长景文新一行
莅临三岭集团指导工作。

2018 年 12 月 30 日,宁津三岭家具大世界商会成立。时任宁津县委常委、统战部部长、县总工会主席,现任宁津县政协主席武永生出席。

2019 年 1 月 1 日,宁津三岭家具大世界商会揭牌仪式。时任宁津县人大常委会常务副主任郑文生、时任宁津县民政局局长刘俊利出席。

2019 年 1 月 1 日,三岭家具大世界精品展厅投入使用。时任宁津县委常委、统战部部长、县总工会主席,现任宁津县政协主席武永生致辞。

2019 年 1 月 1 日,中国实木家具之乡接待中心揭牌仪式。

2019 年 8 月 25 日,为企业困难职工子女颁发助学扶贫金 10000 元。

2019 年 9 月 14 日,三岭家具大世界家居 C 厅开业仪式。

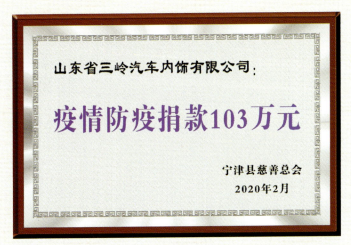

2020年1月,为支援抗击新型冠状病毒,三岭集团向宁津县慈善总会捐款103万元。

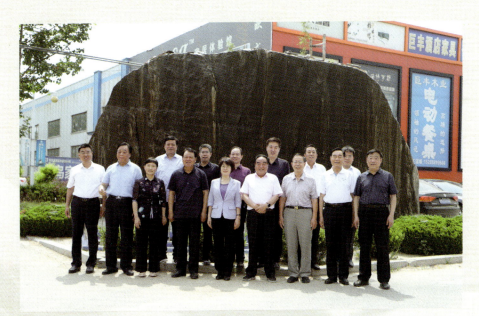

2020年6月13日,三岭家具大世界精品展厅开业仪式。德州市人大常委会副主任钟玲、德州市副市长张桂爱、德州市市场监督管理局原局长王胜强、德州市工信局原局长王爱民、宁津县委书记王刚出席。

2020 年 9 月 30 日，三岭集团董事长倪国岭感恩答谢，迎中秋、庆国庆活动。

2020 年 9 月 30 日，三岭集团总经理、副总经理聘任仪式。

吹尽狂沙始到金

史好泉

在吉庆祥和的牛年到来的第一天——正月初一——大早,我接到了宁津三岭集团董事长倪国岭同志的拜年电话。我们在电话中相互问候拜年之后,倪国岭告诉我,他请作家为他写了一部传记——《大浪淘沙 勇立潮头》已然成稿,提出让我为其写个序言。

我与倪国岭同志已经是 20 余年的老相识了,我在市委市政府工作期间,曾几次到三岭集团考察,倪国岭同志和他的企业给我留下了深刻的印象。2011 年,我任德州市政协主席,倪国岭同志是德州市政协常委,我们曾多次在一起开会探讨问题,我发现他是一个很有思想、很有事业心、很有开拓精神和坚忍不拔毅力的好委员、好企业家。当我看完书稿,对倪国岭同志的人生阅历和创业经历有了更深入、更全面的了解。《大浪淘沙 勇立潮头》一书,把一个四十多年奋斗不息、积极进取的企业家形象,展现在读者面前,我欣然接受为其作序。

作者将倪国岭从无忧少年,一直写到古稀之年。四十多年的风风雨雨,坎坎坷坷,特别在商潮之中的拼杀搏击、奋发有为,跃然纸上,不由得使我想起了唐朝诗人刘禹锡的《杂曲歌辞·浪淘沙》。这篇传世杰作,通过对淘金人艰辛生活的描写,给人以不畏艰难的哲理启示。倪国岭经历过的曲折、艰难、辛劳,我认为很符合诗人的深刻感受。以诗中"千淘万漉虽辛苦,吹尽狂沙始到金"的名句赞誉三岭集团和三岭集团董事长倪国岭不为过吧。

20 世纪 70 年代,倪国岭是宁津县后魏公社(现大柳镇)一个社办综合加工厂的厂长。这个厂有多大？像作者描绘的那样，这个厂还是在修配厂的院子里：一台车床，一辆12马力拖拉机，7间简易厂房，这是全部家当。

就是在这么些家当之上，倪国岭想让它起步、发达、腾飞。他奔青岛，跑济南，闯广东。一个回光灯杯项目呼之欲出，一颗饱满的种子就要发芽。但是这期间他遇到了打击和困难，在那个年代，特别是搞企业的人，所经受的困难和风险是可想而知的。

倪国岭一次次跌倒，又一次次爬起来。他住旅馆，一天连吃带住只花一块多钱；滴水成冰的集宁小镇上，他忧心忡忡，茫然走出街道的沉闷与压抑；在列车上过元旦和春节；面对瞬息万变、无比激烈的市场竞争，以及金融危机和洪水灾害的双重夹击……

这些，应该能够验证刘禹锡诗中的意境吧：只有经过千遍万遍的过滤，历尽千辛万苦，才能淘尽泥沙，得到闪闪发光的黄金。

2006年6月，是三岭集团发展史上一个重大的日子。他们在早就抛弃了小作坊，在后魏建设一定规模的厂区以后，又举家向县经济开发区进军。征地150亩，开启了建设新厂区、新厂房的工程。2008年彻底从后魏老厂区整体搬迁。随着新厂区、新厂房的建设，三岭集团又在技术、设备上勇于投资，使企业的实力大大增加，具备了现代化企业的规模格局。除了老产品，又逐步增加了座椅、新型电动车、三鼎物流。2011年又扩展150亩，进一步拓宽新厂区。并且，三岭家具大世界落成，发展到了4万多平方米，4个展厅，300多家高中低档产品落户。三岭集团成了真正意义上的集团公司。

在描述三岭集团几十年发展轨迹、倪国岭董事长在经济浪潮中个人事迹的时候，又从家庭、个人经历、社会环境等方面，以不同的角度、不同的层面、不同的篇章，对倪国岭做出如此成绩的根源，或者说倪国岭个人性格形成的缘由进行了探究。这种探究，不是强加于读者，而是把他的人生轨迹艺术地展现在读者面前，让你思考，让你领悟。

全书从大海开始写起，第一章第一节的题目就是——少年的大海。倪国岭本来是个平原之子，生于穷乡僻壤。然而老天有所惠顾，使他走向了大海。人的性格、品质固然受到诸多方面的影响和制约，但倪国岭正处在那个更多的朦胧和烂漫顽皮的年纪，来到了大海身旁，受到了大海的洗礼与启迪。少年对大海的憧憬由来已久，仿佛心中早有约定，使他与大海命中注定般相遇。这在少年的心里，具有异常重要的意义。大海那激情四射与放荡不羁，那诡谲莫测与瑰丽多姿，那无边无际的蔚蓝，那狂野不羁的喧嚣、躁动，那容纳百川的气魄……对倪国岭的一生,无疑产生了巨大影响。

作者写道,军营里站岗叔叔说礼拜天带他去看大海,不可一人瞎闯,海里有鲨鱼,还拉钩约定。少年禁不住诱惑,离开站岗叔叔,很快就变了卦。背着母亲,一个人偷偷溜出军营,独自跑到海边。那是大海第一次在他面前揭开神秘的面纱,像揭去盖头的新娘,在一个从乡下来的八岁少年面前,展现她令人神往的容颜。

"少年几乎身不由己地朝大海奔跑过去,边跑边亢奋地挥舞着双手,高喊着:大海,我来啦——"

他站在海边的沙滩上,面朝大海,久久地伫立着,享受着她的喘息。大浪沸腾着从遥远的天际汹涌而来,像高高隆起脊背的怪兽。遥远凸起成弧形的海平线上,隐约浮动着几片帆影,浮浮沉沉。特别是在浪涛翻滚的海面上,海鸥在嬉逐着浪花,翩翩翻飞。它们轻盈矫健的身姿,忽而被翻滚的浪花吞噬得无影无踪,忽而又从浪涛的夹缝里钻出,就像不真实的梦。少年的思绪,随着海鸥在穿浪翻飞狂想着:这可真是勇敢精灵一样的鸟儿啊!它们难道不害怕风浪?翅膀不会被浪花弄湿吗?

父亲在海滩上对他说:"风浪锻炼并教会了它们。"

少年瞪大眼睛问:"大海是老师吗?她不会说话,怎么教呢?"

爸爸笑笑,望着大海若有所思地说:"大海能教会人好多事。"

他突然又好奇地问爸爸:"那些海鸥干吗要追着浪花飞呢?它们不害怕吗?"

少年渐渐消融在这一片蔚蓝之中。这是一个懵懂少年一次次与大海的情感交融和无声对话。书里描绘少年对大海的认识,最经典的应该是集中在他对大海的夸耀上,这也可能正是他心灵深处爆发的浪花:

大海,大海跟天一般大……

还有神秘的军营,哨兵交接换岗的口令声,嗒嗒嘀嗒的军号;母亲的歌谣,爷爷的哲学,家庭权威……还有爸爸不愿虚夸,被免职后的豁达……无疑都对倪国岭性格刻下了深深的烙印。

2019 年 9 月,倪国岭又对集团的高管层作出调整。按照现代化管理模式,进一步完善三岭集团的管理体系。这是他继续创业的又一举动,这时他已经72 岁了。

纵观三岭集团四十多年的发展历史不难看出,她的跨越式跳跃发展、扩张,还是以她在宁津经济开发区落地为标志。也就是说,那个时候倪国岭已经

59岁,接近六旬。再看,2011年,三岭集团又征地150亩,在开发区原基础上继续扩大新厂区、新厂房。2016年,三岭集团利用南部厂区开辟三岭家具大世界,A厅开业的时候,倪国岭已经69岁。也就是说,跨越式跳跃发展、扩张,是他花甲之年,乃至古稀之年的创造。

老骥伏枥,志在千里。如今74岁的倪国岭仍然没有停住脚步,仍然在跑着,仍然在前进着。到2019年,4万平方米的三岭家具大世界全部建成。2020年突如其来的疫情,倪国岭把好防疫关口,在有些企业还在观望时,他按时开工。他抓好防御,不放松生产,圆满完成了生产计划,还为疫情防控捐资103万元。

年老的千里马本该卧槽在旁,但他依然雄心壮志,驰骋千里。正像《三岭之歌》中唱的那样:

迎着朝阳放声歌唱,
面向明天永开创,
继续用智慧和汗水创造辉煌
……

2021年2月

(**史好泉** 山东省政协原常委,德州市政协原主席,德州市委原副书记。)

领导寄语

　　倪国岭同志的传记体回忆录可读性很强。读后不仅给人以人生的启发，而且给人以奋发向上的力量。

　　与国岭同志接触，总感觉他周身有股使不完的劲头，有一股催人向上的"精、气、神"。从他的回忆录可以看到，作为一名共产党员和民营企业家，在几十年的工作打拼中，始终有为社会多做贡献的社会责任，有极为明确的前进方向和奋斗目标。

　　国岭同志出身于一个军人家庭，军人和军队的气质影响了他的一生。

　　他是一位民营企业家，更是一名共产党员。党的教导牢记终生。入了党就不能心里光装着自己的小家庭、小日子，就意味着要作出牺牲。我认为他几十年来始终有一股朝气，有一股奋发向上的力量，有面对困难不畏艰险、创造一项又一项业绩的力量源泉。

　　难能可贵的是，现在三岭集团按照现代企业管理制度的要求，积极探索改革，跳出家庭管理的固有思维模式；厘清企业产权和管理权的不同概念，实行现代化管理；不拘一格选人用人，培养现代企业的"精、气、神"，企业正沿着这条健康的道路奋发前进。

　　我坚信，三岭集团一定会发展得越来越好。三岭百年企业的梦想一定会实现。三岭集团的明天一定会更加辉煌灿烂！

——李光仁（德州市人大原副主任，宁津县原县委书记）

三岭集团发展壮大充分证明:能在一张白纸上描绘出美丽的蓝图,就要不断地挑战自己、战胜自己、超越自己。国岭同志拾起梦想的种子,一路走来,不屈不挠,奋不顾身地去播撒、去耕耘,人生充实而精彩。

国岭同志付出了很多,但也收获满满。一段文字,或睿智聪慧,或婉约细腻,或情思缠绵,或悲欢离合,都能触动心弦,仿佛身临其境,每读一处,或思如泉涌,或会心一笑,或欣喜异常,多彩的人生,涓滴的往事,似水的柔情,看,朵朵黄菊花在杯中。

一个成功的企业家,就是对社会最大的贡献。企业走到今天,是企业战略的胜利,企业文化的胜利。企业是船,文化是帆。希望三岭集团继续扬帆破浪,创造更加灿烂的明天。

——夏荣恩(德州市人大原副主任,宁津县原县委书记)

我和倪国岭先生是近四十年的老朋友了,我们从相识、相知、相亲、相敬,经历了一段难忘的岁月。读罢《大浪淘沙 勇立潮头》的书稿,往事就像一幅波澜壮阔的历史画卷展现在我的脑海里,让我从多角度更加懂了老倪。

老倪是个胸怀大志的人。农村的穷苦让他立志,大海的洗礼让他憧憬,军营的生活给他启迪,父母的教诲给他力量。他从小就立志要做一个勇立潮头的人,成就事业的人,对家庭、社会和国家有贡献的人,实践证明他做到了!

老倪是个意志刚强的人。三岭集团从小到大,从弱到强,发展到现在成为现代化的企业集团,历经四次创业,有苦有甜,有忧有乐,在受到致命打击和多次挫折后,老倪也从没倒下,而是越挫越勇,勇往直前,值得为其点赞!

老倪是个勇于创新的人。三岭的发展史就是一部创新史,他深深懂得创新是企业发展的灵魂,因此在开发新产品、改造技术、控制质量、培养引进人才、建设企业制度、调整产业结构、建设企业文化、改革分配制度等方面费尽心思,下了很大功夫,这是三岭四十多年来永葆青春活力的保证!

老倪是个心存大爱的人。他视员工如亲人,每个人的冷暖都放在心上;为了让家乡尽快摆脱贫困,他服从组织安排,毅然担起了村党支部书记的职务,投资为村里修柏油路、建学校、打井兴修水利;得知贫困大学生因没钱不能上大学,他就解囊相助,帮助多名贫困学子圆了大学梦;每当社会上出现灾害,他都带头捐款,2020年新冠肺炎疫情期间,他一次就捐了103万元。他说这样做他心里舒坦!

老倪是个诚实坦荡的人。他有个外号叫"小钢炮",这是他任德州市政协常委时朋友们对他的尊称。他性格爽朗,声音洪亮,说话直来直去,对人诚实厚道,坦荡大气,包容体贴,因此,大家都很喜欢他。这应该是他朋友很多、事业成功的原因,我也为有他这样的好朋友而感到骄傲!

三岭是棵常青树,历经四十多年,依然根深叶茂,茁壮成长,这与老倪的辛勤劳作、精心培育是分不开的。三岭正在昂首阔步向百年企业挺进,祝愿三岭集团在新的征程上开创新的辉煌,谱写出更加美好的篇章!

——陈建国(德州市政协原副主席,市委统战部原部长,齐河县原县委书记)

《大浪淘沙 勇立潮头》的书稿放在案头,越看越觉得老倪同志可爱、可亲、可敬。可爱,是他欢快、积极向上的心态;可亲,是他善良诚实、无私奉献的为人;可敬,是他不畏艰难、永不言败、勇于争先、克难制胜的自信心。老倪同志的企业,经过几十年的奋斗,从小到大,从弱到强,稳固发展,靠的就是他这种可亲、可爱、可敬的高尚品德和高站位的境界。

倪国岭同志的这种美好人生理念和精神风貌可歌可泣!

衷心祝愿三岭集团立足新起点,迈上新征程,开创新辉煌!

祝愿倪国岭同志幸福快乐,身体健康,日盛一日,比牛更牛!

——张跃中(德州市政协原副主席,宁津县原县委书记)

人生就是一本故事集

没有彩排

一生就是一集

一年就是一章

一天就是一页

——倪国岭

目录
CONTENTS

第一章

无忧少年

一、少年的大海

即使过去许多年之后，岁月的风尘模糊了许多记忆，那个灼热的夏日午后，那片寂寥空阔的海滩，那个少年用心修筑堆砌的海滩城堡，依然深深镌刻在倪国岭的记忆里。

那是大海第一次在少年面前揭开神秘的面纱，像揭去盖头的新娘，在一个乡下来的六岁少年面前，展现她令人神往的容颜，裸露她的激情四射和放荡不羁，澎湃她的诡谲莫测与瑰丽多姿——阳光下，那一汪激情澎湃、无边无际的蔚蓝，狂野不羁地喧嚣着、躁动着，开锅似的咝咝泛着泡沫，沸腾着从遥远的天际汹涌而来。蓝色绸缎般鼓荡抖动的海面上，蜃气迷蒙，被阳光映照得闪闪发光。一道道叠起的涌浪，像高高隆起脊背的怪兽，鼓耸着嶙嶙肋骨，喷吐着泡沫，咻咻喘息着，张牙舞爪地咆哮着，一次又一次地朝岸边扑撞、噬咬，俨然要将整个世界活生生吞入腹中。

少年被突然呈现在眼前雄浑壮阔的气势所深深震撼，禁不住浑身微微一颤，惊讶得汗毛都竖起来了。这就是他一直憧憬向往并无数次幻想过的神秘的大海呀！

这是1954年的夏季，倪国岭刚刚跟随母亲，从千里之外的冀鲁平原上一个普普通通的小小村落——高伊范村，随军来到青岛。那年，他只有六岁。父亲是青岛航空预备学校飞行大队第一中队指导员，部队驻扎在一个叫沧口的地方。妻子和儿子的到来，无疑加快了他的生活节奏。除了整天忙于开会学习和训练，还要挤出时间安顿新家，购置必要的生活用品，联系接洽儿子的上学问题,几乎无暇顾及母子俩。母亲是个闲不住的人,打一进军营,就扎起围裙,挽起袖子,当仁不让地担负起家庭主妇的责任,她吩咐男人说:"你忙你的,家里有俺,你甭操心!"随后动手收拾屋子,打扫卫生,又是洗又是刷,里里外外忙得不可开交。母亲在门前拉根绳子,把洗干净的衣物晾晒起来。

他们的新家,是一个类似地堡的半地上半地下的防空洞,从外面看上去,就像雨后拱出地面的蘑菇顶。那时,营区里每个带家属的干部,都有一个这样属于他们的安乐窝。顺着门前的粗粝石阶走进去,里面却别有洞天。防空洞里一应俱全,且冬暖夏凉。爸爸开玩笑说:"这是真正的洞房。"母亲羞赧地斜一眼说:嫁鸡随鸡嫁狗随狗,嫁个地猴儿钻洞口。不图别的,就图个一家人能在一块儿。

少年第一次见到这种别出心裁的建筑,既兴奋又好奇,他忍不住在床上打滚翻跟斗。母亲警告说:"没正形儿,不脱鞋上炕,看我不打你。"少年毫不收敛。爸爸说:"随他闹去。"母亲说:"就你惯他!"

这个从遥远的乡下来的孩子怎么也不肯相信,眼前这个半隐半露的洞穴,就是他的新家。他睁大一双充满疑惑好奇的大眼睛,像一只机警的小动物,里里外外用鼻子嗅着洞穴的气息,然后从洞口探出头来。阳光火辣辣地泼洒下来,空气又黏又稠,散发着满是泡沫的玉米粥似的气味。这是座形状酷似一簇蘑菇的地堡,仿佛正强劲有力地从地下顽强地拱出来,圆形的盖顶充满某种原始宗教般的威仪,在肃立祈祷的绿草灌丛中,散发出嫩草般诱人的气味。孩子恍若听见来自家乡小河边山羊带着新鲜草汁的咩叫声……那是鲁北乡村一条不起眼的小河,就像乡人口中随便哼出的无名小调,静静地流淌着。河边青草鲜嫩,少年把羊赶到河边的草地上,或坐在柳荫里吹着柳哨看羊吃草,或跑去水边甩着瓦片"撇梨花"。婀娜的河水像柔媚的飘带……河水干涸的季节,河床上会卷翘起鱼鳞似的泥片,看上去就像一道丑陋结痂的伤口。庄稼人的嗓子也哑了,少年常听到女人站在房顶上,一手叉腰呈端把酒壶状,吆鸡骂狗。村人好像早就习惯了这一切,没了歌声的时间,女人的骂街就成了一种抑扬顿挫的旋律。

就在少年里里外外打量着这个形状有点可笑的洞穴时,好几个高矮胖瘦不一的女人说笑着走了过来。

女人们是最适宜群居的,她们充满了快乐。听说来了新邻居,左邻右舍的婶婶阿姨像鼹鼠一般从各自的洞穴里钻出来,纷纷过来探视,向新搬来的倪指导员的家属祝贺问候,联络一下感情,因为她们很快就会形成新的同一阵线，彼此的接纳照应必不可少。她们带来各种炊具、蔬菜、油盐调料，相互寒暄着。这些军嫂们受到军营的熏陶，无形中性格也变得豪爽起来。说话快言快语，行事干净利索。母亲起初还有些拘谨，受这些姊妹们的影响，很快也变得开朗起来了。她们很快就成了无话不谈的知音，彼此谈着日常琐事、柴米油盐，甚至男人的性格脾气，吵架拌嘴也毫无顾忌地作为话题，叽叽喳喳，不知为什么突然会咯咯大笑。最终，她们的同感就是，家家有本难念的经。一时间，操着各种腔调的女人们的说笑声充满蘑菇顶的小屋子，少年只觉得耳朵一阵嗡嗡乱响。

少年正是烂漫顽皮充满幻想的年纪，在屋子里自然待不住，便独自跑出去。虽然母亲再三叮嘱，不许到处乱跑，他还是像一只懵懵懂懂的小鸟，在军营里扑扑棱棱四处乱飞乱撞，哪能关得住呢？

说起来，整个营区的建筑没有什么特别之处，甚至可以说平平常常。没什么高楼大厦，几排低矮的石砌营房，错落不规则地排列着，有的竖着高高的烟囱。此外就是操场和训练场。操场上除了锻炼的体育用具，还有篮球架。一面五星红旗在操场上空迎风飘扬，映着蓝天白云，格外耀眼。紧傍营区后面的缓坡上，长满低矮的灌丛和零零落落的松树，那些蘑菇顶地堡就隐现在树木和灌丛之间，像刚从泥土里冒出来。但这丝毫没影响少年的好奇心和求知欲。他看什么都觉得新鲜，都想动手摸一摸，一探究竟。忽然，他看见前面的停机坪上，一溜停着几架飞机，像雨天停在树枝上的鸟儿。哈，少年顿时来了精神，马上跑过去，刚想伸手去摸，站岗的叔叔开玩笑说："嗨！摸什么摸，摸坏了你赔得起？"

少年偏起头："什么破玩意儿，还能摸坏了？"

站岗的叔叔笑着问他："嗨！小家伙儿，你叫什么名字？"

少年得意地说："哼，你管呢，俺不告诉你。"

叔叔逗他说："不告诉，嗯——也知道（他故意拉长声调把'俺'说成'嗯'）。你姓你（他的腔调有点侉，把'倪'说成'你'）……对不对？"

"你怎么知道？"

"我会算！"

少年问叔叔："不是有大海吗？怎么看不见？"

站岗的叔叔顺手向右方一指："不远就是。想看海吗？叔叔礼拜天带你去。记住，不可一个人瞎闯，海里有鲨鱼。说定了，来，拉钩！"

少年十分不情愿地说："拉钩就拉钩，谁怕谁？"

少年经不住诱惑,离开站岗的叔叔,很快就违背了约定,他一个人偷偷溜出军营,独自跑到海边来了。

夏日的午后,披着厚厚的绿色衣装的旷野仿佛在迷蒙的阳光下打瞌睡。翻过一道丘坡,冷不丁面前突然冒出一片喧嚣沸腾的大海,像给风鼓荡着的巨大的蓝色绸缎,澎湃着从天边兜头而来,像要把整个世界吞没似的,着实令第一次见到大海的八岁少年吃了一惊。

少年深深吸了一口气。乖乖,海原来是个这么大的家伙!一股浑厚的咸涩气息迎面扑来,少年感到瞬间被湿漉漉的蓝色浸透了。他的耳朵一阵蝉鸣,恍若来自大海深处某种神秘的诱惑和召唤,一股磁石般的力量强烈吸引着他。少年几乎身不由己地朝大海奔跑过去,边跑边亢奋地挥舞着双手,高喊着:"大海,我来啦——"

少年对大海的憧憬向往由来已久,仿佛心中早有约定。这一切都源于对爸爸的思念。在他幼小的记忆里,爸爸只是个想象中的人物。那时,爸爸和这个家庭的唯一联系,就是不定期的书信。母亲识字不多,每次来信,都要找村里人称"先生"的一位老者念信、代复。每次念信,老者总是戴上圆光老花镜,清清嗓子,然后像宣读圣旨一般一字一板地读出来。低眉顺目的母亲神情谦恭卑微,充满期待和渴望。然而,每次爸爸的来信都是那样干巴巴的,千篇一律。开头都是什么见字如面,然后询问家中年景、收成,老人孩子身体好不好,接下来简单说下他的情况,比如说打了胜仗、立了功、队伍休整、天气潮湿、身上长了疥疮又都好了等,嘱家里人不必惦念之类的话。每次老先生念完信,都轻咳一声,然后从眼镜框上方的缝隙里用昏花浑浊的眼球瞥一眼母亲,说上一句:"清文家的,清文在队伍上进步快,一切都好,不用惦记着。"母亲唯唯诺诺地应承着,一边对总添麻烦表示歉意和感谢,一边从斜襟褂子里掏出早已备好的信封、信纸,央先生代写回信。老先生一边说着"责无旁贷",一边拿出一个小墨盒,展纸润笔,开始写回信。先生写信用毛笔,他先在舌尖上舔舔半秃的笔头,有时嘴唇夹着脱落的笔毛,噗地一下吐在地上,然后一笔一画一丝不苟。真正让少年对老者肃然起敬的原因是:他的威严做派与乡场上的人截然不同,好像他是从另外一个星球上来的怪人。

母亲对这些平平常常的家信如获至宝,每次都认认真真地放在梳头匣子里。有时,还会拿出来,愣愣地瞅上半天,想心事。依稀记得,一次,他从睡梦中醒来,母亲正坐在炕沿上纳鞋底,嘴里轻轻哼着:"八路军那个独立营,谁来参加谁光荣,骑着马来披着红,你看光荣不光荣。米索拉多米索拉多……"

灯罩里摇曳的灯光把她的影子映在墙壁上，动作柔美而夸张，仿佛来自神秘的投影。母亲完全沉浸在甜蜜的回忆里，脸颊上泛着一抹红晕，灯光下显得格外幽美。

每次爸爸来信，母亲的心情格外好。脚步轻盈，面带潮红，有时会情不自禁地哼起小调。

少年从被窝里探出头，问母亲："娘，俺爸来信了？爸爸在哪儿？为啥不来看咱们？"母亲看他一眼，咬断手中的针线，说："你爸爸现在青岛。"少年好奇地问："青岛？青岛是青的吗？"母亲摇摇头，说："听说那是个有大海的地方。"少年说："大海？大海什么样呢？"母亲说："大海就是一片蓝色的水，一片无边无岸蓝色的水。想爸爸啦？"

少年摇摇头，赌气说："不想。俺就想看看大海长啥模样。"

母亲摸摸他的头，安慰说："很快就能见到大海了。你爸爸来信说，等上级批准了，就接咱们过去。"

打那以后，少年就与大海有了约定。他曾把大海想象成平原上随着熏风起伏翻滚的麦浪，雨季天边汹涌的黑色云头，并不止一次绘声绘色地对小伙伴们吹嘘夸口，令那些听得入迷的小伙伴们伸着脖子，直咽唾沫。大海真的有那么大？有人提出怀疑。当然！为了打消小伙伴们的质疑，少年用手指着天空说："大海，大海跟天一般大……"惊得那些孩子直吐舌头。我的娘哎，跟天一般大，往哪儿搁放哩！

少年不无骄傲地夸口说："俺爸爸就在有大海的地方，俺很快就能见到大海了！"

尽管在此之前，爸爸这个词并不是少年炫耀的资本。甚至每当看到别人的爸爸沾着汗珠儿的黝黑的脊梁，在阳光下闪着古铜一样的颜色，他就会感到羡慕和嫉妒，不由自主地咽口唾沫，同时有一种莫名的自卑。在少年眼里，那是一种力量和依靠。他很少会在小伙伴面前提到爸爸，就像母亲在他面前总是对爸爸讳莫如深一样。在少年朦胧的记忆里，只有母亲忙碌的身影，她柔弱的肩膀，就是这个家庭的脊梁和擎柱。爸爸只不过是虚幻的没有实感的名词而已。爸爸这个虚幻的名词和大海结合在一起时，突然有了一种伟岸高大的感觉。

这是少年第一次在同伴面前被艳羡和啧啧赞叹。

少年站在海边的沙滩上，才知道大海和天空是一体的，根本分不出你我。眼前一片空蒙，雾霭蔚蓝，邈远幽深直达天际，水天一色，神秘莫测。湿漉漉的空气就像大团飘浮流动着的水雾,带着新鲜刺鼻的腥咸气味,弄得人鼻子直发痒。阳光透过迷蒙的水雾,照射在布满卵石、贝壳和沙砾的沙滩上,光怪陆离,变幻莫测……这是无法想象也难以用语言表达的。

倪国岭后来想:有时视野和胸襟会限制人的想象和创造力。

那个夏日午后的海滩,喧嚣而沉寂。

少年站在海边的沙滩上,面朝大海,久久地伫立着。附近几乎见不到什么人,只有遥远的弧形的海平线上,隐约浮动着几片帆影,浮浮沉沉的。浪涛翻滚的海面上,几只海鸥在嬉逐着浪花,翩翩翻飞。它们轻盈矫健的身姿,倏忽被翻滚的浪花吞噬得无影无踪,忽而又从浪涛的夹缝里钻出来,就像不真实的梦。少年的思绪随着海鸥穿浪翻飞,他心想:这可真是勇敢的精灵一样的鸟啊!它们难道不害怕风浪?翅膀不会被浪花弄湿吗?

少年想起家乡的鸟,每逢雨天,它们就会胆怯地蹲在树枝上或屋檐下,无聊地用尖喙梳理湿淋淋的翅膀和羽毛。有的躲进安全的窝巢里,等待雨过天晴,从不会去风雨中冒险……这么想着,少年心中对海鸥油然升起一种崇敬之情。平原上那些没见过大海、没见过风浪的鸟类,跟海鸥比起来,简直就是一群笨鸟,胆小鬼!少年这么想着,得意地笑了。他弯腰捡起一块鸡蛋大小带花纹的青色卵石,拿在手里看看,然后,抡起胳膊用力朝着汹涌的浪潮投去,嘴里喊着:"来吧,俺不怕你——"

突然,一股巨大的涌浪汹涌而来,溅起的巨大浪花,喷溅在少年的脸上身上,他的鞋子和裤腿都湿了。少年抹一把脸,然后左右开弓踢掉脚上的鞋子,挽起裤脚,跳进正在退却的潮水里。浪花啄吻着他的肌肤,柔沙磨砺着他的光脚,少年感到浑身痒酥酥的。

这是一片僻静的呈 S 形的海滩。左侧突出的岬角,将岸线拱出弧线形,裸露的礁石上,影影绰绰蠕动着几个身影。那些人身上挎着鱼篓网兜,或踞或蹲在礁石上,低头弯腰认真地凿挖着什么。他们神情专注,似乎忘记了周围的一切。涌浪撞击在礁石上,不时溅起阵阵巨大的水花,哗哗泼洒在身上,他们好像全然不在乎。迷蒙的光晕里,那些人蠕动的身影看上去就像乡下傀儡戏里的木偶。少年忍不住笑出声来,他想不明白,那些人究竟在干什么呢?

一只海鸥突然掠过海面,从少年的眼前绕了一圈飞走了。它飞得很低,几乎擦着少年的耳边飞过,少年听到它翅膀的扇动声。他把双手握在嘴上,对着飞走的海鸥大声喊叫:"海鸥,你过来——"

热情的阳光倾泻在沙滩上,沙滩白得刺眼,海滩上的卵石和沙砾被炙烤得灼热烫人。倦慵的风像融化开的油脂,带着一股浓重的腥咸气味,在沙滩上流动,发出嗞嗞的声响。那些大大小小带花纹的卵石,看上去就像某种史前鸟类产下的蛋,同沙砾和五彩贝壳拥挤擦在一起。阳光下,它们像一群眨着眼睛的顽皮的孩子,相互你推我搡簇拥着,嘻嘻哈哈迎迓着远道而来的小客人。

当最初的一丝惊惧和莫名的对峙情绪消除之后,少年已经完全和大海和解了。他站在浅水里,用手撩着水花,任凭涌浪舔舐啄吻着光脚和腿肚,体味着那份亲昵的爱抚,那份肌肤与大海亲密接触的惬意,那份感动愉悦的温存。耳边聆听着浪花的喁喁细语,他恍惚感到面前这个一袭蓝色的庞然大物,正伸展湿淋淋的双臂向自己拥抱过来。她柔柔的臂弯充满母性般的温柔,裙裾飘飘,佩环叮当,一种浑厚的气息和浓浓的体肤气味,完全将少年紧紧包裹起来,越裹越紧。少年感到自己仿佛渐渐消融在这一片碧绿蔚蓝之中。这是一颗懵懂少年的心,第一次与大海的情感交融和无声对话。

这在少年的生命里,具有异常重要的意义。

在经过无数次挫折和磨砺、成功和失败之后,倪国岭会想起那个夏日午后,父亲在海滩上对他说的那句意味深长的话:"大海能教会人好多事。"

那个夏日的午后,少年站在海边的浅水里,久久地朝远处眺望着,好像要看透隐藏在幽深渺远的巨大蓝色幕布后面的秘密。

忽然,少年捧着小手,弯腰掬一捧海水送到嘴边,好奇地伸出舌头舔了一下,随即咧着嘴噗噗地吐了两口,羞赧地笑了。少年边吐着粘在舌尖上的咸涩,边用手背抹一下嘴。他想起爷爷讲的故事,心想:难道大海里真有口吐咸盐的盐娃娃?

热情的阳光将少年的身影揉进起伏的涌浪里,一只顶着螺壳的寄生蟹滑过少年的脚边,匆匆在海滩上爬过。这种奇特的生物引起了少年的好奇心,他伸出一根指头,轻轻触碰了一下那个怪模怪样的家伙,不料,那家伙突然拱起盔甲似的螺壳,愤怒地舞动着武器般带刺的爪子,少年连忙缩手,看着顶着巨大盔帽似的家伙趔趄着狼狈而逃,少年开心地笑了。

这是属于他的一片新领地,是少年心灵的新家园和独立王国。有柔浪簇拥,海鸥做伴,白云悠悠,天水一色。还有大大小小各种颜色的鹅卵石,螺旋形的海螺壳,带彩色花纹的扇贝壳,五光十色,璀璨夺目。这个八岁少年很快就对眼前的一切着了迷。

于是,少年开始在沙滩上来回奔跑,捡拾贝壳和五彩卵石,用手扒开柔软的沙子,修筑他的城堡。他用双手拍打着湿漉漉的细沙,围成半圆形城堡,这有点像他新家的样子,上面叠摆卵石装饰贝壳。他随便用手撮个沙堆,上面搁块圆形卵石,或鸟头状的石子,再安两片贝壳,就成了人或飞禽走兽……少年嘴里不停地学着各种人声鸟叫,完全沉浸在自己创造的世界里。

起风了,涨潮了。汹涌的潮水眼看就要漫上城堡,阳光洒在沙滩上,潮水一片金光。

一只大手轻轻搭在少年的肩膀上。少年回头一看,原来不知什么时候,爸爸已站在身后。

"你一个人跑到这儿来,怎么也不说声?"爸爸说。

"俺来看看!少年偏着头看看爸爸说。"

爸爸咧嘴笑笑,然后眺望着大海说:"喜欢这里吗?"

少年点点头。他突然好奇地问爸爸:"那些海鸥干吗要追着浪花飞呢?它们不害怕吗?"

爸爸笑着摇摇头:"风浪锻炼并教会了它们。"

少年瞪大眼睛,问:"大海是老师吗?它不会说话,怎么教呢?"

爸爸笑笑,望着大海,若有所思地说:"大海能教会人好多事。"

少年不解地抬头看着爸爸。西斜的阳光照在爸爸的脸上,呈现出一种古铜色,显得如此刚毅。

这位勇武英俊的军人咧嘴一笑,亲昵地用手掌摸摸懵懂的儿子的头,说:"你还小,慢慢会懂的。走吧,再晚你娘会不放心的……"

回家的路上,爸爸告诉少年:"明天你就可以上学了。他叮嘱儿子,到了学校要听老师的话,和同学们搞好团结。"

少年懂事地点点头。

西边天空的晚霞烧起来了,金灿灿的一片。军营里响起一阵嘹亮的军号声。少年随爸爸一起往回走时,迎面碰上那个站岗的叔叔像他们打招:"指导员,今晚联欢会,嫂子和小家伙一起来参加吧。"

爸爸微笑着应诺:"好!"

叔叔用指头拨拉一下少年的脸蛋,说:"小家伙,不够意思。说好一起去看海,你怎么能独自去呢?"

原来,父亲从外面办完事回来,见母亲正在着急,说大半晌没见儿子的影子了。人生地不熟的,他能跑到哪里去呢?父亲安慰母亲,说:"没事,我去看看。"通过站岗士兵的描述,父亲才在海边找到他。

少年记不起参加那次联欢会的情形,或许他根本没去。吃晚饭时,他就有点坚持不住了，上下眼皮不停地打架。他太疲乏了，小手里仍旧紧紧攥着两颗彩色卵石，这是他为姐姐准备的礼物。他是幸运的，跟着母亲来到青岛，成了随军家属，亲眼见到了大海。姐姐就没那么幸运，少年甚至为姐姐感到惋惜。他的眼前浮现出远在千里之外老家那个扎着小辫子的小姑娘，双手托着下巴坐在窗前数星星。奶奶摇着纺车，絮絮叨叨地讲述着老掉牙的故事，就像她手里那根扯不断的线一样长……

少年笑了，脸上像花一样开放。

夜深了，营区四周静悄悄的，偶尔传来站岗的哨兵交接换岗的口令声。丈夫从外面查完哨回来，妻子仍旧坐在床前做针线。她嘴里轻声哼唱着一首歌谣。平时，她做针线哄儿子睡觉，总是喜欢轻声哼唱。柔和的灯光里，她姣好的面容洋溢着一抹幸福的光亮，额头上一缕散乱的头发飘下来，伴随着柔和的旋律在飘荡，小小的防空洞内充满家庭的静谧与温馨。丈夫说："还没睡？"妻子莞尔一笑，说："在家熬夜习惯了，睡不着。"丈夫一边脱去上衣，一边朝床上努努嘴，悄声说："小家伙睡着了？"妻子笑笑说："脑袋一沾枕头边，就睡着了。这会儿就是在耳边放鞭炮，也难吵醒他。"妻子边说边在鬓角上抹抹手中的针，继续说："这孩子，心野。平时在家不着屋子底，皮头蹓闹地疯跑惯了。新来乍到，看嘛嘛新鲜，也不察生，四处疯跑了一天，一双刚穿上脚的新鞋，鞋底都跑飞了边……"突然，床上的儿子翻了个身，嘴里呢喃呓语着什么，又沉入梦乡。丈夫弯腰探着身子，关切地给睡梦中的儿子盖好被子，并在儿子稚嫩的脸蛋上轻轻吻一下，说："这小子像我。不露怯，敢闯。"

妻子嗔着说："嘛爹嘛儿。你还宠他？俺还害怕他给你捅娄子呢。"丈夫笑着说："男人就该有股闯劲儿。"

那一夜，少年梦见了大海，一个充满母性般温柔、更加斑斓多姿充满活力的大海。少年自己则变成一只在惊涛骇浪中搏击风浪、自由穿越、展翅翱翔的海鸥……

这是属于少年自己的大海。

二、父母的婚事

母亲豆蔻年华的少女时代,是在战火硝烟的年代绽放的。她是大孟村缝鞋匠家的长女。

姥姥家没有男孩。在三姊妹中,母亲最有男子气概。

没有男孩的家庭,长女就当男孩使。姥爷常年赶五集,家里的日常琐事和里里外外应酬,就由这个不是男孩的"男孩"操持,所以,母亲很小就学会独立、决断,绝无小女子一般的优柔寡断。

姥爷是个缝鞋匠,在乡场上颇有名气。他技术精湛,经手做的鞋子,针脚细密,松紧合适,轻便跟脚,经穿耐磨不走形,质量过硬,价钱公道,颇受青睐。因此,他的生意还算红火。有活干,自然就有源源不断的收入,所以姥姥家的日子过得自给有余,在乡场上算得上让人高看一眼的户头。所以,姥爷挑着颤颤悠悠的鞋匠工具箱,扭着身子迈着欢快的步子,走在乡间的土路上时,常常会招来艳羡的目光和啧啧的由衷赞叹。

每逢十里八乡的集日,姥爷就会挑起他盛着各种纳鞋的粗细麻绳和钉鞋掌用的皮子的小木箱,以及钉鞋修鞋的家什马扎,随在早起的小商贩中间颤悠颤悠地奔向街市。有时,他会坐在去集市上拉东西的牛车上,和赶车人并排奔拉着两腿,坐在车前两侧,一边不慌不忙地抽着烟,一边说闲话。他出摊都有固定的地点。有时需要修鞋或钉鞋掌的人去得早,就把要修的鞋子放在摊子的空位上。姥爷到了,把鞋拿在手里上下左右地看看,然后就开始干活。他把鞋底对着皮子比量一下,十分麻利地用剪刀剪成需要的样子,把鞋子套在钉鞋铁砧上，嘴唇间叼着几颗钉子，挥着鸭嘴锤啪啪几下，严丝合缝，又板正又结实。修好往摊前一放，随后拿出纳鞋底的夹板，夹在两腿中间，两只手各拿一把穿眼的锥子，双手穿针引线，左右开弓，哧哧地扯着针线，像弹琴，又像舞蹈，让人啧啧称赞。有时，客人急等着穿，姥爷就会递过马扎，说："稍等。"然后三下五除二，十分麻利地弄好，递过去说："试试。"接着仍旧低头哧哧地纳他的鞋底。有人来拿修好的鞋子，说掌柜好技艺，开眼了！说着，叮的一声将几个铜板丢在盛钉子的小木盒里。姥爷也不看，咧嘴一笑，说："走好，有活只管拿来。我钉的鞋掌，你赶脚尽管去穿，经磨轻快，就是鞋帮磨烂，鞋掌也是纹丝不动。"

姥爷既接受定制，也做卖活，修补、钉鞋掌的活多忙不过来，姥爷还会带回家去干。他的家什挑子上常常会挂着一串修好或待修的鞋子。

在乡场上，姥爷是少数几个能把技术上升到技艺层面的手艺人。

姥爷前半生养下三个女儿。为此，他一直心有不甘，耿耿于怀，时常为没能生个顶立门户传宗接代的儿子而深感遗憾、愧疚，更为自己的一手好手艺断了承续而懊恼。虽然三个如花似玉的女儿活泼可爱，但将来终究是人家的人。土话说：灰土打不了墙，姑娘养不了娘。这些根深蒂固的古老观念，像紧箍咒一样紧紧箍在这个精明的缝鞋匠头上，一回到家，他除了低头干活，就是闷头抽烟，很少说话。虽然他嘴上不说，姥姥的心里却明镜似的，清楚地知晓老头子内心的烦恼和委屈。每当看见老头子一声不吭地闷头抽烟，她的心里就不是滋味，觉得愧对他，转而又觉得气愤不平。她对男人说："你别整天缩脖蹲腔见人矮三分似的。咱站着不比别人矮，躺下不比别人短。闺女咋啦？古来还有花木兰替父从军哩！"

姥爷说："花木兰，花木兰，你生个花木兰看看。"

"俺就是花木兰！"女儿突然从门外跑进来。通红的脸蛋带着皱痕，神气地站在屋子中间。

姥姥来了救兵，高兴地一下把女儿揽在怀里，亲着脸蛋说："看看！都说闺女是娘的贴身小棉袄，将来嫁个有出息的女婿，俺还等着享福呢！"

姥爷磕磕烟袋锅，用力吐一口唾沫："嫁出的女，泼出的水。嫁鸡随鸡嫁狗随狗，嫁根扁担扛着走，能指望得上？喊！别人有不如自己有，哪怕是根火棒棍儿，也能当顶门杠子。"

姥姥说："这话俺就不爱听。命里三升，难求一斗，这能怨谁？都是命！"

姥爷低下头不再说什么，用烟袋锅在屋脚地上画着，他就是觉得命运不公，自己空有一身好手艺，现在却连奔日子的心气也泄了劲儿。这能怪谁呢！

姥姥吩咐女儿："去看看院里的鸡食喰子，别让鸟蹚了。"

女儿说："俺早盖好了，把鸟轰跑了。"

姥姥夸赞说："看俺闺女，多透脱明亮，将来嫁个好女婿。去玩吧。"

女儿转身跑出屋。这个稚气未褪的女孩，就是后来倪国岭的母亲。

每次，姥爷不作声，转而去想别的事，就意味着夫妻之间的拌嘴告一段落。姥姥会把纺线的纺车转得嗡嗡响。

姥姥家没有男孩，长女自然要承担许多男孩的责任、担当。这对塑造母亲风风火火敢作敢当的性格、吃苦耐劳坚韧不拔的精神有直接关系。否则，一个柔弱的女人，在男人当兵去前线后，独自拉扯两个蹒跚学步的孩子，里里外外，又当爹又当娘，用一双柔弱的女人肩膀苦苦支撑起一个家，是不可想象的。

母亲很小就学会了纺线织布、针黹女红（用姥姥的话说，这是女人的本分），她心灵手巧，在尚未及笄的年龄，女人的所有活计，签机浆线，针线刺绣，裁缝补洗，她都做得得心应手，像模像样了。不仅如此，就连外面男人做的活，推碾捣磨，肩挑抬扛，耕耙耪锄，她也拾得起，放得下，料理得利利索索。稍有闲暇，她还会帮着姥爷纳鞋底。姥姥对这个女儿又疼又爱又惋惜。只可惜是一双大脚。

姥姥是个既传统又信命的女人。在她生活的年代，一双恰到好处的金莲小脚，就是一个女人身份、地位、教养和德行的综合体，是女性美的象征。姥姥对自己女儿的疼爱充满矛盾，既希望女儿们苗壮健康，又希望她保持女人的柔弱风姿，随波逐流，能入时人眼。女儿毕竟将来是人家的人，她必须按别人的眼光塑造培养女儿。

母亲打小就是个有火有性有主见的人。在三朵姊妹花之中，她更像一朵带刺的玫瑰。在裹脚这个问题上，母亲和姥姥发生了激烈冲突。那时，母亲还是个头上扎着总角的小丫头。面对姥姥不容分说，抓起细嫩的小脚丫就把细长的粗制裹脚布紧紧缠裹的强硬动作，她哭喊着蹬着小脚进行强烈反抗。但一切都无济于事。姥姥狠下心，不为所动。女孩感到脚趾的骨头像被裹缠断了似的，一股钻心的疼痛传遍周身，渐渐麻木了……女孩哭累了，慢慢睡着了。她做了一个噩梦，一只怪兽叼住自己的双脚，正"咯吱咯吱"地啃咬……

女孩从噩梦中惊醒，额头上一层汗珠。女孩看见姥姥正小心翼翼地拿着棉团，轻轻沾拭着肿成萝卜似的脚上渗出的黄水。她的脚麻麻木木的，好像不是自己的脚。女孩咬着嘴唇一声不吭，这是对姥姥的无声抗议。姥姥心疼地看着女儿，轻轻用袖子抹抹她额头上的虚汗，乞求女儿原谅似的说："孩子，不是娘心狠，当女人谁也脱不了受这回罪。咬咬牙，过两天就好了。是女人，都要过这一关。不裹脚，人家会笑话，旱地里养的好肥鸭子(丫子)，将来怎么寻婆家？"

女孩眼里含着泪说："俺不寻婆家！"

姥姥用一根指头抹抹女儿脸颊上的泪痕，说："看，小脸儿都哭皱了。俺闺女听话，不哭。看你说的，哪有女孩不寻婆家的道理？"

姥姥将女儿抱在怀里，问："疼吗？"

女孩委屈地说："疼！"

姥姥说："好闺女，娘知道你疼，娘也心疼。有什么办法呢？谁让你托生女人呢？"

"托生女人咋啦？"

姥姥叹口气，说："女人命贱，吃苦受累的命。"

"为什么？俺不信！"

姥姥摇摇头："人不能跟命争，凡事只能咬牙硬挺……"

知道反抗没有用，女孩从此任姥姥用裹脚布一层层将自己的脚缠裹成线穗子样，一声不吭。姥姥说："疼就喊出来，别憋在心里。"女孩只是倔强地摇摇头。

过去许多日子后，姥姥才明白鬼丫头的心思。她表面上老老实实任凭姥姥缠好裹脚布，一眨眼，却暗地里悄悄松开绑绳，任那双天足自由自在生长，就这样巧妙地避过了姥姥的眼睛。及至姥姥醒悟过来，一切都晚了。她挥舞着笤帚疙瘩，踮着小脚追赶着要惩罚女儿，女儿却咯咯笑着，一溜烟跑了。姥姥说："你这不让人省心的死丫头，留着一双打夯的榔头脚，不怕人笑话？"

女儿说："俺就打夯的榔头脚，谁爱笑谁笑去。"

姥姥没办法，叹着气对姥爷说："这孩子打小有主意，不让人省心。横竖都是她的命，由她去。留一双大脚，干活有劲，当个小子使。"

眼看女儿一天天长大，鞋匠两口子也开始为女儿的婚事谋划。他们盘算着最好能招个上门女婿。即便是废了过去那套老规矩、老章程，不立字据文书写什么"小子无能，更名换姓"之类的话，但招上门来撑门立户，亦无不可。此为上策。倘或退而求其次，虽不必"门当户对"，但也要找个家庭品行打听得住的殷实人家。姥爷甚至打算，先物色个人品模样都拿得出手的徒弟，通过传授技艺，慢慢考察。这样师徒父子，更加名正言顺。但此事不可操之过急，需慢慢考量。稍有不慎，引狼入室，羞辱门庭，败了家业，那才是最要命的事。但是，那时年龄出身拿得出手的年轻后生，谁愿意守着个修鞋摊子，一老终生呢！鞋匠的如意算盘最终还是落了空。

因为对女儿寄予的期望，到了谈婚论嫁的年龄，鞋匠两口子自然对女儿们的婚事不肯有一点马虎。家庭、秉性、模样、口碑诸条件要匹配相当。眼看挨肩的三个女儿比着劲地往上长，个个机灵可爱，人见人夸，他们更觉得不能掉价，否则，不光对不住自己，更对不住女儿。其间，虽不时有媒婆上门提亲，但都不尽如人意。老两口不免心里暗暗着急。大女儿却说："俺在家陪爹娘一辈子，谁也不嫁！"

姥姥说："傻闺女，净说孩子话。男大当婚女大当嫁，你迟早是人家的人，俺和你爹这个窝巢，盛不下你们。等俺俩老了，打不动食了，你能像小老鸹一样，接连不断地叼点食，回来看看就行。"

这也是后来母亲"乌鸦反哺"总忘不下姥姥姥爷的原因。

母亲的婚姻起初并不顺利。

姥姥对姥爷说："眼看着闺女一天天跟嫩葱儿似的往上蹿，总不能光这么等着，要不，俺去找找她二姨，掂兑个合适的人家？"

姥爷决然地摇摇头，拔出烟袋吐口唾沫："俗话说，一家有女百家求，哪有倒求的道理！"

姥姥说："这不是没人来求嘛！是不是先前回绝得急了点？"

姥爷说："你懂啥，老娘们儿家，头发长见识短。"

姥姥反唇相讥："你倒是见识长，不也是俩眼一瞪一般大，没辙吗？"

其实，姥爷在女儿的婚事上，自有一番考量，煞费了一番苦心。他只是不愿落个倒求着别人的印象，这样，不光他鞋匠脸上无光，连女儿的身价也轻了，嫁到婆家能不被轻视？而且，托媒人提亲，等于满世界说，自家闺女寻不到婆家了，丢不起人！

好面子的鞋匠先是在脑子里将周围十里八村稍殷实的户主滤了一遍，打听谁家有合适的后生。还在集市上趁闲谈放出口风："闺女陪嫁少不了要里表三新的铺盖，成套的妆奁，炕头的红油被橱子，盛衣裳的箱子，再豁出两口袋杂粮，实实惠惠地嫁姑娘。谁叫从小娇惯的呢？省得不受待见。"

那个年代粮食金贵，两口袋杂粮这样的诱饵，不会没人动心。这叫"姜太公钓鱼，愿者上钩"。鞋匠挑着担子在路上呼扇呼扇地走着，恰好碰见高伊范村钻窝铺的老倪出差回家。他们邻村近土，很熟，平时见面笑着打招呼。姥爷管爷爷叫"捏眼儿的"。知道他眼面宽，便借说闲话倒出自己的苦闷，隐晦地露出这层意思，说生姑娘都是赔钱货，不光倒赔铺盖，还要倒赔粮食。精明的吹鼓手当然一下猜到这位老兄的心思，无非希望他能传个名声。

没过几天，突然有媒人登门求亲，竟然是高伊范村的老倪家。

姥爷一拍脑门，之前自己怎么恰恰没想到老倪家那个卖杂拌烟的年轻后生呢？

说起来，老倪家的日子先前是有点饥荒，可眼下毕竟不同了。这个老倪一定是想肥水不流外人田。姥爷想着，暗自笑了。一口应允，又显得不够沉重，所以也就模棱两可地应承着，说打听打听商量商量。姥姥眼前一亮，对姥爷说："那个赶集卖杂拌烟的后生，俺见过，眉眼还算四称，模样也周正，圆脸方额的，带个福相。说话也和气，一看就是个好脾气。虽然前几年家里日子紧巴，可现在缓过来了。家里种着地，闲时赶五集，做个小买卖。老的寻常里又跟鼓乐班子出差钻窝铺，吃着湿的拿着干的。过庄稼日子，不图他家里日子多宽绰。俗话说，家财万贯，不如日进分文，就图个活便。闺女嫁过去，受不了大难。"

姥爷吸着烟，不说什么，片刻，他抬脚在鞋底上磕磕烟袋锅，说："总不能隔山买牛，大柳集上我去看看。"

为此，姥爷趁赶集的机会，特意摆下摊子慢悠悠地溜到父亲的杂拌烟摊前。他圪蹴在烟笸箩前，一边捻捻搓搓往烟袋锅里装烟，一边跟卖烟的年轻人闲聊。随口问起他的家庭情况，赶集卖烟的收入。年轻人憨厚地一笑，说，过庄稼日子，处处都要抠搜，精打细算。忙时侍弄庄稼，闲时赶集，做个小买卖，闲着也是闲着，勉强凑合，赚个称盐打醋的钱……姥爷一连装了好几袋烟，每次用拇指按着火绒点燃，然后深深吸一口，眯起眼睛，十分享受地瞄着年轻人，好像在咂摸品评着滋味。卖烟的年轻人十分热情，不停地向他介绍着："关东烟柔和，蛤蟆（哈漠）烟味足，掺在一起，吸一口，馨香绵软，不呛嗓子，回味无穷。"来者心不在焉地点点头，好像在心里拿着主意。年轻人笑着问他："味道咋样？"姥爷一怔，从嘴里拔出烟袋，在鞋帮上磕掉烟袋锅里的烟灰，吹两口说："行！"

说完，姥爷将烟袋别在腰里转身就走，没走几步又回过头，说："小伙子，你脚上的棉线鞋底，针脚细，赶集上店，穿着费。抽空我给你鞋上钉副好掌，经穿经磨。"

父亲看着匆匆离去的姥爷的背影，摇摇头笑了。心想：鞋匠今儿的言行举止有点怪怪的。他也不像专门过来蹭烟的主儿，那是为什么呢？

女孩很快就长成亭亭玉立的大姑娘了。

伴随着姑娘的成长,根据地的反"扫荡"、反"蚕食"、减租减息、反霸斗争一浪高过一浪。宁津县属渤海老区,曾先后析为振华、鬲津等,群众基础好。1945年8月,日本人投降,县城解放。民主政府领导在广大农村开展土地改革,同时揭开了大拥军大参军运动的序幕。重新获得土地翻身后的人民群众,从内心深处拥护共产党,为了保卫胜利果实,青年人纷纷报名参军。在乡村,拥军优属的工作也如火如荼地开展起来。组织变工队,帮助军属耕种土地,解放的青年妇女们带头冲破封建牢笼,向缠足陋习开战,她们愤怒地将缠裹在脚上的裹脚布丢进熊熊燃烧的火堆里,欢呼跳跃着:"解放啦——解放啦——"

乡下的年轻女子们,像被层层荆棘覆压着的小草,终于顽强地钻出头来,尽情地享受阳光的爱抚和雨露的滋润。女子们对解放最切身的体会首先是,她们被紧紧缠裹在长长的裹脚布里有些变形的双脚,终于可以从尖尖的小鞋里挣脱出来,自由自在无拘无束地成长,可以像男人们一样脚踏实地地大步走路了。她们再不是人们口中的小脚女人了。

母亲正年轻,像春风吹开的花朵,张开她的嫩萼花蕊,吐着芬芳,烂漫地开放了。眼前正在发生的一切都是那么新鲜、震撼,自古未有。每天都有令人振奋的消息传来,旧日宛若一潭死水的乡村,正在经历一场前所未有的涅槃重生,突然注满勃勃生机,到处洋溢着欢乐气氛。翻身的庄稼人,精神焕发,正摩拳擦掌,准备在自家刚刚获得的土地上,大显身手。滚滚革命洪流,正以无可阻挡的气势,冲刷荡涤着旧世界残留的陈规陋习。正值青春年华的姑娘,早已被裹挟在这股滚滚的春潮之中了。

她迈开那双自由自在的"解放脚",在乡场上欢快地奔忙着,参加会议,上街宣传拥军参军,进夜校识字班,扎松枝门,贴标语,扎红花,抽空还用姥爷的纳鞋板赶做军鞋。敲锣打鼓扭秧歌,嘴里唱着:"解放区的天是明朗的天,解放区的人民好喜欢,民主政府爱人民呀,共产党的恩情说不完……"乡场上,到处可见她活泼可爱的身影。

有人在背后打听:"那女子是谁家养下的闺女,比男子还能干!啧啧。"知情者回答说:"还能谁家,鞋匠家的呗!如今,鞋匠真是改换门风了,这年月,谁说女子不如男?"

姥姥呵斥女儿说:"那么大的姑娘家,整天东跑西颠的,不嫌丢人害臊?"

母亲笑着说:"娘,眼下是新社会了,整天待在屋子里,大门不出二门不迈的像个娇小姐,那才招人笑话呢!"

姥姥说："都说女大不中留，留来留去成冤仇。"

姥爷说："儿大不由爷，女大不由娘，随她去！"

那是一个充满理想和激情的年代。也为一对年轻人的邂逅相识创造了机缘。偶然在一次群众集会的场合，父亲无意中和擦肩而过的母亲打过一次照面。

那次，父亲正坐在路边的碌碡上，低头收拾高跷腿子，猛然听到有女人的声音，抬头瞥了一眼，只见一女子匆匆从旁边走过去。女子一边回应着同伴，一边系着绿绸绣花秧歌服，腰间紧束红绸带，一根粗黑油亮的麻花辫子上扎着蝴蝶结，从一侧肩上斜搭在胸前。在四目相对的一刹那，女子羞赧地一溜烟跑过去了。坐在碌碡上的父亲跳起来，险些摔倒。女子刚走出不远，忍不住回头朝这狼狈的年轻人愠怒地瞪一眼，窃笑着跑了。年轻后生呆呆望着女子的背影，腼腆地笑了。他觉得那女子嗔怒的样子很好看。岂止好看，简直令人销魂。那一次嗔怨的回眸一瞥，却在一对年轻人的心里留下深深的印象。这竟成了父母后来结合的契机。

打那以后，充满幻想的后生每次集会，都留意在人群中睃寻，尤其是在年轻的女子堆里偷偷踅摸，期望能再次见到那位姑娘。但再没能见到她。她仿佛从此消失了，他很失望，也很懊丧。那个身穿墨绿色绣花演出服的姑娘不经意的惊鸿一瞥，让他有一种惊为天人的感觉。尤其是她嗔怨的样子，令他再难忘怀。

母亲记不得那次化没化妆，她充满嗔怒的回眸一瞥，完全是出自一个乡下女孩的羞怯本能，看到后生有些狼狈的样子，她便偷笑着满怀开心地跑开了。尽管她不认为那个年轻后生放浪轻浮，但那样直勾勾地盯着别人看，尤其是那副狼狈相，真令人忍俊不禁。直到后来有人上门提亲，姥爷和姥姥煞费苦心考察打听，老两口掂量再三，拿定主意，并征求一下女儿的意见，母亲想起那次相遇，还是忍不住扑哧笑了，羞红着脸跑进屋里去。

虽然一对年轻人婚前除了那次邂逅再无交集，但那难忘的惊鸿一瞥，早已深深刻印在彼此的心里。直到媒人登门提亲，捅开隔在两个年轻人之间的一层窗户纸，母亲才在心里承认，其实自己内心里早就对那个有趣的年轻后生心存好感。有时自己对爱情心猿意马地胡乱猜想，都会被那个后生的可笑影子弄乱。

父亲母亲的婚事水到渠成。

姥姥说："这都是月老早在俩人脚趾头上拴了红绳，挣也挣不脱。"

三、母亲的歌谣

　　在少年模糊的记忆里，那支歌的旋律一直陪伴着他，萦绕在他朦胧模糊的童年梦境里，带着母亲怀抱的温暖和乳汁的芬芳。

　　那是母亲的歌谣。

　　1948年的冬季，父亲母亲的第二个孩子出生了。

　　头天刚下过一场小雪，这可是难得的第一场瑞雪啊！乡场上的农家小院的主人们将两手抄在袖子里，站在被冬日阳光照得暖烘烘的墙根下说："瑞雪兆丰年哪！瞧好吧，明年又是好年景！"

　　清晨，倪清文一早就爬起来，今天刚好逢三、八，是张学武的集日。年轻的杂拌烟贩，趁着人少，摇着辘轳从冒着热气的水井里汲水，把家里的水缸灌得满满当当。他是个闲不住的人，撂下水桶扁担，又随手操起扫帚，将小小的庭院打扫得干干净净。收拾停当后，他听见北屋里传来父亲的咳嗽声。

　　这是个简陋的农家小院，靠院墙边有一棵光秃秃的枣树，树枝几乎搭到低矮的三间坯垒茅屋顶上。树枝上伏着几只麻雀，像被冻僵在枝头，一动不动。毗邻三间坯垒茅屋的，是用柴棚改造的两间偏屋。正房里住着父母和尚未成家的兄弟，两间偏房则是他们一家三口，不，应该说是四口——妻子马上就要生产。很快，这个墙皮剥落漏出深深坯缝的小屋子里，就会被充满勃勃生机的新生婴儿的啼哭声充溢、爆满。

　　年轻的杂拌烟贩跺跺脚，扫视一下院子，握着手哈口热气，用力搓了一下粗糙的双手，然后转身钻进低矮的偏房内。妻子已经起床，正拖着笨重的身子帮丈夫收拾打点赶集的东西。她即将临盆，面容看上去有几分憔悴。丈夫连忙走过去阻止，说："不是说了吗，你身子笨，又要照顾孩子，什么也别管。快上炕歇着！"妻子笑着说："俺没那么娇惯。"

这是他们的第二个孩子，妻子既没有初次怀孕时的小心与谨慎，更没有第一次面临分娩时的紧张和恐惧。她好像全然适应了这种身体状态，每天拖着笨重的身子，里里外外地忙活，哪里像个即将临盆的孕妇呢？这让男人隐隐感到自责。

丈夫关切地问她："感觉怎么样？日子差不多就是这两天，要不，我不去赶集了，在家陪你？"妻子说："俺没事，用你陪？再说，你个大老爷们儿家，碍眼碍脚的，不怕人家笑话。"

她一边胡乱向男人的脖子上缠裹着围脖，一边叮嘱："下雪不冷化雪寒，路上鞋蹭湿了，撒出毛皮垫子，到茶馆的火炉前烤一烤。天寒地冻的，湿鞋冻脚，容易冻出病来。"丈夫一边应诺着，一边将独轮车上的车襻套在脖子上，回头打量着身怀六甲的妻子，再次确定："你真的没感觉不好？"妻子笑着说："俺自己的身子咋样，俺还不知道？放心走吧。小心道上路滑。"

这是个晴朗的冬日清晨。年轻的杂拌烟贩从家里出来，太阳刚刚冒头。原野的冬麦田覆盖着一层皑皑白雪，这是被庄稼人细心呵护和滋润着的希望啊！渐渐露出头的太阳，像正在分娩出来的宁馨儿，霞彩映着白雪，通红一片，金光闪闪。年轻人推着独轮车，大步走在乡间的小路上，嘴里呼出的热气，很快在帽耳和眉毛上凝成绒球般的霜。他恍惚感到，自己正走进一片灿烂的霞彩里。

那天，杂拌烟的生意格外好。收摊回家时，年轻人特意绕道肉摊前，自作主张地从裆裤里抓出一把铜子儿，割下一块肉，用麻绳吊在车把上。在此之前，他还从一个卖毛巾的商贩手里，以物易物，用杂拌烟叶为妻子换下一块带花的羊肚子手巾，小心翼翼地揣在怀里……

当他兴冲冲地跨进家门，迎接他的竟是一阵嘹亮有力的婴儿啼哭。他一时竟愣在那里。刚忙活停当的接生婆说："添了个大胖小子！大人孩子都旺相。还愣着干吗？从外边回来，一身的寒气，暖和了再看……"尽管事先早有思想准备，但突如其来，年轻人还是有点头晕：他有儿子了！这是这个简陋的庄稼院里的第三代男人啊！

年轻人搓着手转了一圈，转身去柴棚抱柴火，甚至忘记了吊在车把上的肉。他要把屋子烧得暖烘烘的，让这个冬季不再寒冷。

　　这年的冬季，宁津大地上，大拥参运动正开展得如火如荼，使得这个冬季的氛围空前热烈。刚刚解放并获得土地的翻身农民，为"保卫家乡"，毅然放下手中的锄头，扛起枪参加保卫解放区、解放全中国的战斗，当年就有 8000 名农民子弟报名参军。一时，在鲁北宁津大地上，出现了父送子、妻送郎、兄弟双双参军上战场的动人景象。

　　其时，离高伊范村不远的长官区陶家庵村，全村 30 名青年，几乎一个不剩地参了军。他们自编一个排，由民兵队长带队，雄赳赳气昂昂地加入革命的队伍中去。长官街的回民青年集体参军，他们单独组成一个回民连。

　　那些刚刚获得解放的农民子弟，脱下笨重的老棉裤棉袄，换上崭新的清一色的土黄色军装，个个看上去精神抖擞。真是令人艳羡啊！

　　有人说："人配衣裳马配鞍，这军装就是扎裹人！"

　　其实，何止是衣裳，就连那些人脸上自豪的表情和精神头儿，也与往日判若两人。他们已经成了一股强大的洪流中激越澎湃的浪花。这些往日不曾被格外关注的年轻人，现在成了万众瞩目的对象。临行前，他们被亲朋好友拉去农家小院，或被新定亲的岳丈家请去饯行，盘腿坐在农家院里烧得暖烘烘的炕头上，炕桌上摆着几碟简单的农家待客菜肴。主人一边殷勤地劝酒："挺薄的酒，多喝点。"一边用筷子指点着："吃菜吃菜。"这是青年人有生以来第一次这样被当作贵宾一样看重，一边推说队伍上有纪律，不许喝酒，一边嘴里学着得体的庄稼人的样子，文绉绉地说："杯中之物，不可多用。"终究还是经不住真诚地劝让，一仰脖把杯里的酒灌下肚去。然后一咧嘴，一股辛辣的滚烫流进胸腔里去。

　　窗口突然爆发一阵咯咯的笑声，是几个年轻的女子在巴头瞧眼指指点点地看热闹。年轻的新兵顿时满脸绯红，是老酒的味道过于浓烈辛辣，抑或是女子们的笑声充满亲切和刺激？喝进肚里的老酒"腾"的一声，突然在即将奔赴前线的年轻人心里冒着蓝色的火苗，燃烧起来，一股热血冲上头顶，晕晕的。听见笑成一团的女子们跑远了，嘴里说着："足了足了（这里发音"菊"），不能再喝了……"

　　欢送壮士们出征的仪式更是隆重非凡，激动人心。清一色胶皮轱辘大车骡马挂，辕马和梢马都披红挂彩头戴红花，赶车人把鞭子在空中摇成花，甩得啪啪山响。有的村干脆让参军的青年十字披红，胸前挽着大红绸绢花，骑在披红挂彩的马背上。马头高昂着，在牵马人手中摇晃着，马脖子上挂的铃铛，曀啷曀啷响着，两个鼻孔咻咻喘着粗气。看上去威风凛凛，英勇无比。欢送的队伍敲锣打鼓，年轻女子踩着鼓点扭着秧歌，腰间的绸带上下翻飞，嘴里唱着：

> 八路军那个独立营
> 谁来参加谁光荣
> 骑着马来披着红
> 你看光荣不光荣
> 咪索拉哆，咪索拉哆
> ……

那时，刚刚做了两个孩子的父亲的民兵倪清文，看见昔日要好的伙伴纷纷撂下锄头扛起枪，投身到解放战争队伍中，心里既感慨又遗憾。他紧紧握着曾经朝夕相处的好友的手，说："从此一别，不知何时再见，你要多保重。我也想和你一起走，可是……咳！"他摇摇头，强忍住眼眶里的泪水，眼睛转向别处。他不愿让好友看到自己流泪。好友的大手用力攥了一下，说："你家里的情况，秃子头上的虱子，明摆着，走不开。咱们打仗还不是为了让家人们能过上幸福安生的日子吗？再说，我们一走，照顾老弱，组织生产，就全靠你们了。你们在后方多打粮食，支援我们，我在战场上替你们多消灭几个敌人，就这么说定了。还有，我爹有哮喘病，家里就拜托你了……"四只大手紧紧地握在一起，久久不愿分开。

送走朝夕相处的好友，青年民兵倪清文觉得自己肩上的担子更重了。他不再仅仅属于这个小小的农家小院，从道义和担当上，他更属于那些毅然开赴前线的青年好友，属于那些军属家庭。他像变了一个人，喜欢串门，无论谁家有困难，他都不遗余力地热心帮忙。有时赶集回来，独轮车上装满别人托买的东西。

一次，他对刚出月子的妻子说："穿这身老棉裤真笨，能不能改一下？"妻子不明白，问："咋改？"他摸摸脖颈说："就改军裤那形式，穿着洒脱利索，干什么也不碍事，不像咱这老棉裤。"

妻子一下子就看透了丈夫的心思，她愣怔了片刻，看看睡在身旁的孩子。丈夫连忙说："不行就算了，我就是这么一说。"

妻子说："俺知道你的心思……"

转眼，春天来了。

1949年的春天，带着她的色香味飘然而至，解冻的河水像春心萌动的少女,带着几分羞怯和欢快潺潺地流淌着。岸边的柳梢泛着嫩黄的青色,冰雪融化的冬麦田里,吸足水分的麦苗正在返青。空气中弥漫着一股湿润轻盈的气息。原野上,几个由年轻民兵组成的变工队,正在麦田里追肥。他们是在帮助军属干活,个个干得格外起劲,外面套的老棉袄敞开怀,额头上渗出星星点点的汗珠儿。有人发现倪清文身上样式别致的裤子,开玩笑说:"哈!真像个穿五尺半夹着包袱走街串户的干部了。"

几个年轻人不无艳羡地盯着倪清文半土半洋的裤子瞅了半天,不停地咂嘴,夸赞女人的手艺好,简直与公家人和部队的样式毫无二致。一个人解开宽大挽着的棉裤腰,透风似的抖了抖,一边系着腰带一边说:"咱们也是民兵,应该穿得像样一点。这老棉裤,裤裆嘟噜着,看上去不成体统。嗨,清文,能不能叫你屋里的给咱也照样裁一件?俺屋里的脑瓜不灵光,我帮你干活,咱们换工,咋样?"

几个人立刻随声附和。

倪清文笑着说:"这好说。不过,往后咱们称呼女人也该改改,别动不动就是屋里的,好像人家没有名字。新社会了,男女平等,不然,人家会说咱是封建脑瓜。"

"那咋称呼?"

"就像公家人那样,称爱人或同志。"

几个年轻人立刻大笑起来,他们觉得既新鲜又有趣。

倪清文咳了一声,说"这样,哪天叫你们的爱人同志,去我家,让我家爱人同志指导一下,用不着换工。就这么说定了!"

燕子飞回来了,呢喃着在河边衔泥筑巢。空中仿佛被无形的湿润的嫩绿浸透了。远处传来断断续续的歌声:

二月里来好春光
家家户户种田忙
指望着今年的收成好
多捐些五谷充军粮
二月里来好春光
家家户户种田忙
种瓜的得瓜种豆的得豆
谁种下仇恨他自己遭殃

> 加紧生产加紧生产
>
> 努力苦干努力苦干
>
> 我们能熬过这最后的新阶段
>
> 那反攻的胜利就在眼前
>
> 加紧生产加紧生产
>
> 努力苦干努力苦干
>
> 年老的年少的在后方
>
> 多出些粮米(点劳力)也是抗战
>
> ……

麦田里的几个年轻人，一边抢开膀子挥舞着铁锨，一边随着悠扬的旋律大声唱起来。

这年春季，父亲参军了。

母亲后来说，其实早在父亲要她比着军裤改棉裤时，她就知道男人的心思和向往，知道男人心有所属迟早会走。尽管父亲自己心里并不明确，他只是觉得军装好看，比老棉裤精神洒脱。尤其是看到那些昔日的伙伴纷纷撂下锄头扛起枪，穿着崭新的军装精神抖擞地被敲锣打鼓的乡亲们送走，他的内心深处就会腾起一股焦灼的渴望。这些都没有逃过母亲的眼睛。那段时间，父亲起早贪黑拼命做，把自己忙得像个陀螺，母亲看在眼里，疼在心里。

母亲说，她知道，那段时间父亲在内心挣扎，他想用拼命多做来弥补对家人的愧疚。

鲁北平原上的大参军运动一浪高过一浪，翻身的农民子弟前赴后继，纷纷踊跃报名参军，先后奔赴解放全中国、保卫胜利果实的战场。当时，为支援淮海战役，宁津县有2000多名青年民兵参军参战。其时，仅道口一个区，就组织了一个600人的新兵营。有人将这些真实感人的事迹，编成戏曲唱词，宣传演唱。

"好父母教儿拿起枪，好妻子送郎上战场"，成了那个时候最优美动人的旋律。

身为民兵队长的父亲，偷偷报了名。

有人问他："你家里离得开吗？一个女人带俩孩子，一个刚会跑，一个怀里抱，家属能同意？"他说："同意！我们商量好的。"

其实，父亲是背着母亲，来一个先斩后奏的。尽管在此之前，他曾多次想跟母亲提参军的事,但看看两个嗷嗷待哺的孩子,话到嘴边,却难以说出口。那次,父亲回到家,见母亲正在收拾衣物,犹豫着不知道该怎么跟她说。看到父亲那副为难的样子,母亲首先打破沉默,说:"报名了?"

父亲愣怔一下,好像还没反应过来:"哦,哦哦……"

母亲平静地说:"俺不拖你的后腿。家里的事,你甭惦着,俺行。"

父亲这才明白,母亲其实心里早就清楚。他突然觉得对不起妻子,嗫嚅着说:"这事怪我,没跟你商量,就自作主张……"

母亲说:"俺不怪你,男人就该有主张。"

父亲说:"我走了,苦了你和孩子,我心里不是滋味,对不起你们……"刚强的汉子眼睛湿润了。

母亲说:"说什么对得起对不起,不把害人的狼虫虎豹打跑,谁家也没安生日子过。这个理俺掂得出轻重。这几天,俺抽空把你平时换洗的衣裳拆洗了一遍,临走时带上……"

原来,母亲早已把丈夫的行囊都打点好了。她说:"纸包不住火,这事你还能瞒着家里多久?"

父亲摇摇头。这事,他还真没认真考虑过。母亲说:"这事还是早点说破,免得到时候老人心里受不了。"

父亲点点头。

没想到,在父亲参军这件事上,反对最为激烈的是姥姥。她对母亲说:"闺女,你是茶呀还是傻呀?他一拍屁股走了,剩下你一个女人,带着两个吃屎的孩子。上有公婆小叔子,这日子怎么过呀!这事,说破天也不行!"

母亲说:"娘,你别说了,俺知道你是为俺好。俺不想拖他的后腿,让人戳脊梁骨。他走了,天塌不了。别人能行,俺也行!这就是命,俺认了。"

见女儿如此决绝,姥姥拍手打掌地流着泪说:"俺的个傻儿,你这是被他灌迷魂汤了。他倒是一拍腚走了,舍下两个把屎把尿的活业,里里外外一个女人,你想过吗?天底下没卖后悔药的,早晚有你后悔的那一天。"

母亲说:"俺自己选的,俺不后悔!横竖是命,俺认了。"

为这事,母亲几乎和姥姥翻了脸。

姥姥阻拦不住,最后含着眼泪无奈地对母亲说:"闺女,你甭嘴硬,哪知道当娘的一片心呐!一个妇道人家,走了男人,上有老下有小,往后这日子可怎么过?你就是吃苦受累的命!"

其实,母亲当时做出这样的选择,内心的压抑可想而知。这也使她后来必须为自己当初的选择和承诺，无怨无悔地付出巨大的情感牺牲和忍受生活的重重磨难。母亲后来说，她不后悔！

父亲参军走时，倪国岭还在襁褓中。

对远行丈夫的思念和挂牵，对襁褓中婴儿的爱怜，漫漫长夜，春夏秋冬，生活的艰辛，心中的苦难，都在母亲心中化成一曲动人的旋律，像春风揉弄着潺潺的流水，滋润着心田，浸染着母亲心底那片烂漫春光。

二月里来好春光
家家户户种田忙
指望着今年的收成好
多捐些五谷充军粮
……

每当母亲坐在灯下做针线，或哄儿女睡觉，常常会情不自禁地哼唱起这首歌。这首歌，成了母亲哄襁褓中的婴儿安然入睡的摇篮曲，一直陪伴着倪国岭的幼年生活，并深深铭刻在他的人生记忆里……

四、爷爷的哲学

少年倪国岭最为崇拜的人,是爷爷。

父亲参军走后,母亲带着还在襁褓中的他和姐姐,跟爷爷奶奶叔叔一起过日子。叔叔那时还在读书。当初,爷爷发誓要让儿子读书读出些名堂来,说,往后,没文化干啥啥不中。没见胸前兜里插着钢笔的干部,哪个不是一脑瓜文化水,识文解字通情达理? 从前想念书念不起,眼下,勒紧裤带也要让孩子读书!

父亲参军一走,等于这个家庭撤去一根顶梁柱,家庭情况发生了转折。没过多久,叔叔便接替哥哥,推车赶五集卖起杂拌烟叶。

倪国岭是这个家庭的长孙,又是倪家第三代唯一的男孩,爷爷对儿子的思念和对孙子幼年即缺失父爱的歉疚之情,便无形中化作一种宠爱加倍倾注在孙子身上了。

爷爷是个豁达乐观的人。

虽然出身贫苦,却在许多事情上看得很开。穷苦贫困的生活非但没能改变他快乐的天性,反倒铸就他豁达乐观的生活态度,风趣幽默的性格。生存的艰难,激发出他的聪明才智和不屈的韧性。他多才多艺,性格豪爽,历经曲折,见多识广。虽然识字不多,但在那一带的乡村,几乎是个家喻户晓的名人。有人背后给他取个绰号:无来忧。

其实,这并不准确。他世事洞明,人情练达,是个拾得起、放得下、看得开的人。凡事不钻牛角尖,豁达圆通,不自寻无谓的烦恼罢了。他说这叫乐天知命，随遇而安。

爷爷年轻时，也曾是个不安分的人。为摆脱穷苦的命运，他雄心勃勃地做过各种尝试和努力，但最终都化为泡影。后来，他凭借自己的聪明和悟性，无师自通，苦学钻研管弦乐器，很快就将唢呐曲牌《将军令》吹奏得像模像样、有板有眼。凭借一技之长，先是跟着民间鼓乐班子（俗称"钻窝铺的"），逢乡间红白喜事出差"压板凳"（多为充数临时拉来打零杂的辅手，称"压板凳"）。后来，自己摸索掌握了工尺谱，技艺大长，成为民间鼓乐班子里的重要成员。尽管如此，生计上并无多大改观，只不过多了一条谋生之路而已。那时，民间艺人的社会地位非常低下，被坊间视为"下九流"。出差收入微薄，家中几垄薄地不足养家糊口，寻常便靠给人打短工勉强维持生计。但职业上的便利，使他眼界开阔，深谙乡村中的世事人情，土俗民风，以及结识了五行八作，各色人等。所以，爷爷在许多事上都有自己独特的见解。

后来他说，一个人光靠聪明肯干改变不了命运。一个人的命运就像一滴水，翻不起大浪。只有一群相同的人汇集在一起，才能形成暴风骤雨，汇聚成滔滔洪流，改天换地，彻底改变命运。

翻身之后，家里分到了土地，爷爷身上被压抑的激情爆发了。农忙时节，他和所有庄稼人一样，光着古铜色的膀子，挥汗如雨地在田间劳作。农闲时，跟着鼓乐班子出差应事。新社会了，民间艺人再不是低人一等遭人白眼的下九流了，连公家人都不无尊敬地称他为"艺人师傅"。爷爷走在乡场上，腰板挺得笔直。

焕发了活力的爷爷，打心眼里由衷地感谢新社会。每逢响应上级号召，组织重大宣传活动，或节日庆典，如年节、元宵、中秋，狮帽高跷文艺演出，爷爷都是热情的组织指挥者和参与者。他吹拉弹唱样样在行，加上他性格爽朗，热心积极，不辞劳苦，有很好的协调能力，因此成了乡村舞台上不可或缺的人物。

据说，当年大拥参欢送子弟兵上前线，佩戴大红花的队伍中间，就包括他的儿子。爷爷没有像其他家人一样，抓住亲人的手再三叮嘱，依依不舍地抹着眼泪告别，却夹杂在敲锣打鼓扭秧歌的队伍里，拼命吹奏唢呐。他就用这种方式，同自己的儿子道别。没人知道一个送子上前线的乡下父亲的心里想些什么，只见他鼓着腮帮满脸通红，闭着眼睛，唢呐忽上忽下，曲调忽高忽低，幽咽婉转，如泣如诉，听来令人眼潮容动。心软的女人抹抹眼睛说："俺就见不得这场面，这音调听了让人揪心……"

奶奶对自家男人的行为做派更是不能理解，甚至充满怨恨。她泪眼婆娑地埋怨说："有你这样的爹吗？眼看儿子上前线，你就不能上前说几句体己暖心的话吗？儿子一去，不知什么时候再相见，当娘的心都被摘走了，碎了……你倒好，心比石头还硬。跟没事人似的，还有心思吹啊唱啊扭啊跳的，敢情儿子不是你身上掉下来的肉……"

面对奶奶的指责，爷爷并不解释争辩，只是呆望着房梁，忽然在自己脸上扇了一巴掌，拿起唢呐冲出屋去。

那一夜，爷爷像只受伤的野兽，在旷野里连吹带唱，一直吹嚎了大半夜。吹累的时候，他就仰面朝天躺在地上，将身体伸展成一个"大"字，直到鸡叫时分。有人说，那是爷爷长歌当哭。

爷爷后来解释说："既然离别是无奈，何必哭哭啼啼不痛快？古戏文里，壮士出征，黄钟大吕。士气可鼓不可泄，悲悲切切，哭成泪人儿，成何体统？古人说，不要在分别的岔道口，哭得像个女人（无为在歧路，儿女共沾巾），那样谁的心里都不好受。老辈人对生死离别看得很开，不像女人，见识短，泪窝浅。有个叫庄子的人，媳妇死了，儿女们都在哭，他却敲着盆子唱起歌来。别人说他不近人情，他说，生死离别是人之常情，有时只是变了一个存在方式。既然是人之常情，谁也无法改变，与其悲悲切切，倒不如欢喜接受，这就叫乐天知命。要不，农村怎么把婚丧大事称为红白喜事？其实，人世间的事，都是亦喜亦悲，看不破只是自寻烦恼罢了。"

这就是爷爷一辈子信奉的欢乐哲学。

这些都是少年稍大一些听说的。他虽然还不能完全理解成人的感情世界，但对爷爷却有一种本能的崇拜。

爷爷平时出差，肩上搭着褡裢，褡裢里装着他混饭吃的家伙，腰间毡带上掖着旱烟袋，羊皮烟荷包被摩擦得油光锃亮，走起路来一摆一摆的，很有气势。爷爷对使手的物件十分珍爱，平时高高挂起，任何人不许动，爷爷说："这是祖师爷赏下的饭碗。"除了"饭碗"之外，爷爷还有一把红泥端把小茶壶，出差时随身带着。偶尔在家闲着没事时，他就手把泥壶，拇指掐着壶盖捏在手里，不时对着壶嘴，呷上一口。他不为喝水，只是享受那种状态，呷上一口，眯着眼睛，那样子看上去十分惬意。

乡村里没什么娱乐。除了偶尔扛着扁担串乡的傀儡戏，冬季忍着冻麻双脚在场院里听一两回说书，就数爷爷他们的鼓乐班子最受欢迎。

这些鼓乐班子成员，平时散居在各自村里，忙活自家的营生。逢有婚丧嫁娶红白喜事的雇主，交下定钱，掌班便分头通知攒班，告知时间地点，无论风霜雨雪，雷打不动。这些人在庄稼地里干活，和普通庄稼人没什么两样。一听说来了差事，顿时两眼放光，来了精神，终于可以一显身手了。

通常，事主会用几根木桩，上面苫盖秫秸箔或苇席，在当街搭一个窝铺样的临时席棚，中间摆一张八仙方桌，四面四条长板凳，这就是他们吹奏演唱的舞台。因此，民间习惯称他们"钻窝铺的"。

这些人各自都有擅长的技艺，出差时随身带上精通的乐器，按部就班，绝早就往事主家赶，唯恐稍有耽搁，出现纰漏，让雇主挑理，价钱上打了折扣。有时，某人因事耽搁未能及时赶到，别的人会毫不犹豫地顶上去，外人根本看不出丝毫纰漏瑕疵。虽说吹奏演唱班子临时攒到一起，他们却能配合默契，各自都使出浑身解数，绝不偷懒耍滑，十分卖力。每个人除了自身要有拿手的或吹、拉、弹、唱的过硬本领外，还必须是多面手，围桌转，锣鼓钹镲，龙套应腔，一人应对多种角色，哪里需要，随时接茬。彼此配合默契，应答机智俏皮，行云流水。有时为了增加欢乐喜剧效果，他们会临时编词，插科打诨，接茬者要巧妙应对，对答如流，还要配合得天衣无缝。一张方桌大的小天地，七八个散发着泥土汗腥味的民间艺人，却能演绎出人间种种悲欢离合，且比一般戏班和文艺演出团体更加诙谐幽默，灵动活泼，更富激情和创造力，完全跟乡下人的感情和语言习惯融为一体，通俗易懂，自然也更受乡下人欢迎。

在少年的眼里，爷爷是个了不起的人物。

爷爷每次出差回来，少年总是早早就眼巴巴地等候在村口。爷爷也总是不会让他失望，给宝贝孙子带点意想不到的小礼物。有时是粗草纸包裹着的几节带红绿花纹的麻糖，或祭桌上的半块点心，或有趣的面人……有一次，爷爷从怀里掏出一个席篾编的葫芦，里面竟然有一只翠绿色的蝈蝈。

爷爷告诉他："喂蝈蝈要用清晨带着露珠的鲜灵的南瓜花，这样，蝈蝈的叫声才会清亮、脆生，像响铜和碎玻璃一样清脆。"

他问爷爷："为什么蝈蝈不张嘴，会叫出那么大的声音，那么好听呢？"

爷爷笑着说："蝈蝈叫不靠嘴。"

少年越发好奇："那靠什么呢？"

爷爷指着葫芦里的蝈蝈，说："你看，它是不是支着后腿抖翅呢？蝈蝈叫靠翅膀摩擦，就像弹琴一样。"

爷爷懂得很多，几乎所有的疑难问题，少年都能从爷爷那里找到答案。可以说，爷爷是少年倪国岭的启蒙老师，让他懂得许多朴素的道理，也给富于幻想的少年打开一扇神奇浪漫的门。

每逢爷爷闲暇的时候,少年会攀在爷爷肩上,缠着爷爷讲故事。爷爷一手攥着泥壶,伸出另一只手摩擦一下少年毛扎扎的光头,慢慢呷一口,然后开始讲述他的故事。这时,爷爷就像个孩子。

奶奶会呵斥说:"都当爷爷了,没个正形,过日子的心不操,整天胡云海唠的,孩子也被你带坏了!"

少年还记得爷爷给他讲的海娃娃的故事。

自从少年知道父亲住在有大海的地方之后,大海就成了少年的渴望、憧憬和向往。爷爷是这个家里除了父亲外唯一见过大海的人。少年问爷爷:"爷爷,大海长什么模样?"爷爷呷一口水,说:"什么模样,瓦蓝瓦蓝的,一眼望不到边。"少年好奇地问:"怎么会是蓝的呢?好喝吗?"爷爷笑了,抚着他的头说:"傻小子,海水可不能喝,齁咸。"说着,爷爷本能地干吐了一下。少年不解地问:"海水怎么会咸呢?有人往水里撒盐吗?"爷爷说:"海里有盐娃娃……"

爷爷说:"很久以前,东海边有一个打鱼的渔夫,家里很穷,只有一条破船和两间茅屋。一天,渔夫打了一天鱼,竟然毫无收获。看看天晚,只好把小船拖到岸上,垂头丧气地往回走。正走着时,耳边忽然听见有人说话:'好人好人,慈悲善心,救我性命,定报大恩。'渔夫四下看看,并无一人。心里纳闷,难道是耳朵出现幻听?刚走几步,又听见相同的声音。他停下脚步,四下看看,惊奇地发现,在退潮的海滩上,有一条搁浅的怪鱼正冲他摇头摆尾,晚霞一照,金光闪闪,嘴巴一张一张的,像在说话。渔夫走过去问:'刚才是你在说话吗?'怪鱼点点头,对渔夫说:'他是海里的盐娃娃,和兄弟姐妹出来玩耍,只顾贪玩,不想潮水退去,就被困住了。求恩人救我一命,日后一定报答。'渔夫叹口气说:'哪里活着都不容易,举手之劳,也不图你报答,你去吧。'说着,就把怪鱼放进大海里了。临走时,怪鱼从身上揭下一片鱼鳞,送给渔夫,说:'日后你遇到困难,就对着鳞片说,盐娃娃,盐娃娃,踏潮汐,骑快马,驾盐车,速速达……连说三遍,我就会来到你身边。'"

"没过多久,渔夫的老伴儿突然卧床不起,家里无钱看病,加上往日举债,财主催逼,很是无奈。渔夫忽然想起怪鱼的话,对着鳞片双手合十,将口诀连声念叨三遍。话音刚落,狂风大作,海浪翻滚。只见汹涌的潮头,站立着一个头扎总角,身穿金丝红肚兜儿的娃娃。娃娃得知渔夫的境遇,说:"那好办。"他撩起金丝红肚兜儿,鼓起圆鼓鼓的肚子,张大嘴巴,吐起盐来。转眼间,面前吐出的盐堆像晶莹洁白的小山。他让渔夫把这些盐拿去卖了治病还债。这事不知怎么被贪心的财主知道了。财主一心想独占盐娃娃，说，这里的地是我家的地，海是我家的海，一切都是我家的，威逼利诱渔夫说出秘诀。渔夫不为所动，被财主买通官府关进大牢。盐娃娃得知，对财主说，只要答应放了渔夫夫妇，他愿意为财主吐盐。财主答应放了渔夫夫妇，并把盐娃娃囚禁起来，派人日夜轮流监视他，让他一刻不停地为自己吐盐。眼看吐出的盐堆积成山，遍地都是，还叫人挖了一个很大的盐池。一天夜里，突然刮起大风，海水汹涌而来，冲毁了盐山，淹没了盐池，财主家的深宅大院也被冲得无影无踪了。海水退却之后，这里变成一片盐碱涝洼地。这盐碱涝洼地就是财主家的盐池，这里后来被人叫作盐山……"

爷爷说："从咱这儿往北就是盐山地界。那一带的大洼地，就是传说中的盐池，至今覆盖着一层白花花的盐碱皮，刮下来淋一下，就能熬出盐来。老年间，不准私盐买卖，官盐课税，这一带就有刮碱熬盐的灶户……"

爷爷说："我年轻时，因为家里穷，就曾刮碱熬过硝盐。"

少年问："那盐娃娃现在在哪里呢？"

爷爷说："当然在大海里。要不海水怎么直到今天还是咸的，江河的水源源不断地流进大海里，海水也没变淡，就是有盐娃娃日夜不断地吐着盐……"

少年倪国岭站在海滩上时，亲口尝了一下海水的滋味，才知道爷爷所言不谬。

爷爷肚子里有讲不完的故事——这些故事伴随着倪国岭烂漫的童年，弥补了父爱的缺失，使他的童年充满丰富多彩的浪漫幻想和快乐。

对于爷爷来说，也许要弥补对远赴戎机的儿子的情感亏欠，所以对这个唯一的长孙宠爱有加，倍加呵护，无形中成就了爷孙俩的特殊感情。

爸爸参军走的时候，倪国岭还是襁褓中的婴儿。母亲怀抱不满周岁的儿子送夫上前线，妻离子别，天涯路远，四目相对，珠泪断线，纵有万语千言，无非添衣加餐之类，各自心中默默祈愿，其情可想而知。面对娇妻幼子，年轻的汉子喉结抽搐，却说不出话来，只是在儿女稚嫩的脸蛋儿上深深亲了一口，然后转身大踏步向前走去，任凭被粗砺胡茬惊扰的幼儿呱呱啼哭，再没回头。也许他不愿让家人看到自己哽咽流泪，抑或是他怕自己忍不住跑回来，再也迈不动跟上队伍的步伐。母亲一直看着卷着尘烟的队伍拐过一片小树林，消失在夕照里……这些都是倪国岭稍大一些偶尔从母亲的只言片语中听说的。

母亲是个坚强的女人。送走男人后，她就像变了一个人，除了整天把自己忙得像个不知疲倦的陀螺，一刻也不让自己停下来，更很少说话。她就用这种倔强的方式,抵御着对男人的挂念和内心的忧伤。

夜里,晚秋的天气依然有些闷热。几颗闪烁的星星眨着眼睛,透过窗棂上的一小块玻璃,朝低矮黑暗的小屋子里好奇地窥探着。少妇轻轻摇着蒲扇,心不在焉地哼唱着,哄着襁褓中的幼儿睡觉。烦人的秋蝉早已纷纷从枝丫上跌落到地上。长夜漫漫,四野寂寂。垂吊在庄稼人屋门前成串的玉米棒,散发着缕缕似有若无的清香。庄稼人就枕着这丰收的香气,安然入眠,沉入梦乡。此时,少妇会想起离别前夜男人说的话:"我走了,上有老下有小,这个家你一个人扛着,酸甜苦辣都要往肚里咽。咱娘的脾气,你要担待,老人脑筋不转弯。"

女人说:"这不用你操心,家里的事,俺知道该怎么办。你照顾好自己,风里雨里,摸爬滚打的,身边没女人,衣裳破了自己缝,袜子脏了自己洗。你们男人就是长不大的孩子,走到哪里都让人操心。还有打起仗来……"女人不再说下去,她不愿去想。

男人拍拍她抽搐的肩膀安慰说:"没事!不说不吉利的,我走后,你就把我忘了,省得彼此牵挂着,分心……"

怎么能忘呢?女人强压住内心的情感,什么也不去想。可是,浸透在血肉中的忧伤还是会趁寂静的时候涌上心头,拂也拂不去。

她想,他现在在哪里?怎么样呢?

常常是这个时候,女人心中会幻化出令人揪心的硝烟弥漫的战场画面,她就在这种充满喜怒哀乐的想象幻影中,把自己弄得筋疲力尽。这是一个思念丈夫的少妇的内心战斗……

忽然,北屋里传来公公的咳嗽声,接着是屋门轴吱扭一声,少妇知道那是婆婆在为儿子祈祷神灵。

伴随着喃喃的碎语,焚烧纸钱的火光一阵明灭,栖息在树枝上的宿鸟被惊得扑棱棱飞起来。远处不知从哪里传来一声猫头鹰的叫声。屋里的少妇头皮一扎,恨恨地空吐两口。看看熟睡的儿子,轻叹一口气。院子里没了动静,北屋传来婆婆闩门的声音,四周又恢复了昏暗寂静。

送走儿子的最初几天,每到夜深人静时,奶奶便开始虔诚地叩拜神灵,祈祷神灵保佑她的儿子。她既是一个胸有主张敢于决断,同时又是一个循规蹈矩虔诚信神信命的女人。正因为如此,当无可奈何时,她会很干脆地把心中的痛苦转嫁和寄托在神灵身上,自叹命该如此,脱也脱不掉。这样反倒把心中无法排遣的苦恼释放出来,毅然决然地去做该做的事情。她嘴里自言自语地嘟哝着:"哪是儿女,都是前世结下的冤家,讨账鬼!走,都走,走得越远越好。眼不见，心不烦。没良心的东西，白养了，还要抓肝挠心的，贱皮子，呸！"她对自己说。

几天之后，这个脑后梳着髻髻，踮着小脚的庄稼院女主人，又开始像往常一样发号施令了："清文家的，把夜来后晌落的线拐子，拾掇起来。今头晌，东院你婶子说牵机递缯。还有，你去前头磨坊问问，先端簸箕粮食占上，没准又被别人抢了先。老爷儿快露头了，哪来那么多困觉，少指着孩子穿红袄……"随即又朝北西厢提高嗓门喊："老二，还不起来去挑水，非等到太阳晒糊腚？念书，念书，看你念的这点出息，念的老鼠尾巴！一个个的，像过日子的人吗？不怕人家笑话？"

在老太太喋喋不休的唠叨中，庄家院里新的一天又踏着匆忙的节奏开始了。

说起来，奶奶半生劬劳，含辛茹苦将几个儿女拉扯大，实在不容易。正因为如此，她眼里容不得娇惯。尤其是对儿媳妇，她信守"管成的媳妇，熬成的婆"的老理儿，都说媳妇是管出来的，婆婆是熬出来的。儿子不在家，奶奶更觉得有责任和义务，帮儿子管好媳妇管好家，更有必要给年轻的儿媳立个规矩。俗话说，"鹁鸪遛房檐，辈辈往下传"，这是天经地义的。

倪国岭后来想，奶奶和母亲之间的矛盾，不仅仅是自古以来婆媳之间是天然宿敌的缘故，更是两代人之间天然的代沟和对新生事物不同的看法及不同的生活追求所致。因此，这个小家庭里的婆媳之争，正是社会发展中新与旧、进步与保守等各种矛盾斗争博弈的缩影。

五、家庭权威

在这个家庭里，当家主事的真正权威是奶奶。

父亲参军，打乱了奶奶过日子的全盘计划。她原想，等过两年日子稍有好转，房前屋后的榆树也长成对掐粗了，伐作屋檩，和泥脱坯，起房造屋，与大儿子分家单过。这下全打乱了。家中突然失去一个壮劳动力，她不得不另做筹谋。一个萝卜一个坑，她首先想到要添人进口，尽快弥补家庭的这个空缺。在送走大儿子走后，她就当机立断，为正在读书的二儿子张罗婚事。

在奶奶看来，"人当了兵，铁捻成钉"，这个儿子是指望不上了。痛苦失望之余，她把出人头地、发家致富，把整个家庭的希望寄托在正在读书的小儿子身上了。

爷爷说："这事不能急，老二还在念书，这事须从长计议。"

奶奶停住纺车，从锭杆上撸下线穗，说："念书也得娶媳妇。从长计议，黄花菜早凉了。那天，他三婶跟俺说起她表哥家的大闺女，托她寻个人家。闺女模样没得挑，人好活好。一条大辫子，风风火火的，干活麻利，肯干又安稳。户是过日子的户，人是过日子的人，配咱家老二，不亏。俺已托媒人上门提亲，豁出一口袋粮食搭两匹粗花纹布做聘礼，不怕她不应口。"

爷爷说："也得听听孩子的意见。"

奶奶说："由着他？这事，没得商量！"

这个摇着纺车，脑后梳着髻髻裹着小脚的女人，做事果断，说话干脆，看准的事，绝不拖泥带水，常常会做出令男人刮目相看的事。

就在大儿子前脚当兵刚走，二儿子的婚事很快就进入议事日程。

奶奶说："老大一走，他屋里的又拖着俩孩子，死吃活嚼，家里地里的活一大摊子，你又三天两头地出差，地里的活靠谁干？往日，老二念书，家里有事不指望他，倒了油瓶不扶。就那点出息，还指望他能念座金山银山回来？趁早娶上媳妇，套上夹板，拢拢性子，省得炮蹶子啃树皮。咱家往前缺少的是人手，媳妇娶进门，趁身体强壮，没拖累，正好是个帮手，也是个拴马桩子。这叫新人娶进门，既冲了喜，又破了晦气。眼眉前，各家各户都摽着劲儿，撒着欢儿地往前奔，咱这个家正在爬坡的节骨眼儿，不能因为走了一个儿子就撒了劲！"

奶奶说这话时，浮现在她眼前的是扭动着青春健硕身姿，甩着一条油亮的大辫子，里外忙碌的新人的影子。那腰身，那动作，那一颦一笑，都在奶奶憧憬渴望的眼角烂漫地开出花来。

就在奶奶有条不紊地实施她的计划时，外面的世界正在不断发生着史无前例的变化。

奶奶不为所动，她以一个当家女人前所未有的果断，坚定不移地主宰着这个家庭的发展方向，落实她的治家方略——为小儿子操办婚事，添置必需的生产工具，有人手，有工具，才好在自家的土地上大显身手。修房造屋暂停，自己当初分家的考虑欠妥，外边的人招呼互助合作，好好的一家人，拢在一起，心往一处想，劲往一处使不是更好吗？她谋划着，在院子前的空地上再用砖头砌一口大圈，张学武集上抓两只小猪秧。母鸡抱窝的时候，用积攒下的鸡蛋孵一窝小鸡，院子空闲的地方，种些葱韭菜蔬，满院子便充满生机和活力。遗憾的是，自家土改时只分得一条牛腿，眼下只能临时互助插伙用了。二儿子娶了媳妇，家里一下添了个劳动力，还顺手接过哥哥的营生，推车赶五集卖起杂拌烟叶。平时，爷儿俩种地应差赶集两不误，比寻常人家多出一份额外的进项。两个媳妇也受指使，干活麻利。她深信，只要全家人一心努力干下去，用不了多久，这个小院的厩栏里，就会有属于自家的牛，唇上挂着白沫嚼着草料。这个家庭梦想的风光日子，还会远吗？她甚至幻想着能再拴上一挂镶嵌着大铁钉子散发着桐油气味的木轮铁瓦大车，用竹片弯成拱棚，搭上苇席，垂着花布帘子，走亲回娘家，那是何等风光啊！

被发家致富鼓舞着的当家女人，以空前的热情使这个家庭的每一个成员都忙碌起来。即便是自己手里忙着活儿，眼睛好像总能随时发现别人的懈怠：没个眼力见，属拐磨的，不支不转。这是给自家干活，又不是侍候洋鬼子，磨洋工……

每天,这个家里的男人和两个媳妇,都被她指使得石磨一样转。就连孩子,她也能安排力所能及的事做:"丫头,哄着你弟;去逮'老鸹虫',回家来喂鸡。"

倪国岭依稀记得和姐姐在初夏的树林里捉"老鸹虫"的情景——他们把捉到的老鸹虫放进一个小瓶子里,看着它们在透明的瓶子里爬来爬去,小爪子像互相挠痒似的挠来挠去。有时,他们会抓到红甲壳上带黑点的七星瓢虫,姐姐会高兴地说:看,花媳妇!他们管瓢虫叫花媳妇。的确,一身红装带黑点的瓢虫很像穿着漂亮衣裳的花媳妇。这么漂亮的花媳妇,他们舍不得喂鸡。他和姐姐很快达成统一,背着奶奶偷偷放走了。那个夏天真美丽。

还有一次,他发现一只漂亮的蓝壳甲虫,扇动翅膀飞动时,竟然会发光。他感到无比惊奇,刚想喊姐姐,姐姐却突然跑过来,神秘兮兮地将两手藏在身后,说:"俺有宝贝。"

"什么宝贝?"

"你猜。"

他才懒得去猜,说:"俺也有宝贝。"

说着,将蓝色的甲壳虫托在手心里给姐姐看。

甲壳虫突然展开翅膀闪着绿莹莹的光亮飞走了。

姐姐开心地笑了。

随后,她把藏在背后的手伸到弟弟面前,张开并拢攥紧的指头,原来是一块洁白的椭圆形卵石。

姐姐说:"这是老'鸹枕头'"。

他说:"老鸹睡觉还枕枕头吗?"

姐姐说:"谁睡觉不枕枕头?不信,去问奶奶。"

为了老鸹睡觉枕不枕枕头的事,他和姐姐一起去找奶奶求证。摇着纺车的奶奶显得不耐烦,说:"这事去问你爷爷,他就会胡云海嘹……"

后来,少年倪国岭在海滩上看到那些形形色色的五彩卵石,自然会想起他和姐姐的这段往事,他想,海滩上那么多的老鸹枕头,怎么见不到一只老鸹呢?

他想起爷爷给他讲的故事——很久以前,炎帝有个女儿,叫女娃。是个善良漂亮的姑娘,有一次,女娃姑娘驾着小船,随着渔民们一块去东海打鱼。不巧,遇上刮大风,狂风巨浪折断了船桨,汹涌的浪头像张开大嘴的怪兽,一下就把渔船都吞没了……女娃姑娘淹死之后,她的灵魂变成一只叫精卫的鸟,精卫发誓要把大海填平，保一方百姓平安。于是，她就带领许多鸟，昼夜不停地叼石子填海。当时，老鸹们也参加了填海的行动。老鸹是个孝顺的鸟，它听说家里的老娘得了病，就忙不迭地叼着石子飞回来了……

爷爷说："老鸹是孝顺的鸟，是古人用来教育后代的榜样，叫'羊羔跪乳，乌鸦反哺'。"少年虽不完全明白，但很佩服爷爷懂得真多。

奶奶除了干活，一有空闲，就把纺车转得嗡嗡响。尤其到了晚上，那纺车单调的嗡嗡声会一直把人带进梦乡。为了节省灯油，有月亮的夜晚，奶奶会把纺车搬到院子里。高兴的时候，奶奶会趁着朦胧的月色，讲述月亮中王母娘娘纺线的故事。柳絮飘飞的时节，奶奶说柳絮是从月亮中飘下的棉絮。在少年听来，好像那月亮里不过住着一个像奶奶一样的老太婆，整天嗡嗡摇着纺车在纺线。月亮弯的时候，惨白的样子，更像个佝偻着腰的老太婆，想想毫无趣味。奶奶的全部兴趣在纺线上。她的动作娴熟，轻柔优美，好像在纺着一首不知疲倦的古老歌谣。奶奶纺的线又细又匀，除了自家织布，还拿到集市上去卖。母亲和婶婶摇着落线的落车，把线穗落成一把把的线拐子。有时，还要煮锅米汤浆一浆。

在少年的眼里，奶奶就像一条吐丝的蚕，永远有抽不完的丝。

在幼年的倪国岭心里，他对这个脑后梳着鬏髻，裹着红薯似的尖尖小脚，意志坚定，在家里说一不二的奶奶，心存敬畏甚至有几分莫名的惧怕。奶奶认准的事，任何人也难以撼动。尽管外面的世界每天都在发生着史无前例的变化，这个庄家院里的女当家人，却是充耳不闻，不为所动，一心有条不紊按部就班地实施她的发家计划。

1946 年，宁津县进行了土地改革运动，广大贫下中农、雇农翻了身，分得了土地，实现了耕者有其田。获得土地的庄稼人，自豪地站在自家的土地上，腰身挺得笔直，从今往后，他们就是这片土地的真正主人了。哈！干吧，从今往后的力气和汗珠，就是为自己使为自己流的。那还有什么好说的，干！

这些获得土地的农民，被过好日子的憧憬鼓舞着，一心想着只要肯在土地上下狠力气，不怕流汗勤劳苦干，好日子还会远吗？他们把拳头攥得嘎巴嘎巴直响。但是，很快又被面临的实际困难弄得垂头叹息。有些翻身户，几乎是光裸着身子数得清肋条的赤贫家庭，家无长物，除了带毛的耗子便没了活物，光凭一把力气是无法在获得的土地上施展本领、发挥效能的。

由于普遍性的经济基础薄弱，生产资料不足，加上一家一户分散的个体经济，生产力低下，致使在实际耕种土地的过程中，遇到了新的矛盾、实际的困难。各个农户都遇到各自不同的困难,有的短缺劳动力,有的缺乏牛马驴骡、犁耧耙耢、车辆运具等。这些实际困难,客观上制约着农村经济的发展。有人被逼无奈,不得不重走老路,豁出面子,犹犹豫豫地敲开殷实户主人家的门,含着羞惭吞吞吐吐述说着自己的困境,举借高利贷。说:"利钱几分老样子,前头有车后头有辙。秋后还贷,本利两清。"见对方犹豫,便一咬牙,说:"豁出村东两亩地抵押,旱涝灾荒,以它抵偿。好借好还,愿打愿挨,怨不得别人。空口无凭,签字画押。"说着,伸出一个粗糙的黑指头。刚分到手上的土地,就是庄稼人的命啊!唉,有什么办法呢?不是磨盘轧着手,万不得已,谁会出此下策?

面对此种情况,为了避免重新借高利贷甚至典让和出卖土地,产生两极分化,国家号召在农村地区推行"活跃借贷"。就是指贫困户在青黄不接时,向大户借贷生产、生活资料,待收获后加倍偿还的号召。号召好是好,但收效甚微。原因就是它不以土地为抵押,故富裕的大户公开不从政令。没了土地的吸引,他们才不愿贸然撒开手中的钱粮,去行善积德做好事。万一有个水涝旱灾,收获无望,到时别说利钱,恐怕连本钱也要折进去。这赔本的买卖,傻子才去做。

其时,如果一旦允许以土地为抵押,那么大规模的农民失地现象在所难免。因此,中共中央及时为农民制定了方针政策,引导农民走"互助合作"的道路。

1951年12月15日,中共中央颁布了《关于农业生产互助合作的决议(草案)》。一种新型的农民合作组织"互助组"应运而生,蓬蓬勃勃地成长起来了。

"互助组"就是几户人家合在一起,优势互补,互相帮着干活。李家有牛,缺劳力,倪家有劳力,缺牛,两家合在一起,开春种地,李家套上牛帮着倪家耕、耙、耢、砘;作为互换、回报,倪家的几个人就给李家干地里的农活。这样,使两家人的牲口和劳力都派上了用场。

奶奶想,自家不缺青壮劳力,正愁着无法在有限的土地上施展,这样一互助,不用再紧巴着置办各种用几天闲半年的生产农具,更不必忙着勒紧裤带举债去牵牛犊子。自家两个男人两个女人,干活都是好手,四个劳动力,地里的活儿不耽搁,足足顶得一头壮牛了。且出差赶集两不误。真是个称心如意的好主意。她当然举双手欢迎。她说:"这事算是做到咱庄稼人的心坎上了!"

互助组分"季节性的"和"常年性的"两种。

"季节性的"互助组户数少,一般三五户,农忙季节换工互助,且成员不固定,临时组合互助,合适自愿,自由性很大。"常年性的"互助组,通常要有十几户,且组内成员固定。这种互助组生产有计划、活路有分工、管理有制度,有的还是农业和副业结合,有的还添置了公共财产。分配办法是"记工找粮,牲口找草"。

奶奶摇着头说:"一大帮子人在一起,一家揣一个心眼儿,没个当家主事的,没谱。"任爷爷、叔叔列举出诸多优越性,奶奶还是将脑袋摇得像拨浪鼓:"你以为种地是图热闹吗?年纪轻轻不着调,俺还看不透你心里那点小九九,呸。就选两户老实巴交、不偷懒耍滑的,季节互助。"奶奶之所以选择季节性互助组,是有自己的发家蓝图,临时互助,不过是临时跨越眼前困难的跳板,权宜之计。她眼前的庄稼院里,正浮现出栏中犍牛吐着白沫锉牙嚼着草料的悦耳声音,丝瓜架的绿荫里,鸡啄鸭踱,猪圈里肥猪哼哼,车棚里新置的大车,正散发着浓浓的桐油香味……

1953年的春天,就是在这种决定中国农村发展方向的历史嬗变中,携着强劲的东风,唤醒冬眠僵硬的土地和万物,降临到鲁北平原大地上的。她似乎有点按捺不住,脚步匆匆,比往年来得更早、更急迫一些。还没出正月,庄稼人就开始用三齿耙刨开沤熟的粪堆,推着独轮车往春耕的地头运粪肥了。那些参加初级合作社的人家,则高扬着鞭子赶着牛车,鞭子在空中挽着花儿甩得啪啪山响,显示着集体组织起来的优越和力量。

去年的年初早些时候,按照"自愿互利"的原则,又兴出新花样。参加常年互助组的农民,好像尝到组织起来的甜头,干脆把自己的土地、牲口、大型农具等主要生产资料,都集中到一起,统一经营和使用,叫"初级社"。入社的人家按照土地的质量和数量,分成等级,连成一片,打井挖渠,统一耕作。社里给每家适当的土地分红,对入社的生产资料也作价折款,付给报酬。社员的土地连成片,按地力和土质,分别种上适合的庄稼。秋天的时候,远远望去,高粱、棉花、谷子,一片片火红雪白金黄!

许多没入社的庄稼人禁不住诱惑,心里蠢蠢欲动了。早些时候,他们看见初级社社员参加统一的集体劳动,一大伙人在地里干活,说说笑笑的,玩似的,还等着看笑话,说:"出水才见两脚泥,等秋后看吧,哭怕找不到韵调。"这下,他们从心底里服气认输了,堆着笑脸跟社员打听:"你们社里还招人吗?"

初级社"按劳分配",社员干活记工,按出工多少获得劳动报酬。生产需要使用牲口时,采用"雇用"的办法。使用大型农具,采取"社内租赁"。社员们出勤参加劳动时,一律同工同酬,记工分。农民获得的劳动报酬可分为两大部分：一是"土地即产出、即收获、即分配"。比如，麦收季节，家家户户拿着口袋，到集体的麦场上分得刚刚打轧扬净的麦子；秋收时节，早晚先后成熟的农作物纷纷登场，家家户户陆续从场院里，把分得的玉米、谷子、高粱、大豆、地瓜等粗粮运回家去。集体还种着小菜园，各种时鲜的蔬菜瓜果下来，也是随熟随摘随割随分。

二是"年底决算分红"。不论是分粮还是年终分红，分配一律按土地和劳动日的比例分。比如，按"地五劳五"或"地六劳四"，都需要经过社员代表们充分酝酿讨论通过。若"地五劳五"，就是土地和劳动力各占一半。以麦收为例，比如全社麦收一万斤。先留足种子，再扣除公粮，余下的部分，一半按土地分配，另一半按出工的劳动日分。年终分红亦如此。这种分配原则相对公平合理，因为谁家入社的土地多和挣的工分多，谁家分到的粮食和钱款就多。反之，所得自然会少。

按理说，奶奶应该积极支持入社。社员多出工，多记工分，这样攀比扯皮就少了，也相对灵活自由得多。爷爷和小叔出差赶集，打声招呼，不记工分就是了，总之分配时找齐，谁也不吃亏，也用不着抱怨。就是紧忙季节有事耽搁，地里的活儿照样有人干，误不了农时。寻常，地里活计的轻重缓急，除草灌溉，谁先谁后，牲畜工具都有统一安排，用不着躺在被窝里看着房梁精心谋划，简直就像个甩手大掌柜，有什么不好呢？甘蔗不能两头甜。既然赚了外头，家里小吃点亏，划算。可奶奶不这么想，她看见入社的土地，原来的边界被铲平了，作为标志的桑棵子也被连根刨了。平展展的一大片，分不出你的我的，庄稼长起来，一片绿油油地翻着浪头。往日小家庭的格局，全被冲毁淹没了。更让她难以接受的是，她的完美发家计划要泡汤了。尽管全家都有些心动，奶奶却一锤定音："不入！"

她说："一群人聚在一起，各个吃凉不管酸的，能种出花来？还是互助好。平时各干各的，用着了就互助互助。日子得自个过，别人身上的肉，贴不到自己身上。别人在她面前一提到这事，她就会十分不耐烦地说，愿入你去入，瞧把你能的。火棒棍儿也有个大小头儿，还轮不到你，这事没商量！"

奶奶发现老大媳妇越来越不受指使了。下地干活的时候，眼总是往农业社那边瞅。隔着一块地，一帮农业社的妇女也在干活。她们一字排开，边干活边说笑，手里的动作灵巧麻利，好像不怎么用劲儿，劳动看上去变得格外轻松愉快。她们唱歌时，声音很大。先是一个小声哼哼，接着大伙就跟着唱起来了。她们才不怕别人看呢！

偶尔有男人扛着锄头打不远处的田间小路上经过，她们就叽叽咯咯笑起来。扛锄头的男人摇摇脑袋，自言自语地说："喊，这帮娘们儿，真是……"

母亲真羡慕她们。

奶奶说："老大家的，甭眼热人家。一大伙子人，叽叽咯咯，哪像个干活的样子？鸡多不下蛋，人多瞎胡乱，这些人，哪像个妇道？你别心不在焉的，看，把苗子也耪下来了。真是的，掉了魂儿吗？"

那时，父亲来信说，他被抽调到青岛，在刚组建的海军航空兵学校飞行预备大队任指导员。他在来信中希望家里人跟上形势发展，积极参加农业合作化运动，不要拖后腿，成了时代发展的尾巴。

奶奶说："当了几天兵，胳膊肘子往外拐了。家里要是拖后腿，就不会给你养老婆孩子了。站着说话不腰疼，真是的！"

奶奶似乎对这个家庭越来越不满了。她觉得儿媳正在跟她离心离德，儿子的来信纵容，外面的诱惑，正在动摇她在这个家里的地位，挑战她的权威。尤其是大儿媳妇，越来越让她看不惯了。

母亲也越来越觉得这个家就像个笼子。

在娘家的时候，她是多么自由自在呀！自从男人当兵走后，又拉扯着两个拖油瓶，为人妻为人母的她，自然把向往外面的心收敛起来，一心一意关起门来过日子。她手脚勤快麻利，起五更睡半夜，把自己忙得像个陀螺。其中，当然包含着对远行丈夫的思念和担忧。仗打完了，全国解放了，她松了一口气。外面的形势正在发生日新月异的变化。一股股强劲的风还是不可阻挡地刮进这座有点沉闷封闭的庄稼院里来。面对走合作化的各种宣传，苦口婆心的登门动员，奶奶不为所动，反倒对动心的儿媳控制得更严了。一次，邻家的媳妇在门口看见母亲，说起农业社的新鲜事，刚说几句话，奶奶就在院子里嚷起来："清文家的，闲着没事吗？在门口卖呆儿，唠闲篇，扯舌头！管好自家的事，比什么都强，少咸吃萝卜淡操心。"

邻家媳妇撇撇嘴说："你家婆婆真是的，别人说句话都不行吗？眼下都啥社会了，还把你管得服服帖帖，像个避猫鼠似的。要我，才不听她那一套。大不了，分开单过，参加合作社，日子过得更滋润。整天耷拉个脸子，给谁看呢！"

婆婆的强势和固执，也越来越让母亲感到难以忍受。她是军属，不能给丈夫丢脸，事事处处成了尾巴，让人背后说三道四。其时，在这个家庭里，两个女人的战争正在悄悄酝酿，这场围绕着"入社"还是"单干"展开的妇姑博弈，一触即发。

少年倪国岭记得,每次奶奶和母亲争执得不可开交时,他就飞快地跑去找村干部李坤明前来熄火。最初的恐惧过后,便变得泰然了。他不知道她们为什么争吵,或者说他根本不理解其中的是非曲直,也不关心这场争吵最终如何收场。

1953 年的秋天,农业社的收成格外好。原因是正当卡春脖子的当口,老天晴了半个月,庄稼苗都打蔫了,小户庄稼人只能看着叹气,脑袋也耷拉着打了蔫儿。后来虽然降下一场透雨,苗子却是亏了,比不上农业社前期在新打的水井里,套上牲口拉着新型的水车哗啦哗啦浇灌的苗子壮实劲足,少收两成是肯定的了。尽管事实摆在面前,奶奶还是毫无悔意,说:"他们的投资呢? 怕三年收不回来。转过年风调雨顺,算算还是比他们强。嘎啦嘎啦的水车闲在那里,还不是摆设? 当家过日子,小账自己算,老天爷饿不死瞎眼的家雀儿……"

大约父亲在这场两个女人的战争中左右为难,无能为力。转过年,少年倪国岭就跟母亲去青岛随军了。

时间不久,姐姐也去了青岛,一家人其乐融融地在军营度过了一段美好时光。

第二章

蹉跎岁月

一、拉倒车的人

在青岛简单快乐的学校生活,似乎蹦跳着眨眼间就过去了。

少年倪国岭小学四年级学完了。他和姐姐的各门功课学习成绩都很好,蘑菇顶屋子里的墙壁上,贴满了奖状。母亲似乎格外珍惜这些东西,用糨糊粘贴得结结实实,看上去就像花花绿绿的年画。少年对此不屑一顾,毫无兴趣。其实,他并不是个踏实用功的好学生。上课时,他的脑子里总是会冒出各种匪夷所思的念头,就像咬破茧壳的幼蛾,伸展着稚嫩的羽翼,不安分地蠢蠢欲动,随时会提出令人啼笑皆非的刁钻问题,引得同学们一阵哄堂大笑。

这些军营里成长起来的孩子们,看上去有点与众不同。尤其是男孩子们,一个个大大咧咧不修边幅。有的穿着父辈旧军装改制的又肥又大的衣裳,脚上穿着踢踢踏踏不跟脚的胶鞋,腰间装模作样地扎根皮带,喜欢叉着腰。放学后,这些喜欢游动嬉戏的小动物,一刻也不肯待在洞穴里。他们在营房四周的山坡上呐喊奔跑,在林间灌丛里钻来钻去。不外乎玩攻城略地"打鬼子"的游戏。不知谁发出喝喊:"冲啊——"于是,几个调皮的小鬼头便说笑追逐着,朝海边跑去。在海边蹚着浪花奔跑,围在赶海人身边问这问那。累了,在沙滩上就地一滚,有人指着正落下去的夕阳,说:"看哪!这家伙要淬火了,听……"日头要淬火的时候,海面上总会腾起一股淡紫色的烟雾,海水也好像发出一阵嗞嗞的像淬火一样的声响。很快,淬过火的太阳会变成不再炽热刺眼的月亮,悄悄挂在天空中了。有人反驳说:"太阳是换岗溜被窝儿,才不是淬火呢!"先前主张淬火的反诘说:"照你的意思,明早的太阳会是另一个了?"回答说:"当然。没听说有九个太阳轮流站岗……"这似乎是无可争辩的事实,于是不服气地嘟哝一句:"吹……"并随手捡起沾着沙粒的螺壳,用手一抹,放到嘴唇上呜嘟嘟吹起来……这时,军营那边隐约传来嗒嗒嘀嗒的军号声。有人说:"今天晚上放电影。"于是,这群浑身脏兮兮充满野性的孩子,突然嗷叫着跳起来,朝营区那边跑去。他们身后的大海,已被染成红色。

几年的军营生活,少年倪国岭已经习惯了这一切,他的感情已经完全融入军营,与周围的环境融为一体了。他能感到她的呼吸和脉搏的跳动,她的一嗔一喜,她的欢乐和忧伤。他的生命已经紧紧和她连在一起,难解难分了。

那天,少年从海边跑回家,嚷嚷着让姐姐快去占座位看电影。每次营区放电影,他都要挤到放映机前面去。他已经跟放电影的叔叔很熟了,有时陪着看他倒胶片,帮他跑腿。那个绿色的小木箱,常会有他一身坐席。姐姐也会跟着沾光。

那天,姐姐有些不对劲,好像对他的催促无动于衷,只是冲母亲努努嘴。母亲正翻箱倒柜,把这个季节穿不着的衣物都包裹起来了,好像要搬家的样子。他随口问母亲:"娘,是不是要搬家?"母亲说:"是。"他早听说一部分干部要搬离地堡洞穴,到新修的家属区去。他问:"咱家往哪儿搬?"母亲说:"回老家。"少年一时没反应过来,说:"回哪个老家?"母亲说:"还有几个老家?回乡下。"少年有些着急,说:"为什么呀?"母亲说:"不为什么。上级已经批准你爸转业,你爸想回老家去……"

一切来得都是那么突然,猝不及防,少年突然感到无比失落。

后来,他才听说,当时组织上安排父亲的转业去向:一是杭州商业局,二是淄博兵役局,二者任由父亲选择。不可思议的是,父亲竟然放弃转业去城市工作的机会,自愿选择回老家。倪国岭始终想不明白,究竟是什么力量或诱惑,让父亲宁可放弃转业去城市当干部,非得申请复员回农村老家呢?

临行前,13岁的少年怀着深深的依恋和惋惜,甚至来不及和平时要好的伙伴告别(他怕自己会哭,那多丢人),一个人独自跑到海边去了。他在海边待了很久,想独自不受干扰地静一下,跟大海和海鸥说会儿话。看着他熟悉的沙滩,静静拥挤着的卵石在阳光下做梦一样闪烁着,他曾经筑过的沙滩城堡渺无痕迹,望着汹涌起伏的海水和翩翩飞舞的海鸥,他不知道自己该跟它们说什么。后来,他用一块带棱角的石块在沙滩上歪歪斜斜地写下大大的三个字:"等着我!"然后,用力将手中的石块抛向大海,双手握在嘴上大声喊叫着,向它告别:"大海,海鸥,我还会回来的——"

当他坐上北归的列车，这个喘着粗气的庞然大物发出一声长长的"哞"叫声，蒸汽机冒出的煤烟雾立刻灌满车厢。他的眼睛像给迷了一样，眼泪夺眶而出。他怕母亲他们看见，固执地把头朝向窗外，看着过往的生活片段像电影胶片一样在灰暗的窗玻璃上飞驰而过。

母亲拿出他平时爱吃的饼干，尽管他肚子咕咕叫，还是固执地拒绝了。爸爸说："小孩子家，乍离开熟悉的环境，心里别扭，吃不下，甭管他，慢慢适应就好了。"

那时，他心中甚至油然生出一股对父亲的怨恨。

车窗外飞驰而过的景色渐渐融进暮色里，车轮撞击铁轨发出"哐哧"的有节奏的声响。车厢里乱哄哄地挤满人，门口和过道里也堆满行李，人要侧着身子才能从人缝里拔出身子前行。车厢内空气浑浊，暗淡的灯光像要被窒息似的。斜对面的门口处，一个带着七八岁女孩坐在行李卷上的男人，开始无精打采地打瞌睡。这对父女打一上车就没说一句话，父亲只是呆呆地望着车厢的某一处，随后把头深深地扎在两腿中间，一声不吭，好像瞌睡的样子。那个小女孩，一上车就往这边瞅。她的眼睛大大的，充满天真与好奇，头发有点凌乱发黄。少年的眼睛和她的目光碰在一起，她没有躲开，而是直直地望着他，好像看透了少年的忧伤。正是那瞬间的情感交流，让少年内心充满一种说不出的滋味，眼睛酸酸的，他觉得自己和那女孩有点同病相怜。没人注意他们，他们之间出于本能的同情怜悯，与别人毫不相干。包括父母和姐姐，他们都是局外人。起初，人们只是因为无所事事而假装兴致勃勃地闲谈，渐渐地，他们对这种自欺欺人兴味索然，有人长长打个哈欠，伸伸懒腰，闭上嘴。这无疑是传达某种信号，马上，整个车厢像受到传染似的，说话的闭上嘴，有人站起来伸伸懒腰，倚在座椅上眯起眼睛，昏昏欲睡。昏黄的灯光像被搅浑的水，睡意像被窒息的鱼儿咳喋着浮出水面……

窗外的景色已经完全看不见了，黑夜像倾洒的墨水一样，把一切洇得越来越浓。少年觉得车窗玻璃上仍然印着那双同情的眼睛……他挪动了一下有些麻木的双脚，然后交拢着双臂，斜倚在座位的角落里，闭上眼睛。母亲轻轻为他披上一件衣裳，他没有睁眼。他的脑海里一片空白，甚至懒得再有别的念头，就那么蒙蒙眬眬似睡非睡。

黑暗中，飞驰的列车正把少年载向那个鲁北平原上的普普通通的乡村——高伊范村。

这一年，正是 1958 年。

这年的春天，随着苏联提出"在十五年内不仅赶上并且超过美国"的目标，中国从城市到农村，从工业、农业到文化教育，也掀起了一场轰轰烈烈的"超英赶美"的"大跃进"运动。父亲倪清文怎么也不会想到，这个帷幕徐徐拉开的乡村舞台上，正等待他扮演一个举足轻重的角色。此后，他的命运转折沉浮，和整个村庄的休戚荣辱紧紧捆绑在一起了。

高伊范村虽然只是个总共才有五百多人口的村庄，历史上却是三个相毗连的各自独立的自然村落，属宁津县固宁乡第五里。中华人民共和国成立之前，高庄、伊庄、范庄各为政，三足鼎立。村子里姓氏多达十几个，是个典型的杂姓聚集村落。虽然姓氏家族从血缘上承续不紊，但在异姓之间，彼此早已存在着千丝万缕的相互联系。他们世代相互融合，相互包容，和平共处，关系倒也融洽。在三个村子合并之前，村中日常事务，官面应酬，公差派遣，婚丧嫁娶诸多事物，多以各姓家族共同推举族中办事公道、言可孚众的德高望重者出面主持。因此，对既是宗族的象征又是公平正义的化身的权威的服从，就成了群体成员必须遵守的义务。否则，不仅在本宗内被视为异类，也被外姓家族所不齿。一旦有了这样的名声，在这个多姓杂居的群体内还怎么活人？

倪清文被任命为村党支部书记时，虽然统治农村的宗法制度已经消亡，但旧制度存留的传统习惯依然存在。各种或隐或显的冲突矛盾，虽然一时被汹涌的大潮所淹没，但当潮水退去时，还是会像裸露的沙滩和礁石一样凸显出来。好在村民中大多数人大致相同的境遇，对改变现实的共同渴求，促使他们仅凭朴素的感情就能毫无隔阂地彼此团结一致，他们更愿相信这个刚刚从部队复员回家的年轻人，能带领大伙过上美好的日子。从他有条不紊地实施造屋计划时，那些蹲在墙根下堪称村庄智囊的老者一红一红地抽着烟，说："不怪穿了几年五尺半，脑瓜灵光、清楚、踏实，是块当家的材料。"

这些乡村灵魂似的智者看似漫不经心的闲话，在乡场上的影响却不可小觑，他们的首肯，几乎主导着大多数村民的看法和认知。

那时，复转军人正在为营造一个能遮风挡雨的安乐窝而里里外外忙活着。他将自己复原安家费的一部分拿出来修房造屋，土墙砖包角硬窗门口，这是他早已规划好的蓝图。一切都在按照他的计划进行着。一天，公社领导突然找他谈话，要他担任村党支部书记。年轻的复转军人对此毫无思想准备，一时竟愣住了。随即一边抹着脖颈上的汗水，一边连声推辞说："不行，我不行。我刚回来，地方工作不熟悉，村里的事更是两眼一抹黑，不行。"

公社领导说："现在全国形势发展一日千里，谁都是在干中学，在学中干。

你不用推辞，这是领导对你的信任，也是群众对你的一致拥护，你就放心大胆地干。你是共产党员，这是组织决定。对了，房子修得怎么样了？先顾大家，再忙小家。手头的活儿先撂一下，晚上六点公社召开誓师大会，你去参加听听。"

就像要粉墨登场的人物，年轻的复转军人甚至来不及装扮披挂整齐，场上的紧锣密鼓就敲响了，他只好仓促登台亮相。

那是一个充满激情和荒谬的年代。对少年倪国岭来说，那也是他生命中最为难忘最为重要的峥嵘岁月。那时，倪国岭在前魏小学读五年级。这个刚刚从青岛回来的孩子，从装束到说话，依然保持着在军营里养成的生活习气，说话时不自觉地流露出浓浓的青岛口音，同学们背后叫他"小侉子"。一见面，便有人学着他的腔调说，今儿早晨哈的粘粥。那段时间，同学们一律把"喝水"说成"哈水"，一见面就是"哈""哈""哈"。

这是个思想活跃有趣可爱的"小侉子"。老师上课时，他有时会突然提一些奇奇怪怪的问题，惹得同学们一阵大笑，真不知道他脑瓜里想些什么。有些问题，连老师都不知道该如何回答，说："同学们不要笑，倪国岭同学善于动脑思考，结合课堂知识和现实生活，联系实际，提出自己的疑问和想法，这一点值得每个同学向他学习。我们学习的目的，就是为将来能很好地解决社会现实问题。眼下，同学们的任务是'好好学习，天天向上'，努力学习掌握文化知识，将来成为对社会有用的人才。"

老师的这番话，让同学们对这个有趣的"小侉子"刮目相看。课间时，他的身边会围着一群人，问这问那，听他绘声绘色地讲述城里和大海的故事。

他时常会不由自主地把小姑娘叫成"小嬷儿"（在鲁北乡下，女孩儿一般叫"丫头儿"。"嬷儿"这个词，发音有点像乡下学牛叫的"哞儿"）。小嬷儿，真有意思！刚刚学会这个词的调皮鬼会突然指着正玩"跳房子"游戏的女生们喊：你们都是"小嬷儿"——然后，捏着鼻子学着牛叫，"哞儿""哞儿"地跑远了。

少年每天都被身边发生的新鲜事物感动着、鼓舞着。村里的墙壁上，写着"鼓足干劲，力争上游，多快好省地建设社会主义"的大字标语和画满各种夸张有趣的水彩宣传画：装满整车的硕大南瓜、需要两人用锯拉的大西瓜……最令他感兴趣的是一幅宣传画，一个戴着高顶礼帽留着小胡子摇着鞭子骑在毛驴上的大鼻子外国人，正在被骑在飞驰骏马上的中国人腾空超越。少年觉得那些外国人的鼻子很有趣，有时，他会用纸卷个长长的喇叭筒，粘在鼻子上，再用墨水抹两撇神气的八字胡……空空荡荡的大队办公室的墙壁上，分别画着象征各类先进和落后的人物，拿着旱烟袋的小脚老太太（这让少年联想到奶奶和她的小脚,不过奶奶不抽烟)、赶着牛车的老汉、三个轮子的汽车、不规则的飞机(这当然蒙不住他,在军营里,少年已经把这玩意儿了解得烂熟了)、火箭,还有一个圆球上长出几根刺的"卫星"。那时,村里的每个人都以"乘飞机""坐火箭""放卫星"为荣。

村里成立了大食堂,各家的烟囱都不再冒烟了。收工吃饭时,各家拿着吃饭的家伙和炕桌小凳,到食堂前的空场上集体就餐。虽说众口难调,但负责伙食的司务长,为了尽量使大家满意,绞尽脑汁,变着法地粗粮细作。自己设计让木匠做成压饸饹的木床,几个炊事员汗流浃背,在滚着沸水的几口大锅上,将杂粮面和红薯面掺和着挤压成可口的饸饹。广播喇叭里播送着激动人心的跃进口号,要在十五年内"超英赶美",跑步进入共产主义。人们憧憬着"楼上楼下,电灯电话,喝牛奶,吃列巴(列巴,俄语,指面包)"的共产主义生活。看这架势,用不多久就能实现了。

村里的土地都成方连片,变成了方便利于牲畜和大型机械耕作的"丰产方"。丰产方的地头上插着彩旗,迎风招展,这些彩旗都是劳动比赛获得的荣誉。丰产方内,渠道纵横,旧时的砖井都安上畜拉和手摇水车。四个女人说笑着轮番"哗啦哗啦"摇着水车,井里的水被铁链上的"皮碗儿"通过水管源源不断地提到地面的水簸箕里,顺着渠道流进需要浇灌的地里。"丰产方"中间,高高矗立的机井架上悬着一个大木轮子。有人正踩在木轮的一道道横板阶梯上,"吱吱扭扭"地旋转。轮子下面,推着绞盘疯跑的男女,趁机停下来擦把汗水,仰头跟轮子上的人开着玩笑。那个"吱吱扭扭"转动的轮子,就像一个永远走不出去的旋转怪圈,看上去很刺激。好奇的少年就曾趁中午没人的时候,偷偷爬上机井架,刚在大木轮上没走几步,就天旋地转起来。他听父亲说,等机井打好了,就可以用上新型的"锅驼机",这一大片丰产方田,就能旱涝保收了。

他问父亲:"什么是锅驼机?"

父亲说:"锅驼机就是新型的机器,新机井打好之后,安上锅驼机,机器一开,水就会哗哗流出来,再不用畜拉人摇的水车了。往后都要机械化了,耕地要用拖拉机,点灯不用油,耕地不用牛,没有文化哪成?甭说别的,就说这次公社培训拖拉机和锅驼机手,平时表现积极、事事争先的好小伙子,就因为没文化,只能眼巴巴看着干着急,有劲使不上。往后,没文化就等于睁眼的瞎子。现在,上级对学习文化很重视,在全国掀起扫盲运动。报纸登,喇叭喊,县里发号召,公社定指标,争取在半年内把青壮文盲全扫光……"

少年笑了，他想起在学校值日打扫卫生，问："怎么扫，用笤帚吗？"

父亲说："就是教他们识字，每个人认识一千到两千字，能读报纸了为止。你都读五年级了，交给你个任务……"

少年问："什么任务？"

父亲压低声音说："教你娘识字。"

少年说："那……怎么教？"

父亲传授说："比如平时，看她干活拿的农具，屋里的摆设，院里的鸡鸭鹅狗，见什么问什么。她不会，你就拿根棍儿在地上写给她看，要认真，别缺胳膊少腿的。要有耐心，随时随地教她识字写字。不能当睁眼瞎，不然跟不上潮流。"

从 1956 年开始，党中央号召全国人民向现代科学文化进军，于是，扫盲运动又掀起第三个高潮。很快，县里和公社相继召开了扫盲誓师大会。公社书记张金彦在会上做动员报告，说，县里提出要在 6 个月内将文盲扫光，我们公社能不能胆子再大一点，步子再快一点，争取 3 个月，每人识字三千，能读书看报。接着文教助理布置了扫盲的组织领导、工作步骤和检查验收等有关事宜。最后，几个大队代表上台表决心，调子出奇地一致，都是保证超前完成任务。参加会议的大队长回来一说，父亲皱起眉头说："半年已经够紧，三个月识字三千，可能吗？小孩子 6 年小学毕业，还不一定能顺顺当当地读书看报。"大队长苦笑着说："现在什么都跃进，上面怎么布置，咱就怎么干。别人能完成，咱也能完成。人家打雷，咱也跟着打闪，反正又不是咱一个村的事，傻子过年，瞧邻家就是了。"父亲摇摇头，苦苦一笑，说："学文化这事，是个慢活儿，不能一口吃个胖子，更不能光打雷，不下雨。咱不管别的村怎样，自己抓点紧，跟社员讲明白，学文化是自己受益的事，踏实点，自己给自己上点紧摞，甭整片汤麻汁面，自己糊弄自己！"父亲是个凡事讲究实际的人，部队生活的锻炼和农村生活的实际，使他遇事头脑冷静，判断事物实事求是，绝不人云亦云，更不会附和领导顺水推舟。这种性格，决定了他后来的坎坷沉浮。

村里的夜校还是轰轰烈烈地办起来了。夜校老师有小学的老师和村里有文化的初中毕业生或高小毕业生替补轮流教，有时，识字的下乡干部来了，也被拉去教一课。每逢夜晚，刚撂下饭碗，广播喇叭里就会传来《夫妻识字》的歌声：

黑咕隆咚天上

出呀出星星

黑板上写字

放呀放光明

什么字,放光明

学习,学习二字我认得清

……

村里的男男女女就会陆陆续续走出家门,集中去夜校学习。爷孙夫妻,男女老少,手里拿着小板凳,有的提着灯笼和自制的墨水瓶油灯。最初的课本是油印的,后来公社发了刊印的识字课本。书上的内容,都是贴近农民生活的常用字词。如当地人的主要姓氏,习惯用作名字的字,日常生活生产的用具农具和各种农活名称之类。有时,倪国岭也随着母亲去看热闹。夜校教室非常简陋,墙上用石灰抹块长方形的方块,涂上墨汁,就算黑板。课桌是用土坯搭扇门板,屋子里充满浑浊的油烟气味,鼻子里常常被熏得漆黑。尽管如此,因为字词内容贴近农民生活,人们的学习热情依然很高涨。白天,识字班还办到了田间地头。劳动间隙,社员们就会聚到路边的树荫里,在树杈上挂块自制的小黑板学习认字。教员也是他们中的一员,无非比别人多认识几个字,临时充当教师。教的也是眼前干的活儿和使用的劳动工具,比如"深翻地""铁锹""浇水""手摇水车"等。

少年放学后回家负责监督指导母亲识字,感到既快乐又有趣。看见母亲在自己面前像个小学生,少年第一次感到自己身上的担子很神圣。母亲学习很认真,一个字常常要问许多遍。

母亲说:"你爸爸当着几百号人的家,咱不能拖后腿。"

有一天,大队会计去公社开会,回来对父亲说:"坏了!咱们大队的扫盲落后了。我上午去公社,看见别的大队,都敲锣打鼓向公社报捷,说他们已经完成了扫盲任务。咱们怎么办?"大队长一听急了,说:"还能怎么办?赶快弄张红纸写捷报,送!"父亲说:"这才三个月不到,扫盲任务就完成了?蒙人呢!我不信!"大队长说:"你甭管信不信,听我的,人家送咱也送,前头有车,后边有辙。俗话说,不打勤不打懒,专打不长眼。咱既不当头,也不落尾,永远不会错。反正学文化这事,既不能上秤称,也不能过斗量。"父亲无奈地摇摇头,说:"睁着眼说瞎话,欺上瞒下,自己糊弄自己,难道领导心里没数?这叫什么事!不过,捷报可以送,学习不能松,夜校不能停。他说他的,咱干咱的,学习文化是大事，不能半途而废，光凭三天两早晨的热度。往后机械化科学种田，处处离不开文化。"

随着社会上的浮夸风越刮越烈，父亲对眼前发生的一切越来越疑惑和看不懂了。那时，有句口号叫"人有多大胆，地有多大产"。种地真是光凭胆大吗？他不明白，许多人仅凭一拍发热的脑袋就随口说出有悖常理和脱离实际的话，怎么就会立刻得到那么多人的随声附和呢？而且，还被上级树为典型，这到底是怎么啦？难道真是自己思想落伍跟不上形势发展了吗？脾气倔强的复员军人第一次深深陷入困惑和苦恼之中。他的内心充满矛盾和纠结，最终还是忍不住在一次会议上爆发出来，使他遭受主政乡村以来的第一次挫折。在一次全公社学典型"放卫星"上报亩产指标的大会上，公社书记张金彦号召各村要再大胆，敢冒险，"放卫星"，创高产。说："要打破常规，敢想敢干。人家能'放卫星'，我们为什么不能？关键在思想。脑袋瓜子穿着小鞋，你永远就是小脚女人。"会上，他提出"争取亩产万担粮"的口号……会场上先是一阵骚动，各个村干部交头接耳相互议论，继而气氛突然热烈起来了。许多村干部争先恐后纷纷站起来表态，说："人家行，咱也行，只有想不到，没有做不到。"会场上充满一股亢奋、热烈、激昂的气氛。看着那些平时熟悉的同事，突然间像着魔似的变成另一番样子，头上冒着热气，脸由于激动而涨得通红，脖颈间的青筋都鼓起来了，喷着唾沫星子，信誓旦旦地拍着胸膛，胸有成竹地说着昏话。复员军人感到浑身一阵发凉，耳边一阵嗡嗡乱响，什么话也听不清了。他羞愧地深深低下头，恨不得找个地缝钻进去。他的心里乱糟糟的，一时恍若置身在人声嘈杂讨价还价的闹市中……直到旁边的大孟村支书用胳膊肘碰他一下，他才又回到眼前的现实中来。台上的张金彦书记正指着他说："高伊范的倪清文，说说你们的目标。你是军人出身，敢打硬仗，能不能带头攻下'亩产万担粮'这个山头？"父亲毫无思想准备，突然被点名站起来表态，脸憋得通红，说："张书记，不，不行，我们村不行……我没那个本事。我们村的情况，别说'亩产万担'，就是'千担'，我心里也没底，不敢保证……"父亲的话像突然给喧嚣热烈的会场泼了一盆冷水，顿时鸦雀无声。旁边大孟村的村支书急得直拍屁股，压低声音说："咳咳，我的傻姑爷！脑筋咋就不转弯，不懂顺情说好话，耿直讨人嫌哩！红薯也可以说是万担粮嘛。"父亲说："红薯亩产万担也难说，做不到的事，不敢胡说！这既是对上级负责，也是对群众负责。"台上的张书记尴尬地愣怔片刻，说："亏你还是军人出身，那种敢想敢干，敢拼刺刀敢打硬仗的勇气呢？难道在战场上碰上需要一鼓作气拿下山头，就因为有困难不冲锋了吗？"

父亲说："张书记，这是种地，不是打仗。我不是胆子小，不敢想不敢干，是心里没底，不敢打没把握之仗，这个军令状……"没等父亲说完，张书记烦躁地挥挥手制止："好了，你不用再多说，你的思想认识已经跟飞速发展的形势背道而驰，是在拉社会主义的倒车，这样下去很危险。公社党委的意见很明确，对思想右倾保守的村领导班子，不换思想就换人。你不适合再干支书，回去好好反省，等候组织处理！"

父亲就这样被免职了。对此，父亲反倒松了一口气，无官一身轻，好像压在心上的一块石头终于被掀掉似的。他趁机去街头的剃头铺，理一下很长时间顾不上修理的乱蓬蓬的头发，刮刮脸。那种身上卸去千斤重担的轻松，让他感到十分享受。看看周围充满生机的田野，也好像换了另一番模样。微风吹过，那些招摇的庄稼好像在说，对不起主人，我们争气地疯长，还是不赶趟。

新任支书和大队长很快就走马上任了。为了改变高伊范村的落后局面，公社党委决定调庞家寺村刘俊昭和吉杨村刘景良分别担任村支部书记和大队长。为了批判父亲的"右倾保守"思想，人们用当时习惯直观的漫画方式，将一辆开动的东方红拖拉机和拉着绳子背道而驰的父亲画在村口一面醒目的墙壁上，旁边的提示文字写着"拉社会主义倒车"以示警示。父亲因此受到"党内警告"处分。

这一年，农业生产获得大丰收，但是，粮食亩产不尽如人意，没有按人们的胆量那样疯长。村里的识字班依旧坚持着。尽管别村的夜校已经撤销，村里人好像形成了习惯，还是自愿凑到一起来上课。妇女们说："在家学习安不下心。"男人说："这些娘们儿心野了。"没有老师的时候，他们就互教互学，在田间劳动时，也是这样。这一年，宁津县被国务院副总理陈毅授予全国扫盲"文化县"称号。这个光荣称号，一直被后人津津乐道。

转年，中央对"大跃进"中普遍存在的浮夸风有所觉察，并开始着手对人民公社进行调整、巩固、提高。被描绘成"拉社会主义倒车"的父亲官复原职，重新当上村党支部书记。那些当初拍着胸膛信誓旦旦为高指标亩产打包票的人，不得不为自己的承诺付出代价。他们暗中后悔，当初怎么就会相信，只要有胆子，土地就会高产呢？他们不无悔愧地说："当初脑瓜儿一热，就说出来了。谁想到要兑现？胳膊折到袖子里，自己知道。早知如此，倒不如学学倪清文，也拉一回倒车。"村里那些当初看好父亲的预言家，逢人便说："怎么样？当初咱就说这人踏实，丁是丁卯是卯，是个当家的材料。受点挫折，难免，韩信当年还被逼钻过裤裆呢。能屈能伸，才是大丈夫。由这人当家，大伙吃不了亏。"

后来倪国岭才明白，其实一个人的命运是跟国家的命运连在一起的。母亲对父亲的复职心存忧虑，说："说撸就撸，转过头又让干，难道你拉倒车没拉够？"父亲说："干什么事也没有一帆风顺，总会有曲折。"母亲说："曲折曲折，俺看你不把自己折进去不死心。吃俩豆不知腥。"父亲笑了，说："我不知腥，你告诉我，腥字怎么写？"母亲忍不住扑哧笑了，说："没正经！说正事胡打岔。俺是担心你这脾气……唉，俺多余操这份心。"

父亲复职后，找许多老庄稼把式征求意见，对原来的大锅饭偷工窝工现象提出可行的建议和解决办法，决定实行"小包工"和"五定一奖"（定劳力、定时间、定工具、定数量、定质量，工作完成得好有奖励）的管理方法，并取得显著成效。这些办法在周边村庄也慢慢实行起来。那一年，队里的红薯长得格外好。生产队男青壮劳力有些被派出修岳城水库，生产队人手紧张，刨收红薯忙不过来，只好套上新式铁铧犁，翻耕后收红薯。有时，学校也派学生去支援抢收，跟在犁铧后面捡拾红薯。犁铧翻起的湿漉漉的土地上，狗头大的红薯滚动着，狗头攒动，少年倪国岭恍惚听见它们狺狺的叫声……红薯的大丰收，得益于取经得来的经验，用狗肉汤浇灌红薯秧，所以红薯才个顶个长成狗头模样，咻咻窜动着，在孩子们脚下滚动，随时会咬一下脚丫似的，谁知道呢？

倪国岭眼前浮现出当初轰轰烈烈的打狗运动。人们在田间地头盘起大锅熬煮狗肉汤，母亲曾用蓖麻叶包着一小块狗肉给他吃。看场院的老汉就曾剥下狗皮做成褥子，说他腰不好，狗皮褥子隔潮……孩子们专拣大个的拾，在新翻耕起的红薯陇上一堆堆地排成一溜，好像一群狗头在打架。收获的红薯运进场院，有人摇着圆盘红薯切片机，哗啦哗啦切成薯片，晒满一场院。就连每家每户社员家的房顶上，都晒满了红薯干。晒干的红薯干多得没处搁放，路边的瓜屋和看场院的小房子都装满了。场院边用秫秸箔围成的薯干攒，头上盖着谷草，像清朝头戴红缨帽子的士兵成排站立着，人们根本不拿它们当回事。赶车路过的人，随便就可拿筛草的筛子，收去让牛马咯嘣咯嘣地嚼。反正多得很，吃不完。

转年的冬季，由于粮食浪费严重，大食堂难以为继，被迫解散。倪国岭觉得十分可惜，吃饭变得平平淡淡，没了激情和兴致。生活似乎又恢复到原来的样子。社员们日出而作，日落而息，傍晚时分，家家烟囱冒出袅袅炊烟，村庄又仿佛恢复了先前的宁静。其实，被一阵狂热席卷过的乡村，已经疲惫不堪，急需休养生息了。往日里不怎么为生计发愁的女人们，不得不掰着指头精打细算，安排一家人的吃喝。眼看拿来下锅的粮食日渐紧张，她们开始担忧，甚至抱怨上学的孩子吃得太多。好在地窖里储藏着足够的地瓜，便多炜地瓜做主食。蒸锅玉米高粱面掺和着的窝头，或围着锅边贴一圈大饼子，便有意无意地留给出力大的男人吃，自己只吃地瓜。每次吃饭，看见孩子的手伸向干粮，说："整天疯跑，死吃活嚼，比干活的大人还能噇！嘴还奸馋，山芋不能吃吗？"男人说："半大小子，吃死老子。娘的，白吃饱，光攒粪，放学揽山芋去！"说着，掰一块窝头递给孩子，笑着对女人说："孩子正是长身体的时候，多吃点粮食，大人省一口，没大碍。"女人叹口气："说什么好呢？不当家不知柴米贵，谁不想让孩子多吃点呢？"穷家难当。村村家家的情况都差不多。只有高伊范村，幸亏当初的"右倾"，情况稍好一些。人们说，得亏咱们书记当初拉到车……谁会想到，随即而来的三年自然灾害，将庄稼人曾经的梦想彻底击碎了。那一年刚好是农历鼠年，在倪国岭的记忆里，那是个不折不扣的"薯年"，那一年，红薯和薯干成了赖以生存的难得的食物，这在许多人因为粮食罄尽不得不以野菜树皮充饥果腹的岁月里，该是多么值得庆幸啊！

真应该感谢父亲！

二、野百合的春天

　　许多年之后,年逾古稀的倪国岭坐在办公室里的座椅上回忆过往,感慨万千。窗外静好的冬日阳光从窗口挤进来,活泼跳跃着洒了一地,他的思绪也随着跳跃的阳光回到那段令人终生难忘的灾荒岁月里——

　　1960 年,是农历的庚子年。这一年,是三年自然灾害的第二年。这一年,从"国"到"家"先后发生了许多事。先是中苏关系恶化,接下来一场三百年罕见的暴雨,袭击了大片长势旺盛的庄稼地,矮棵的豆类完全淹没在积水中,尚不成熟的高粱和正在吐花线的玉米穗在水面上招摇……大雨浇灭了所有庄稼人的希望,硬生生将就要到手的收成无情地夺走了,使得原本贫弱不堪的乡村雪上加霜。这简直就是在夺庄稼人的命啊!

　　这一年,12 岁的少年六年级毕业,辍学回了家。

　　他记得那年的暴雨下得有点邪性,时急时缓,时断时续,接连不断下了几天几夜。整个世界都在暴风雨中飘摇。夜里,或远或近不时有房屋墙壁倒塌的声音传来,令人心惊肉跳。浸泡雨水的泥土房顶开始滴滴答答漏雨,很快,泥抹的炕面被雨水砸出许多小坑。污浊的泥水,顺着屋顶墙壁慢慢往下流,白灰墙壁上留下一道道泥痕。炕没法睡了,只好用炕席和破布在炕上搭起窝铺。母亲搂着妹妹,一家人蜷缩在炕旮旯里……天不亮,父亲就披上雨衣提着马灯出门去了。他几乎整夜没合眼,眉头皱成疙瘩。懂事的少年随后跟了出来,他总想帮父亲干点什么,比如,爷爷奶奶住的屋顶漏雨,他轻巧地顺着枣树爬到屋顶上,这是他的拿手活儿。尽管奶奶不止一次警告他,不许攀树摘枣吃。他身轻如猿,轻轻一荡就跳上房顶,迅速将一块黄色的油布铺好(这是他们家唯一一块油布),四角和周边压上几块砖。泥土房顶上留下几个浅浅的脚窝。父亲惦记着村里的过道排水是否畅通,还有不少人家住着危房,所以急着要去检查一下,少年希望自己能搭把手。父亲说:"你跟着干什么?"少年说:"我跟你一块去。"父亲看他一眼,用手拍拍他的肩膀,说:"好好在家待着,别乱跑,看好弟弟妹妹……"这是一向严厉的父亲第一次像对一个男人一样对他托付事情,他感到父亲的大手拍在肩膀上时的沉重和温暖。是啊!他是家里的男孩,弟弟妹妹还小,父亲不在,他就是家里的顶梁柱。12岁的少年突然明白了许多,感到身上的责任沉甸甸的。在灾难面前,他好像突然间长大了,稚嫩的躯体里霎时充满了一股神奇的力量。望着父亲蹚着水消失在昏暗中的背影,他抬头看看依旧飘着淅淅沥沥小雨的天空,转身返回屋里去。母亲大概一夜没眨眼,抱着熟睡的妹妹,望着窗口发呆。姐姐依偎着母亲的肩膀,几个人相互簇拥在一起,这样会暖和一些。外面的雨声小了,屋顶的漏水依然在滴答,落在席顶上,发出沉闷的啪嗒声。少年说:"娘,雨小了,你睡一会儿吧。"说着,在外屋的凳子上摸索到一条口袋,然后将口袋的两角重叠在一起,戴在头上。娘问他:"你干什么去?"他说:"我去看看房后的水道水眼堵不堵水。"说着,跑出屋去了。

那次的暴雨,遍地水潦,平地行船,四处一片汪洋泽国,村里的塘湾沟满壕平。许多低矮破旧的土房,墙根被碱蚀得深凹进去,雨水一泡,随时就会坍塌下来。父亲一边号召青壮劳力疏通水道,排出村子里的积水,一边动员那些住在岌岌可危的土房子里的人家迅速搬离,在邻家暂时凑合,一边组织大伙帮忙,临时顶桩支撑补救,确保村民安全。他和大队干部,蹚着齐腰深的水,查看庄稼受灾情况,研究排水措施。一次,邻村有人为了防止客水倒灌,将原来村庄相连通的渠道拦腰阻断。因为排水,双方村民之间发生争执,几乎酿成械斗,多亏父亲及时赶到,才制止了一场流血事件……那段时间,父亲眼睛充满血丝,头发蓬乱,眉头紧锁,每天很晚才疲惫地回到家,似乎连话也懒得说,常常和衣而卧,整个人瘦了一圈。在父亲身上,少年倪国岭看到了一个踏实坚忍的男人形象。作为家中长子和男人,他暗下决心,也要像父亲那样,做个坚强有担当的男子汉。

贫穷和饥饿是成熟的花蕾。在接下来的灾荒年景里,生存的艰辛和时时如影随形的饥饿感,使这个年仅十多岁的少年迅速成长成熟起来。他再也不是那个无忧无虑的天真少年了。他开始懂得为家庭分忧,主动照顾弟弟妹妹,帮助母亲干活。那时，粮食已经很紧缺了，母亲每次做饭，都要费尽心思。有时，她会把野菜攒成团子，在掺和着玉米和薯面的面板上一滚，蒸成好吃的菜团子。父亲说："咱村的情况还算好的，其他村的情况更糟，许多户家没米下锅，眼巴巴地等着上面发下的返销粮。靠野菜树皮维持肚子，要是当初头脑不发热，现在何至于连累大人孩子一起跟着受苦……"父亲说着，突然问母亲："咱家的粮食还有富余的吗？"母亲说："连皮带把吃糠咽菜紧巴着，凑合熬过春脖子。"父亲说："匀一瓢子出来给老李头，他一根苔，揭不开锅了，在牲口槽里捡拾高粱粒吃。好在没几天返销粮就下来了。"母亲叹口气说："自家都是泥菩萨过河，自身难保，还胳膊肘子往外拐。一家大小几张嘴，哪个不得嚼谷？往后，这日子可怎么熬哇！"母亲虽然嘴上埋怨，但还是抄起平时掫面的葫芦瓢子，从屋角的红陶瓦猫罐里，掫起大半瓢子几种粮食掺和在一起的灰褐色的杂合面，装在一个小口袋里，父亲倒背着手拿着口袋出门去了。这些给倪国岭留下了深刻的印象。许多年后，那个高大的背影依然时常在眼前晃动。吃饭的时候，为了能节省点让弟弟妹妹们吃，他故意吃得很慢、很少，看着弟弟妹妹的贪吃相，他心里很满足，好像饥饿感也不那么难以忍受了。这些当然逃不过母亲的眼睛，她说："这孩子，不吃饭哪行？"他鼓着肚子说："娘，我已经吃饱了。"母亲不信，说："就吃那么一点？"被逼无奈，他只好承认说："娘，外头有的是好吃的。"姐姐说："外头有什么好吃的？吹！"他说："反正不告诉你。"转而又凑到姐姐耳边压低声音神秘地说："千万别让咱爸知道，俺带你去。"母亲不知就里，警告说："你记住了，饿死别做贼，在外边千万别祸害庄稼。"少年有点委屈地说："娘，你想到哪儿去了，俺是那样的人吗？"他眯起眼睛，眼前浮现出几个光屁股的伙伴，从水中捞起尚未灌浆的青嫩玉米轴儿，大吞大嚼的样子。带着泥浆酸腥味的玉米轴嚼在嘴里甜丝丝的。后来父亲知道了这事，只是用手轻轻拍拍他的肩膀，点点头说："好小子，懂事了……"大约是为了平复一下心情，父亲抬头看看远处，再也没说什么，只是下意识地用手捏捏他的肩膀。这是很少当面夸他的父亲第一次对儿子的赞赏，是父子两代男人之间第一次心灵的碰撞，更是一个父亲对儿子无言的寄托。儿子长大了，知道自觉承担责任了。作为父亲，既高兴又酸楚，还能说什么呢？那一刻，倪国岭突然理解了一向严厉的父亲，理解了一个男人的担当，他已经自觉开始在生活的舞台上扮演自己作为小小男子汉的角色了。

艰难漫长的岁月总算熬过去了。

17岁那年，倪国岭加入共青团并当上了团支部书记。他已经长成一个帅气英俊的小伙子了。那一年,轰轰烈烈的"四清"运动在全国开展起来,上级抽调部分农村先进青年参加四清工作队,朝气蓬勃积极热情的团支部书记自然成了首选。令倪国岭想不到的是,一向希望儿子能经风雨见世面有所作为的父亲,却意外投了反对票,最终,姐姐参加了工作队。那时,年轻的小伙子已经不满足于仅仅在农村闭塞的生活,而是渴望能在更大的天地里一展身手了。对于擦肩而过的大好机会,自然惋惜不已。后来,北京卫戍部队来宁津招兵,接兵的领导十分赏识这个精明小伙子,答应带他走,原以为唾手可得的机会,再次因为父亲的阻拦,使他穿上军装离开村子的希望化为泡影,这让倪国岭大为不解。为什么父亲母亲总是阻拦自己离开农村呢?仔细想想,父母的决定自有他的道理。第一次反对,或许因为姐姐待字闺中,在当时农村属于大龄,弟弟未壮,前途光明,何愁没有机会?第二次反对,则应是出自对儿子婚事的考虑了。真是"可怜天下父母心"。其实,许多年之后,倪国岭才真正明白父亲的良苦用心,理解那一代共产党人朴素的初心和理想。有人说:"上帝为你关上一扇门,必然开启一扇窗。"正是岁月不经意间的挽留和磨砺,让他后来闯出一条自己的路。

20世纪60年代中期,是个充满激情和理想的年代。一场向雷锋同志学习的运动正在全国蓬勃兴起,思想活跃的年轻的团支部书记把热情和真诚全部投入进去。组织学习、宣传,办黑板报宣传栏,表扬身边发生的先进人物和事迹。树立"大公无私""助人为乐"的思想,帮助"五保户"挑水干活;村里每个"五保户"和有困难的家庭,都在团支部书记的心里装着,哪家"五保户"的缸里没了水,哪家的主人有病住进医院,孩子需要照顾,他心里都一清二楚。那时,满腔热情的团支部书记,经常想到的就是做好事,不留名,不图利,不计报酬。自己每一份付出,都会感到心里痛快、自豪(这是今天许多青年人难以理解的,他们不信有这样的"傻子",但那时恰恰就是时兴学做这样的"傻子"并以此为荣)。这样的"傻子"多了,社会才会风清气正。那是个物质匮乏的年代,但也是思想茁壮充实的年代。贫而能让,陋而知耻,无巧言令色,多真挚热情,"路不拾遗,夜不闭户",虽粗茶淡饭,破衣补丁,但精神富有。人的生命无非就是一段过程,多年后,倪国岭在回忆起这段生命过程时,仍旧充满感慨,无怨无悔。他说,他后来的成功,多得益这段精神的磨砺和锤炼。说到底,人作为个体很难孤立存在,从这个意义上说,利他人也是利自己。

那时,高伊范村的团支部在倪国岭的带领下,样样工作都是全公社的先进。这个朝气蓬勃的俊朗小伙子,性格活泼开朗,村里的青年都愿围着他转,各项活动开展得有声有色。或许先天遗传了爷爷的基因，他和姐姐都曾是学校里的文艺委员，活动积极分子。一次，县剧团去学校招考选拔学员，他和姐姐双双被选上，若不是父母反对，姐弟俩或许早已是活动在戏台上的演员了。然而，生活中常常会阴差阳错，在不经意间，密林间流淌着的曲折小溪会被悄然改变轨迹，流向另一番天地。或许，在另一处的生活大舞台上，正有另一个重要角色等待着你去扮演，谁又能说清，孰是孰非，孰重孰轻？

倪国岭年满18岁那年，开始带领村里的民工修河。有句话说，宁带千军万马，不带河工一班。带民工修河，是个棘手活。这些临时组织起来的民工，平时吊儿郎当散漫惯了，受不得纪律约束。领队没有特权，只有服务，要带好这群乌合之众，谈何容易。集合出发，每人的平板推车上除了粮食还需带上平时生活所需用品，这些平时粗粗拉拉的庄稼汉，弄不好就会丢三落四，所以，事先的检查要事无巨细，马虎不得。况且，全村几十号人，几十里路程，中间休息打尖，前后照应，避免有人掉队，这些都需要领队操心。倘若遇到问题，更少不得要领队出面协调，要想平平安安一路到达，作为领队，少不了要勤跑腿、多磨嘴。既要冲在前，又要催后阵。到达地头，安排住处，走访答谢房东，磨合融洽关系，别人可以吃凉不管酸，领队都要操心。倪国岭记得，第一次上河，是庆云县的季家铺，平地起河。不号房子住当地百姓家，自己在漫洼地里，掘土修筑"地窨子"作为临时住所。这样的好处是上工集合方便，不用连长吹哨挨家挨户催，也省去许多矛盾纠纷，更不必担心民工吃饭多打加票，转手去跟村民易物换东西。坏处是，虽是临时窝巢，要想挡风遮雨，不可丝毫马虎，否则漏雨透风，自找苦吃。况且，深入地下，四面潮湿，封闭严密，空气流通不畅，那股潮哄哄混杂着各种气味的恶浊空气，会让人窒息。所以，各种情况都必须安排妥当，这些都要领队操心。初出茅庐年仅十八岁的倪国岭，第一次展露出他思考缜密、措施得力和安排有序的组织指挥才能，使他在乡场上崭露头角。

那时，县里负责修河的指挥部称县团部，依次下去，公社为营，下设一到三个连，村级为排、班。建制一律按部队称谓，早起吹哨，行动统一。劳动工地上红旗招展，喊声连天，推车拉坡，一派繁忙景象，倒也热闹。只是伙食有点差，春季里通常是玉米面窝头，白菜汤加咸萝卜条。民工中间有顺口溜说："棒子面、蒸窝头，萝卜咸菜不搁油；白菜帮、熬菜汤，稀汤寡水就干粮。"偶尔也会改善一次，个个吃得肚圆打嗝，好像一顿要饱上几天，少了不够本。那些生龙活虎的青年壮汉，个个能吃能干，有人打赌，一次竟吃下摆满一扁担长的油炸糕。

工程分段，班排之间有一片薄薄的分界墙，相互摽劲，你追我赶，唯恐落在对方后面，进展神速。有时也会为分界线引起纠纷，年轻人气盛，个个脖子鼓着青筋，唾星四溅，非要连里领导带着施工员赶来，掂着圆盒米尺，左量右量，用脚前后来回划道杠，说，这是界限……才算熄火。那道界限便留一道薄薄的墙，非到工程收尾，界墙不倒。浅处，每个人挎着车襻各自推车，待河床渐深启土增高，就需有人肩拉钩襻拉坡；再深，就要用固定在岸上的滑车，拉车的在一侧推着空车往下推，绳子勾在装满泥土的重车上。去来往复，衔接不断。虽然劳动强度大，但对这些精力旺盛的年轻人来说，还是不在话下，尤其是团部的放映队或是慰问宣传队到来，他们身上憋着的一股劲，终于可以释放出来了。除了起哄，有人还设法套近乎，巴头瞧眼，专门偷窥女演员化妆。晚上回到地窝里，话题仍然离不开某个女演员的长相，嘻嘻哈哈，相互打趣。

虽然生活艰苦，劳动强度大，可依然挡不住年轻人的欢乐。那时，一年春秋两季修河，十八岁以上的整壮劳力，都要轮流上河（特殊工作和年龄偏大的除外）才有资格记整劳力的工分。修河筑堤被称为"四大累"之一，被河工们挂在嘴上相互打趣。他们总是盼着下雨，因为下雨可以休息。那时，工地上流传着这样的河工谣："盖着被，露着脖儿，光吃饭，不干活儿。"优哉游哉，这是何等的滋润？但同时，他们又怕下雨，最可恨的是晚上下雨，真是恨得牙根痒痒。他们说："晚上下雨白天晴，想要休班万不能。"尤其是下雨之后，河沟积水崴泥，两脚粘成泥榔头，上坡打滑，浑身泥成鬼，一脸沮丧回到窝棚，连"俏姑娘"也懒得想了……真是令人扫兴！

那一年，倪国岭结了婚，虽然这次在父辈的撮合下的婚姻昙花一现，仅仅维持一年就劳燕分飞。尽管短短一年，他们却有了一个儿子。倪国岭觉得最对不起的是儿子，因为大人的错误，却给无辜的孩子造成了心理创伤，承受不应有的负担，心存愧疚。他怀着一种近乎赎罪的心理，倾其所爱，倍加呵护（对于这次失败的婚姻，倪国岭后来想，其实双方都没错，极力撮合的父亲和叔叔也没错，那么错在哪里呢？感情？感情是一个说不清的东西）。他和她之间绝非剑拔弩张，甚至说不上有什么不好，然而，最终还是决定分手，尽快结束这段短暂的感情。也许鞋子合不合适，只有脚知道。人是个复杂的动物，有时复杂到自己也说不清。或许是彼此脚趾头上没系那根红丝线？

这根无形的红丝线的另一头，系着另一个女人和他们之间的爱情故事，那已经是几年之后的事了……

那时的李义兰还是个15岁的小姑娘。正是青春年华，尚未丰满的身材曲线像渐渐绽开的花骨朵，迟疑地悄然膨胀开来。白净的脸颊敷着这个年龄少女的羞晕，两条油黑的辫子，常被下意识地牵在手里，揉搓着少女那颗烂漫的心。在父母生养的六个孩子中，她排行老五，上有四个哥哥，下有一个妹妹。不属于父母宠爱的那一个，且女孩中为长女，自然在家务上要早一些替母亲帮手操心了。父亲不到五十岁就去世了。三哥因三年自然灾害，远去东北投奔大哥，落户东北农村光荣大队屯子里。二哥学门理发手艺，弄个剃头挑子，一头弄个洗头的热水盆，上面吊着一条磨刀的褙子，靠剃头维持生计。只有四哥在生产队挣工分。妹妹还小。这个扎着两条黝黑辫子的姑娘，刚刚小学毕业就辍学回家，帮着母亲打点家务，用稚嫩的肩膀承担家庭的担子。她一边收拾着读过的课本，仔细地将卷折的页角抚平，心里不觉一阵酸酸的。这些用旧报纸包着书皮的课本虽然被无数次翻看，但仍旧板板整整的。现在就要跟它们告别，女孩儿看着规规整整捆扎在一起的书本，觉得好像连往日在学校里无忧无虑的欢乐也被捆绑包裹束之高阁了。

母亲说："闺女，甭怪娘狠心，娘知道你贪恋念书，可咱家比不得人家。女孩儿家，能识俩字，认得自己的名字就行，书念多了没用。你也大了，收收心，也该塌心学点针线女红，这才是正事。免得有了婆家，让人家挑理……"李义兰羞红了脸，说："娘，看你说啥话哩！我还是个小姑娘！说这话真叫人难为情。"娘说："说不说都是这个理，女人家，早晚脱不了嫁人自己顶家过日子，这是本分。再说，这个家自从你爹走了，娘一个人操持不过来。你妹妹又小，娘不指望你指望谁？"李义兰是个善解人意的姑娘，听母亲这么说，眼圈里含着泪，强笑着点头说："娘，俺知道，俺也不想念了……"她怕母亲看见自己就要夺眶而出的眼泪，转过头去，说："夜里闹老鼠，睡不好觉，赶明儿，咱也抱只小猫，逮老鼠。"

娘说："嗯，老鼠成精了。"

李义兰怕老鼠啃坏课本，特意将捆扎起来的书本放得高高的。

从此，这个 15 岁的姑娘正式告别学校生活，羽化成蝶，像一只美丽的蛱蝶，在乡场上翩翩飞舞了。

她不知道，一个男人在苦苦为她等待，只待机缘到来，春暖花开，她捧在手中的那支羞怯懵懂的爱情之花，将会为他悄悄绽开……那时，单纯热情的姑娘，几乎还不懂得爱情这个神秘的字眼究竟意味着什么。她觉得这个神秘的东西离自己很远，几乎是遥不可及。是啊！她还小，哪有工夫操这份心呢？其实，姑娘不知道，正是在自己不知不觉中，她的身体和内心正在发生至关重要的蜕变。先是看得见的身体充实丰满，曲线也渐渐分明，就像正在悄然绽开的花朵，不经意间已经弥漫着成熟诱人的香味了。

她加入了团组织，单纯善良的姑娘为自己感到骄傲。她几乎把全部热情都投入到这个火热的群体里去了。团组织的各项活动，都能看到她热情活泼的身影；学雷锋，做好事，帮助烈属军属"五保户"干活挑水扫院子；趁社员休息时间，自愿出义务工垫道修路，为集体和个人做好事，不图名，不图利……那个一团火似的燃烧着的英俊帅气、性格开朗的年轻团支部书记，感染着她，炙烤着她，吸引着她，使她内心萌生一种崇敬的感觉。时间一久，不知不觉间，他们之间无话不谈，她对他有了一种近乎对哥哥的依恋。他比她大三岁，行事干练，说干就干，雷厉风行，绝不拖泥带水，处处显示出一个成熟男性的果断和魅力。跟他在一起，她的内心会有一种踏实感。这种不由自主的暗恋，常常会以一种变形的方式出现在女孩的梦里，这使姑娘心慌意乱，不知该如何是好。是啊，他是个离过婚的二茬光棍，而自己还是个没长成的小姑娘啊！况且，彼此之间三岁的年龄差距，在那个年龄段，恰恰是一道横亘在他们之间难以逾越的鸿沟啊！可那又怎么样呢？她还是忍不住暗中喜欢他，喜欢听他说话，喜欢跟他一起做事。情窦初开的姑娘被一种朦朦胧胧的磁石般的情感吸引着，连她自己也不清楚，她已不知不觉间陷入爱情的旋涡……

他们之间的结合，是三年之后的事。那年，李义兰18岁。这注定是一桩要经受挫折考验和得不到祝福的婚姻。先是来自双方家庭的阻挠反对，女方家庭的反对尤为激烈，甚至以断绝关系相威逼，多年之后，李义兰想起来仍旧感慨不已。这个平时温顺随和的姑娘一反常态，好像变了一个人。面对威逼和母亲声泪俱下的劝说，她咬着嘴唇不为所动，态度异常坚定，说："是俺跟他过日子，不是别人。俺的事，俺说了算！"

娘说："闺女，娘是过来人，嫁人是女人的头等大事，不是小孩过家家，你一个黄花闺女家，进门就当娘，这话好说不好听。再说，不是自己身上掉下来的肉，主得疼主不得管，免不了背后遭人嚼舌根子。这是何苦来着？"

姑娘说："俺真心待他疼他，人心都是肉长的，是块石头，也能焐热了。谁愿嚼舌根子，随她嚼去……娘，俺知道你是为俺好，你的心思俺明白。俺主意拿定了，谁说也没用！"

娘抹着眼泪说："俺的个傻闺女，你是吃了迷魂药吧。娘白养你这么大，不能眼睁睁看着你往火坑里跳。你真的为那个人不要娘了？"

姑娘一下跪在娘面前，说："娘，俺不孝，这个闺女，你权当白养了。让俺给你磕个头，从此出这个门，是穷是富，吃糠咽菜，再不回头……"

母亲一下把哭成泪人的女儿抱在怀里，泣不成声地说："俺的个傻儿，咋这么犟哩！你这是拿刀剜娘的心呐！"

母女俩抱头哭成一团。

1968 年，倪国岭和李义兰结婚了。这是一场有点简单冷清的婚礼，没有祝福和陪嫁，甚至双方参加婚礼的亲戚都很少。18 岁的李义兰就那么被娶进门，一切都显得冷清暗淡，尽管贴着大红的喜字，却让人感受不到多少喜庆的气氛。

春天来了，花儿在原野上静静开放，这个春天是属于花儿的！

三、赤脚医生

并非每个花好月圆的日子，都称得上是岁月静好。树叶一样的日子，也有枯黄凋零，绽放的时光，时有花开花落。幸福的家庭是一样的，不幸的家庭各有各的不幸。

新婚燕尔的爱巢，说起来实在有点寒酸、简陋。这个农家院落像个簸箕形，格局是乡下标准的三合套，三间北正房外带东西两厢各两间偏屋，这还是父亲用转业的安家费精心设计修建的。两间东厢房，成了这对新人的新婚洞房。屋子没有隔断，中间只垒半截墙头。屋内四角空空，没什么摆设，梁檩上的阴阳鱼八卦图和红绳穿的铜钱串，也被烟熏得乌漆漆的看不分明了。但这又怎么样呢？对一对相爱的新人来说，在经历许多挫折之后，终于能有一间小小的屋子，一方小小的私人空间，盛装他们的爱就足够了。这是他们漂泊爱情的港湾，他们还奢望什么呢？新婚之夜，一刻千金，半截隔墙上灯烛摇曳，喜花爆裂，窗外风动枝影，揉着窗口朦朦胧胧的大红团剪纸窗花，门楣上贴着的大红喜帖，不时被夜风撩弄得瑟瑟发抖。春水池浅，鸳鸯缱绻，整个屋子里被浓浓的爱充斥着，何陋之有？

新婚第二天一大早，本来应该赖在被窝里多睡一会儿懒觉的新郎官，一早就起床了。李义兰望着灰蒙蒙的窗户，羞涩而关切地说："天还早呢！再睡一会儿，待会儿我叫你……"她自己却已在穿衣服了。丈夫说："反正睡不着，我起来挑水打扫院子。"这个健壮的男人一夜没怎么睡好，除了新婚的温存和说不完的悄悄话，他的眼前总是浮现出曲折坎坷的过往，是身边这个看上去柔弱温顺的女人，用不离不弃的坚定摇摆着爱情的小船穿过激流险滩，最终到达宁静的港湾。他暗中发誓要用自己的勤劳和智慧，让身边这个心爱的女人过上像样的日子。否则，他觉得有愧于她。

爱情是美好的，有时近乎奢侈。家庭不能没有爱情，然而，仅仅有爱情是远远不够的。

对于这对相亲相爱的年轻人来说，接下来的日子，是无数个平平淡淡的柴米油盐，他们要用全部精力和智慧去经营这种平平淡淡的真实，拿来喂养他们的爱情，滋润他们的梦。婚后不久，父母就提出要和他们分灶起火。分家时，母亲从面缸里掏出半圆头谷面，另加半袋子玉米棒槌儿，两只粗瓷兰花碗，这几乎就是赖以生存的全部家当。

俗话说：贫贱夫妻百事哀。这对手中没钱，家徒四壁，白手起家的年轻夫妇来说，处处捉襟见肘，要想经营好爱情和家庭，谈何容易？好在，转眼夏粮就要登场，细心的女人盘算着，多喝稀少吃干，总能对付下来。她把不多的谷面掺和着时鲜野菜和嫩树叶，也做得有滋有味，散发着嫩叶的清香气。男人吃起来格外开心，说："好吃，真好吃！你尝尝，你怎么不吃？"女人说："俺吃过了。"她很少吃干粮，有时装装样子骗过男人，自己只吃锅巴稀粥。当男人发现女人的秘密后，深为自己的粗心后悔不已。他忍不住一下抱紧女人，眼里涌满泪水，说："你怎么这么傻？饿坏身子……"女人说："俺又不是纸糊的，没那么娇气。"男人不由分说："拿起一个窝头说，我看你吃！要不，我来喂你。"女人笑了，说："厌弃！不怕人家看了笑话？"男人说："我吃多吃少不要紧，在外头随便找点东西垫补垫补，抬脚捋把榆钱榆叶，也能顶一阵子，你不行。再说，你这身子……"他看看女人的肚子，女人的脸颊顿时飞起红晕，嗔着说，八字没一撇呢，没正经！

夜里躺在土炕上，男人说："让你跟着受苦，你后不后悔？"女人说："路自己选，家自己当，有啥后悔不后悔的？吃点苦，俺认了。就是要争气过出个样儿来，给人看看！"

男人发誓说："我一定让你过上好日子！"

婚后的第二年，他们的女儿出生了。新生命的诞生，让这个小小的温馨的家庭充满希望和欢乐。倪国岭突然萌生出一个大胆的想法，起房造屋。妻子吃惊地说："咱家的日子，掉底没帮，要啥没啥，拿啥修房？"妻子的担忧不是没有道理。在农村，修房盖屋是头等大事，积储不厚，岂是说修就能修的？古语有言：跟谁不强，撺掇修房。就是说，一旦修房造屋，所有积蓄都压在房屋上面，活物变成死物，再也动不得了。何况这是个捉襟见肘勉强维持温饱的小家庭呢！丈夫说："这些我都在脑子里考虑过了。力气不用花钱，村西湾里随便掘土，自己和泥脱坯。檩梁木架，房后树介子里有几棵树已经成材，落房檩和门窗户带，我去集上旧货市场打听过了，比火头价略贵点。趁修房造屋的少，有卖家急着出手，价钱还能压低一些。要等到手头宽裕，怕要猴年马月。不如趁早下手，豁出去拉点饥荒，大不了勒紧裤带过几年紧日子。院里的空闲地，养鸡养兔，再种点菜，也能换点钱，慢慢总会还清。"听他这话，规划清晰，显然经过了深思熟虑。妻子说："你都想好了，俺还说啥？只是要干，也要悠停着来，不能泼着命地干，心急吃不了热豆腐。"

夫妻商定，说干就干。于是趁别人休息的时间，起早恋晚，推土和泥，脱坯晒干，一排排摆码起来，坯码上头码成三角形，以免被急雨淋坏。湾深坡陡，夫妻俩你推我拽，披星戴月，天不亮起床，戴着星星而归，正午顶着火盆似的毒日头，汗水顺着脊梁沟往下流，在腰带处洇湿半截。脊背变成烤肉色，不知脱了几层皮。他们就像蚂蚁搬家，日复一日，积少成多，硬是用车推手拖，垒起三间泥坯房。

新房落成，夫妻俩长长出了一口气。

虽然有了新家，却没有迎来崭新的生活，相反，由于建造新家所花费的代价，使得这个原本趔趔趄趄的家庭，更加步履蹒跚了。

三间房的门，是用木棍绑扎的临时排子门。流浪的野猫可以随便从排子门的缝隙间自由出入。四周围一圈半人高的矮墙，括成院落。屋里，家徒四壁，进门只见四个墙旮旯。合着麦糠涂抹的墙壁，亮晶晶的麦壳均匀地排列着，仿佛镶嵌着别具一格的独特装饰。室内几乎没什么多余的摆设，甚至连普通农家常见的衣箱橱柜都没有。在靠近屋角的地方，土坯砌成的平台上，摆放着几个纸箱，这就是他们用来盛装衣服的衣箱。为了美观，主人将它们涂上红漆，看上去像一团火，让灰暗的屋子里充满热烈和温暖。

用土坯一层层架起玉米秸，就是临时搁放碗筷炊具的饭橱。做饭时没柴烧，李义兰就去房后的湾塘里，抓积存在脚窝里的树叶，拿回来点火。 于把潮乎乎的树叶填进灶膛，一手撩抖着"呼哒子"（用土坯或砖头压住口袋或破布的一头，另一头拿在手里上下抖动，往灶膛里煽风，村人称"呼哒子"）呼哒呼哒地扇火。这些潮乎乎的树叶光冒烟不起火苗，被呼哒子扇得一红一红地闪着，一股浓烈呛人的烟雾从熏得黑黢黢的灶膛口吐出来，呛得人鼻酸流泪大声咳嗽……

尽管家徒四壁，年轻的夫妇还是充满希望。当然，仅仅靠挣几个工分是不成的，还必须多动脑筋想门路，男主人已经翻地整畦，规划在院子里种植的蔬菜，收获的节令，以保证蔬菜的连续性和换茬。这样，各种时令菜蔬就能源源不断地推去集市上换钱了。心细的女主人想得更多，直有点浪漫。她盘算着等换小鸡的盘乡客一到，就去抓几只小鸡仔喂养起来。此外，她和男人商量，大柳集上抓只小猪秧，要大耳凹腰的"巴克夏"，这猪爱吃爱长，肚子大得垂地，一走一哼哼，憨态可爱；还要牵只小羊羔，脖子里带两个小肉坠儿的……没钱，就先从范朝臣那里挪借一下。他家有进项，手头比别人家宽裕一些。这人好，热心，肯帮忙。当然，有来有往，等院子里第一茬的时鲜蔬菜下来，少不了要让人家尝尝鲜，也是自己的一点心意。女主人这么想着，憧憬着，眼前浮动的全是满院蔬果碧绿，架上丝瓜低垂，圈里猪哼，栏里羊咩，坜上憋红脸的下蛋母鸡咯哒咯哒叫着，一只红冠芦花大公鸡跳上矮墙，骄傲地一声引颈长啼，一幅快乐的农家田园牧歌的景象。

女儿出生的第二年，倪国岭当上了村里的"赤脚医生"。

"赤脚医生"这个叫法，是首次在上海市川沙县江镇公社出现的。这个公社于1965年夏就开始办医学速成培训班，学期4个月，学的是一般的医学常识，以及对常见病的简单治疗方法。学员王桂珍学成后，没有留在公社当卫生员，而是回到农村，为农民看病之余也经常参加一些劳动。当地农民因多种水稻，平时劳动时是赤脚下水田的，所以人们就称她为"赤脚医生"，实际上，就是不脱离劳动同时也行医的意思。

1970年的秋收过后，倪国岭参加了德州地区举办的赤脚医生培训班。在他登记的花名册上，填写的名字却是"伊国岭"。说到这场改姓风波，就不得不从历史上村庄的形成和倪伊两姓的由来和瓜葛说起——

高伊范村，或为"高倪范"村，原本是各自独立的高、倪（伊）、范三个村庄。据说，三个村子既独立又有联属主佃关系。以高姓命名的高家乃地主财东，骡马成群，土地连片。以倪（伊）姓得名的倪（伊）家，实为依附高财主靠租佃维持生计的佃户村。至于范家村，则是由打短工的流民茅寮逐渐集聚发展而成的村落。在清代，三村鼎立格局依然如此。新中国成立后，三村合而为一，遂称"高倪（伊）范"村。统治农村的旧宗法习惯势力，逐渐销声匿迹。人们在新的组织形式和新的生产关系的基础上，融为一体，和睦相处。然而，一遇某种气候，旧势力的残余还是会不知不觉地萌生出来。"文革"伊始，身为村党支部书记的倪清文被作为"走资派"打倒，农村同姓家族势力有所抬头，原本由三个自然村结合在一起的高倪(伊)范村,无形中形成许多以大姓为主,杂姓近亲依附的宗法格局。其时,有人提出,将原高倪伊范村恢复改称高伊范村。倪、伊原本一姓,故易改回本宗,恢复本来面目,宗亲一体,名正言顺。故原来倪姓,一律改为伊姓。

关于这段公案,倪国岭曾听爷爷说,据传,倪、伊两姓原为同胞兄弟,当初移民至此,职司有令,兄弟分散,不可居于一地。为骨肉团圆,相互照应,故兄弟密谋,将本姓"倪"减笔为"伊",骗过职司,遂成一家两姓。关于这个传说,分歧在添笔或减笔之间,各执一端,未见记载。20世纪90年代,倪国岭一家重新恢复倪姓。

倪国岭学医归来,背起红十字药箱走街串户,挽着裤脚奔忙于田间地头,有人开玩笑说,你真成了光脚丫的医生了。

那时的倪国岭踌躇满志,一心要做个悬壶济世解除民间疾患病痛的民间圣手,虽然只经过短短几个月的速成培训,但他经过悉心揣摩刻苦钻研,治疗普通常见的头疼脑热感冒咳嗽已经不在话下了。

那时,每人医保1.5元,看病时交5分钱,吃药不花钱,用药去公社卫生院拿,一次30元封顶,病不愈再交5分钱继续。遇大病,国家、公社、大队、小队负担,个人开支很少,不存在看不起病一说。赤脚医生像社员一样,平时下地干活,记工分,无非多了一个药箱,哪儿去哪儿背着,随时有病随时看,哪里有人喊,撂下手里干活的农具,抬脚就走。倒像随时跟在社员身边的保健医生,特别受社员欢迎。

为了提高自己的治疗技术,倪国岭一有空闲,就抱着一本《新针灸疗法》细心研读。夜里,妻子一觉醒来,发现他还在看书,埋怨说:"白天忙了一天,不累?晚上点灯熬油的。"倪国岭笑笑说:"咱底子薄,只能下笨功夫,笨鸟先飞。"妻子说:"你就是个挣工分的赤脚医生,能飞到哪里去?"倪国岭说:"不学习,就连村里也飞不起来。好多新技术,紧学还不跟趟,就拿针灸来说,现在连开刀都用针灸麻醉。"妻子打个哈欠,说:"真有那么神?还是赶紧睡觉吧。明儿还得早起床呢!"有时,为了找准穴位体验针感,他还偷偷试着在自己身上扎针。妻子看见,惊惧地说:"你这人,不要命啦?"他笑笑说:"没事,就跟蚊子叮一口似的。"

那时,在乡场上,赤脚医生是个非常受人尊敬的角色。几乎就是全村人的健康守护神。倪国岭走在街道上,许多人会主动和他打招呼,这让他充满自豪感。他是个热心肠的人,只要有病人,不管白天黑夜,刮风下雨,随叫随到,绝不怠慢。每次去给社员看病，热情的主人少不了要热情招待，抓住袖子不放，说，不特意为你准备，架上顶花的丝瓜，鸡窝里刚下的蛋，咱爷俩随便喝两盅。再见外，当叔的可生气了……实在推脱不开，倪国岭只能恭敬不如从命。一边脱鞋上炕，一边说："咱谁跟谁？多余来这套。婶的慢性病，粘缠，光吃药难祛根儿，扎扎针灸看看。我学艺不精，现学现用。"主人连忙说："叔就信你。受累的客气话不说，你婶的病全凭你诊治了。"

白瓷酒壶里的酒热了，翠绿的丝瓜炒金黄的鸡蛋飘着香味。主人操起酒壶，倪国岭连忙伸手拿过去，说，哪能让叔侍候，我来。外间屋里传来女主人的夸赞声："国岭这孩子，打小就仁义。"男主人说："还用你说。三岁看大，七岁看老。从青岛回来那会儿，我就说，是块有出息的材料。我眼里有水儿！"

那是一段令倪国岭终生难忘的经历。虽然生活艰辛，物资匮乏，但他却收获了人与人之间满满的质朴真挚的情感。即使许多年过去，每当回想起来，他的心里还是充满一股温暖，一种久违了的人间挚爱。他的耳边会响起那首歌——

赤脚医生向阳花
贫下中农人人夸
一根银针治百病
一颗红心哪
一颗红心暖千家暖千家
出诊愿翻千层岭
采药敢登万丈崖
迎着斗争风和雨
革命路上啊
革命路上铺彩霞铺彩霞

赤脚医生向阳花
广阔天地把根扎
千朵万朵红似火
贫下中农啊
贫下中农人人夸人人夸
……

赤脚医生是人类历史上的一个创举。就是这些泥腿子医生，解决了农村长期以来缺医少药看不起病的根本问题。要说他们的医术有多精湛，谈不上，至少头疼脑热和预防疾病喷药打针没问题。上面还定期培训。当年全国性的种牛痘，预防天花、脑膜炎、灰脊炎，消灭血吸虫病，他们功不可没。赤脚医生是人类历史前所未有的新生事物，受到联合国卫生组织的高度赞扬和肯定。1974 年 5 月第 27 届世界卫生大会在日内瓦召开，王桂珍代表中国赤脚医生做交流发言。2004 年世界艾滋病日，联合国秘书长安南说，中国赤脚医生的初级义务人员模式是解决非洲艾滋病问题的好办法。

1985 年，随着"社"改"乡"，赤脚医生也淡出乡村舞台了。那时，倪国岭已是社办企业的厂长了。

四、油漆工

在这个简陋的农家小院里,挤满了各种蔬菜。架上的丝瓜闹哄哄地开满一片黄花,像个不会打扮的村姑,把激情开成充满世俗气的浪漫。李义兰从丝瓜架下走过时,花会落在头上,不觉间会有蜜蜂穷追不舍地跟随着,嗡嗡飞鸣。她顾不上这些,脚步轻盈地跨过秫秸篱笆矮门,第一茬茄子应该收获上市了。眼前一个个圆滚滚紫红色的茄子,沾着晨露在熹微的霞光中闪闪发亮,一茬下来准能卖个好价钱,她好像听见那些茄子在窃窃私语。让男人多睡一会儿,好货赶集上市不怕晚。他的确很累,岂止是累,为了这个家,几乎把命豁出去了。昨天,供销社在村里修建的存放氨水的水泥池子需要刷漆,丈夫自告奋勇,硬着头皮揽下这种别人避之唯恐不及的差事,钻进封闭的氨水池里刷漆。那时,颗粒化肥很少,几乎没有。庄稼基肥一般都是有机肥草圈粪,作为追肥,都用氨水。氨水气味刺鼻,极易挥发,稍稍靠近,眼泪就会不停地流下来。供销社为方便农业生产,在各村投资修建了储存氨水的池子。氨水池用砖抹水泥砌成圆形,大半个深埋地下,只在地面留一个浑圆的蘑菇顶,顶上留一个取放氨水的密封口。社员们俗称"葫芦头"。"葫芦头"里储存的氨水用完后,里面必须重新刷一层防腐防泄漏的油漆,以便下季再用。这个活儿谁听了都头疼,工分再多,也没人应声愿干。试想,在深埋地下几乎封闭的水泥池子里刷漆,不光是高浓度的氨水气味令人窒息,那蒸笼一样的闷热,也会让人受不了。等李义兰听说后出面去阻拦时,丈夫已经戴上防毒面具,准备从水泥顶盖的小方孔里下池了。她顾不得羞怯,跑过去狠狠扭他一把,恨恨地说:"你傻呀!就你能?"

丈夫一掀象鼻子似的面具,笑着说:"放心,没事!"她说:"有事就晚了……"说着,眼泪已在眼眶里打转了。妯娌间有人开玩笑说:"李义兰,男人就得当腰坠儿拴在裤腰带上,不然会跑了。"李义兰嘴上说:"呸!爱哪儿跑哪儿跑,俺才懒得管他。"心里却想,谁的人谁心疼,心里揪着的滋味,别人怎么知道呢?

丈夫从氨水池浑圆的水泥顶上仅仅容下一个人的狭小出口爬出来时,全身上下的衣服都湿透了。他筋疲力尽,瘫软地躺在地上,大口地喘着气……浑身冲洗换过衣服,还没顾上喝口水,就有人来喊,于是又背起药箱匆匆出诊了,直到很晚才回来。一想到这些,李义兰就心疼。丈夫为了能多挣几个工分,什么脏活累活都抢着干,有什么办法呢?都是这个家拖累了他。每年起早恋晚挣的工分,不仅要维持小家庭的生活,还要划拨一部分记在公婆的账上。况且,每个工分的附加值很低,扣去粮食等各项折款,所能分到手的现金就少得可怜,常常入不敷出。所以,院子里这片小菜园,就成了一片绿色的希望。当苗壮的茄秧开出紫罗兰色的花朵时,那个憋在女人心中的期盼就逐日膨胀,终于憋成满脸红紫的圆球状的大茄子,压得枝条颤悠悠的。李义兰心里也颤悠悠的。她在盘算着,除了收获的第一茬茄子,还要将自己纺线织成的花格子粗布和红瓦帽罐里攒的鸡蛋拿去集市上换钱。几只母鸡已经开始下蛋了,她在窗台上搭了个窝,把带着几分惶恐的母鸡放进窝里。当母鸡像临盆的少妇,顺利产下第一枚带着血丝和温度的鸡蛋,骄傲地咯哒咯哒叫着炫耀自己的功绩时,她的心是多么激动啊。她想,多亏自己当初选择鸡仔时用心,所养的鸡竟然多是母鸡。对于第一枚鸡蛋的用途,她犹豫了好一会儿。墙上贴着《鸡蛋变牛》的故事年画,这是丈夫赶年集买回来的。年画的内容是一家勤劳的少妇,通过一只鸡蛋,孵成小鸡,再由鸡生蛋蛋生鸡,最终变换成一头牛。这其中也隐约透露出这个要强的汉子憧憬发家的心迹,李义兰何尝不是这样想的呢?思量再三,她还是决定先给女儿吃。孩子生下来就没过几天好日子,婆婆常年有病,离开襁褓的女儿就跟着自己下地了。在地头的树荫里,怕孩子爬得太远,就在腰里系条带子,女儿的哭喊和母亲的应答此起彼伏,干活返回地头的母亲,发现女儿已经睡着了。脸上的泪痕未干,在通红的小脸蛋上有一小块泪皴。

李义兰觉得实在亏待了孩子。可是,有什么办法呢?

那次,倪国岭推车去大柳集市上卖茄子,一个个水灵灵紫玉般的大茄子十分抢眼,一上市就被人团团围住了。他一边应承着买主七嘴八舌的询价,一边和熟人打着招呼,慷慨地说:"自家院里种的,问什么价,拿去吃!"许多双挑剔的手，一阵上抓下挠挑拣忙乱，纷纷争着过来过秤，他就有点应接不暇了。本来还算灵活的手顿时显得有些笨拙，里推外打，一时手忙脚乱，额头上的汗珠都渗出来了。哪还顾得上秤头高低？有人笑说："小伙子，一看你就是个生手，秤杆儿玩不熟，额头上倒先沁出汗星了。"他说："自家院里长的，不是花本钱贩来的，倒俩钱就够本。"

每次都是秤杆尾巴高高一翘，不等秤砣停稳，他就抓住秤杆，报出重量钱数了。不大工夫，车上的茄子已被抢购一空。当他抹把额头的汗珠，浑身轻松地蘸着唾沫，用指头捻搓着折皱的纸币和零碎的硬币，合计着收入时，才知道竟是少得有些可怜。原来，秤杆的尾巴高翘，无形中让他损失了许多斤两，更有一部分熟人，因为不好意思收钱，就那么半推半搡地慷慨送了人情，这能怪谁呢？他的心里空落落的，想起家中妻子期盼的眼神和女儿可爱的笑脸，他内心顿感一阵深深的愧疚和自责。遵照妻子的吩咐，他去供销社买了一包盐，所得已经所剩无几，在街口的转弯处，正好遇见回家的麻糖车子，掏出五分钱，包了沾着砂糖粒的红绿橘瓣儿和带花线的蜂窝酥糖，揣在兜里，悻悻地往回走。一路上盘算着，该如何跟妻子说呢？他不愿意撒谎，更不愿意看见满心期盼的妻子失望的样子。他走得很慢，回味着被闹哄哄的人群围着，许多双手贪婪地挑拣攫取着，七嘴八舌地询问褒贬着，耳朵一片嗡嗡响。人被裹挟在那一团激情亢奋的谜团里，像受到感染似的深陷其中，甚至来不及任何思考，慷慨的决定就会脱口而出。直到慢慢冷静下来，才体味到自己只凭脑袋一热地滥用慷慨是如此荒唐，后悔当时自己完全昏了头……许多时候，最没资格慷慨的穷人，更喜欢将真诚和慷慨一起打包销售，这种被人津津乐道的"美德"之花，结出的往往是难以下咽的苦涩之果。

倪国岭心里乱糟糟的，他怕见到妻子嗔怨的眼神和女儿那张天真无邪的笑脸。女儿的小嘴已经会喊爸爸了，尽管喊得还不清晰。有时妻子故意开玩笑逗她，把"爸爸"和"粑粑"混在一起，急得女儿小脸通红。他甚至看见女儿趔趄着跑过来的样子。

他回到村上时，已经晌午了。妻子在等他回来吃饭，女儿已经饿了，几次拍着小肚子喊吃蛋蛋。李义兰说："小馋猫，不是说好等你爸回来，不够你解馋的……"今天，为了犒劳一下赶集回来的丈夫，她特意破天荒地在炒菜里加了一个鸡蛋。心里估摸着头茬上市的茄子的大致收入，心想总能抵上称盐打醋的开销。见丈夫回来有些疲倦的样子，她问，怎么等到这时候才回来，集上菜不好卖？男人含含糊糊地说："哪里，一上集就抢了……"妻子忙问："价钱咋样？"他咂着嘴唇说："价钱还行，就是……"没等他说完，妻子抢着说："俺就说嘛，刚摘的新鲜茄子，准能卖个好价钱。"看见妻子高兴的样子，他不愿意扫她的兴，于是含含糊糊地说："就是……就是七抓八挠的，还净熟人，人熟不讲理，这集赶不得了……"

妻子从丈夫的神情和含混的言辞上，已经猜出十之八九。她轻声叹口气，不再说什么，转身去掀锅端饭。

倪国岭坐在小板床上，将女儿揽在怀里，故作轻松地逗着她玩。他从兜里掏出包糖的草纸包，拿一块绿橘瓣塞在女儿嘴里，问女儿："花儿，甜不甜？"

花儿说："坛——"

此时，倪国岭的内心却充满一种难以言说的苦涩。妻子的沉默，更让他感到十分自责，他真希望她能埋怨自己几句，那样或许会好受一些。他暗中发誓，一定要让女人和孩子过上好日子。

夜里，他躺在炕上翻来覆去睡不着，风从敞开的窗口吹进来，带着些许凉爽和甜丝丝的麦田香味。丝瓜架下，风翻叶动，鸣虫叽叽。妻子说："身上长蛆了，鼓鼓踊踊不睡觉？"他突然一骨碌侧起身子，说："我想好了，明天，就去抓几只兔子回来……"听这没头没脑的话，妻子转身问："抓什么兔子？"他说："我听说养兔子赚钱。这东西添欢，一月一窝，拿去集上卖，来钱快。"妻子说："想起一出是一出，听风就是雨。咱没养过，怎么侍候？"他说："兔子皮实，好养，不占功夫，不费劲，下地干活回来，顺便拔些青草树叶，就能养活。我打听过，种兔要去临邑那边买……"妻子打个哈欠说："别胡思乱想了，哪有那么容易的事？再说，那么远的道，你飞过去？快睡吧，天不早了。说话就要割麦子了，抽空把镰刀磨磨……"说着，扭头睡了。尽管妻子表现冷淡，没多大兴趣，但倪国岭还是为自己突然冒出的快速赚钱的想法激动不已。

第二天一大早，他就匆匆起床，没有像往常一样挑水打扫院子，而直奔村里找姨父李春泉去了。

姨父李春泉是个精明的庄稼人，听了倪国岭的设想，略一沉吟，说："养这玩意儿没啥巧便活，行是行，就是不知道上边提不提倡。"倪国岭说："这有什么，社员户家养个鸡鸭鹅兔，犯不着什么政策。"

两人一拍即合，于是商定明天动身去临邑。路途遥远，天不亮动身，带些中途打尖的干粮，趁天亮前凉爽摸黑赶路。好在两个人结伴而行，途中也不寂寞。

让他们始料不及的是，当他们在临盘镇大集上买了一公六母七只兔子，准备往回赶的时候，麻烦却来了。因被怀疑搞投机倒把，他俩被带到临盘工商所。在接受了简短的询问之后，工作人员给出最后的处理意见："东西暂扣，回大队开证明信来取。"任两人百般辩解央告，不为所动。无奈，两人只得连夜赶回。那条慢慢长路，他们竟然整整走了一宿。挂在东方天幕上的"三昂星"（启明星）眨着惺忪睡眼，远处几声鸡鸣，朦胧中的麦浪翻卷着浑浊的浪花，像浑浊的疲惫一样阵阵袭来。推开家门的那一刻，倪国岭感到浑身瘫软，好像一步也迈不动了，酸痛麻木的双脚上，早已经布满血泡。

这是 1972 年，也是这个小家庭最为不堪的一年。年终决算分红的明细榜已经张贴出来了。李义兰没有看到，她只是偶尔去婆婆屋里送东西，听见婆婆跟公公没头没脑地嘟哝一句："才两块五毛钱……"她无心关注不相干的闲事。每天夜里纺线纺到很晚，两个鼻孔都是黑漆漆的。下地带着针线活，一有空闲就唑唑地纳着大人孩子的鞋底。丈夫整天东跑西颠，穿鞋自然费，常常露着脚后跟，成什么样子呢？都说男人的穿戴，女人的脸面，只要从男人身上就能判断女人的勤懒了。其实这话并不准确。李义兰整天忙得像陀螺，也还是不能让这个家显得里外光鲜。她家虽算不上超支户，但扣除给公婆的养老工分，再去掉人头口粮折款，以她家的情况，指望分红带来喜悦微乎其微，所以，李义兰对这事漠不关心。她要趁年前的空闲时间，绱好大人孩子要穿的新鞋，思谋着年底换新的衣物，大人好说，还不十分破旧的衣服洗干净熨平，板板生生穿在身上也能将就。扎裹孩子就不行了，早就盼着过年，嚷嚷着要新衣裳穿，无论穷富，总要打发孩子欢欢喜喜过个年。

因此，李义兰听男人说，他们家的年终决算分红，只有两元五角钱时，并没感到十分意外。她好像已经麻木了，一切都无所谓了。

进了腊月，收获已经完成，粮食进了囤，生产队的分红榜也张贴出来了。家庭劳动力整壮的庄稼院当家人，手有些颤抖地接过一沓分红款，呸的一声朝黝黑粗糙的指头上吐口唾沫，笨拙地数着钱数，说，一年到头，就为这几张花花纸……通常，到手的钱要数两遍，才算确认无误。有人开玩笑，他们会严肃地说："别打岔！当面银子对面钱，数错了，谁的责任？"

有钱有闲，乡村的集市突然热闹起来了。乡下人称"赶花花街"。庄稼院的当家人，不管贫穷富有，都要去年市上置办年货。女人去供销社扯布做件新衣裳，男人去震耳欲聋的鞭炮市里听响，最后买上几挂鞭炮，还有"灯光炮""二踢脚"。只有过日子心细的精明人，不慌不忙地走到肉杠那里去。肉杠是两根立柱上绑一根横杠，劈成两半的猪肉被用铁钩挂在肉杠上。现在，围在肉杠前的人已经寥若晨星，卖肉的主人差不多准备收摊回家了。这些过日子精明小算盘拨拉得噼啪乱响的庄稼人才姗姗来迟。他们心照不宣地遵循着祖辈流传下来的"早打酒,晚称肉,殁了日头买豆腐"的治家格言。待到卖肉师傅将带骨头的猪肉割成只剩一条窄窄的皮肉,下面垂吊着一大块无骨的暄肉时,便不失时机地走过去,指着说:"称称这一块……"边说边伸手往口袋里摸钱。卖肉的人刚想说:"这块是自己留着过年的。"不等话说出口,钱已强塞在手里,说:"家里老娘牙口不好,啃不动骨头,暄肉煮得稀烂,咂摸咂摸就化,让他老人家过个肥年,也算儿女一片孝心……"面对满满一片孝心,卖肉人到了嘴边的话也不好意思出口,只好咕噜一口强咽回去,并随着对方的话头说:"应该的,应该的。"到底应该什么,自己也说不清楚。看着对方提着肉兴冲冲地离去的背影,摇摇头咧嘴笑笑,还是不知道为什么。即使是不怎么宽裕的人家,也要上街赶年集,请灶王,买年画,再买两挂响鞭,换换新,崩崩穷气;即便要节俭扯布换新的规程,也要给女孩买朵绒花戴,给男孩买几包"摔炮"甩。尤其是守护了一年的灶王要上天汇报,但愿"上天言好事",粘嘴的糖瓜是少不了的,节省什么也不能节省这个。所有家庭的女主人,在这一点上出奇的一致,且坚不可摧。至于猪肉,那是必不可少的。无论穷富,都要多少买上一些,包顿带肉的饺子,一家人团团圆圆,男主人还要喝上几盅瓜干酒,这个年才算皆大欢喜。否则,一年到头见不到荤腥,实在说不过去。尽管女主人主张说:"年下吃素馅饺子,一年到头素净,不会有挠头烦心的事找上门。谁会相信呢?"

所以,这一年的年集,倪国岭在街上转悠了半天,在肉杠前徘徊了好一阵子,最后还是转到剔羊的肉摊前,狠心买了一大块相对便宜的羊油拿回家来。这既可当肉又可当油,这个年总算带点荤腥,自然也算有滋有味,不至于太过素净。

李义兰后来回忆起来,忍不住笑着说:"用羊油包的饺子,水一煮,饺子肚儿上被油拿得净小眼儿,滴到桌子上,很快就成了'蜡'点子。那时候,就是这么过来的……"

春节过后,倪国岭决定走出去,出去挣点活钱。他首先想到的是在县城副食公司干油漆工的叔叔,他想跟叔叔学习刷油漆。李义兰为丈夫蒸好一锅窝头,又从门前的咸菜缸里捞起一个人萝卜,连刀斜花切开,装在一条面口袋里。就这样,信心满满的倪国岭进城了。不巧的是,叔叔不在,他的第一次进城无果,只好悻悻地返回来。太阳高高地挂在空中,懒洋洋地不想动弹。第一次进城就碰了壁,实在有点难为情,爱面子的年轻人怕人看见笑话,坐在雒家村头的沟沿上,等待天黑太阳落窝,再悄悄回村。那时候他突然觉得自己像个喜欢黑暗的夜游动物,眼睛里的光一定也是绿绿的。

　　他刷油漆完全无师自通,这得益于一本介绍刷油漆知识的专业书。叔叔不能把他留在身边,亲自手把手教他刷油漆,而是把他介绍到县建筑公司,统一分配到安装门窗玻璃刮腻子刷油漆的新建工地(这一般要求的都是熟练工)。为了得到这份难得的工作,他只能隐瞒自己门外汉的事,暗中硬着头皮死啃书本刻苦钻研,自学配方、配色,在干中学。他最初被分在张宅公社的新建粮库刷油漆,专业考核定为建筑三级工。那时,一般工人日工资一块二毛八,而他一天工资两块九毛八,已经属于令人羡慕的高工资了。然而,在完成华丽转身之后,他似乎更渴望一展身手的更广阔的天地。半年后,他决定去德州,并自报专业四级。要知道,专业四级绝不是仅仅凭单项技术,而是自带工地,从管理到各项综合技术都通晓娴熟,并要做到管理有序。他试工的工地,是德州火车站前坐西朝东的物资大楼,手下七个人干活。而且,那些人多是建筑公司的正式工,心甘情愿听从一个乡下来的临时工调遣,谈何容易?况且,这些人在烫顶、刷漆、上玻璃、刮腻子等方面各有所长,互相间各干各的,对各自的技术门道讳莫如深,更对半吊子的门外汉由衷地鄙夷和瞧不起。对倪国岭来说,自己既要善于观察学习掌握各项技术的要领秘诀,又要统领全局,不露怯,充分调动大伙的积极性,缺乏智慧和领导组织才能是难以服众的。中午,家住德州的正式工脱掉满是油污的工装回家吃饭了,工地上冷冷清清。他的午饭是一个馒头外加一片咸萝卜片。

　　从新油漆的窗口望出去,宽阔的街道两边卖吃食的小店前冒着热气,好像是刚出屉的包子或别的特色面食,几个人围在那里。右向的斜街通往火车站,时见携带行李或背着挎包的旅客进进出出。在穿梭的行人中间,时有骑自行车下班的干部,他们明显的标志是车把上挂着一个黑皮革提兜……突然,背后有人喊他,回头一看,原来是郭洪志。郭洪志是作家郭澄清的儿子,那时在德州印刷厂上班,因为是老乡,所以常来找他玩。看见他在啃馒头,说:"老兄,你这日子够艰苦。什么时候咱兄弟有了钱,我一定好好请你吃他娘的一顿!"倪国岭笑了。"兄弟,盼着吧!面包会有的,一切都会有的。"他学着电影里的腔调说。

　　郭洪志说:"真服你!这样的状态,还这么乐观。"

　　其实,当一个人生活中充满艰辛和痛苦时,他唯一的选择就只有快乐了。

　　有时,他俩顺着小路到农展馆南拐,边走边聊到电影院门前,再往西从火车站前的广场上折回来。就是为了说话,说些什么根本不重要。因此,两个人很快就成了十分要好的朋友。郭洪志后来被推荐上了大学,学医,现在成了医学教授。

每半个月,倪国岭就要回家驮一次面粉,交到工地伙房领面票,从伙房打馒头。那辆作为交通工具的半旧自行车,是从乡党三爷爷谷景臣那里借35元钱,在旧货市上讨价还价买的。卖主拍着猪嘴车座打着包票,说,放心骑,这车皮实,除了挡泥板漆有点爆皮,车把有点锈,什么毛病也没有。听这飞轮,往后一倒嘎嘎的。要不是急用钱,我真舍不得卖。那时的自行车,不亚于现在的汽车,况且急需,倪国岭咬咬牙买下了。从德州到宁津,单程骑车需要半天时间。如果遇到恶劣天气,时间就不好说了。

每到丈夫回家的日子,李义兰总是特意炒俩鸡蛋,早早做好饭,等丈夫回来。每逢这时,她脚步轻盈,手脚麻利,心里总是暖烘烘的。今天这是怎么啦?她心里总是慌慌的,做饭时手忙脚乱,竟忘了往锅里添水。她的右眼皮嘣嘣直跳,难道会是什么不好的兆头?这么一想,她又连忙呸呸吐了两口唾沫。能有什么事呢!又想,会不会看天气不好,改天回来呢?但马上又否定了这种自我安慰的侥幸,直觉告诉她,变天的时候,丈夫应该已经在归途中了。

这是入冬以来的第一场雨雪。乡下人称为"地皮甲"的东西,在后半晌就下起来了。虽然风不大,但彻骨的寒流还是让人明显感到它正逐渐加剧的威力。融化的雪雨很快就在地表凝结成光溜溜的冰壳,整个大地像披了一层坚硬的铠甲。天已经很晚了,还不见丈夫的踪影。她只好先打发孩子吃饭、睡觉。她的心里乱糟糟的,坐立不安。原想纳着鞋底等丈夫,刚纳两针却崴了针,赌气将鞋底丢在针线笸箩里,走到门口去张望。四周黑漆漆静悄悄的,耳边只有细碎的雪粒刷刷声和偶尔树枝折断的声音。远处有一点灯光晃动着移动过来,她一阵心跳,可那灯光马上又拐到别处去了。整个村子都睡了,只有这个女人心急如焚。在这样的天气里,丈夫会不会迷路?天黑路滑,会不会遭遇不测?她越努力控制自己别胡思乱想,这些念头却越不时地像火花一样迸出来。

倪国岭回到家里的时候,差不多将近半夜时分了。看着像披着铠甲浑身疲惫步履蹒跚的丈夫,李义兰大吃一惊:"这是怎么啦?"丈夫瘫倚在炕角,轻轻摇摇头,摆摆手,说:"别提了……"

原来,那天倪国岭骑车到达县城,天空中就开始飘起雨雪。天色渐渐黯淡下来,路也开始打滑。车子是不能骑了,只能冒着雨雪推着前行。当他行至城北大曹村附近时,路边有一片杂树林。突然从道沟里蹿出一个彪形汉子,两只帽耳扎得紧紧的,帽檐压着额头,只露出两只凶狠的眼睛。汉子手持一把弯钩直柄镰刀,挡住去路。倪国岭头皮一紧,很快稳住神,问道:"朋友,你想干吗?"

那人朝自行车后座上的包裹努努嘴，看样子他不想多费话。

倪国岭说，我就是个刷漆匠，工资月头开，身上没钱。包囊子里是刷漆换洗的旧衣裳……

那人突然指着倪国岭的上衣，比划着要他解开扣子。

倪国岭说："哥们儿，这么冷的天，你总不能把我剥成光腚溜吧！"

那人显得十分不耐烦，挥挥镰刀："少废话！钱和东西留下，快！"说着，手挥镰刀，"嚓"的一声，将身边一棵拇指粗的小树拦腰砍断。

最终，那人将包中衣物和不多的一点钱悉数劫走，跳进纵横交错的沟壑，消失在夜幕中……

倪国岭在向妻子讲述这段雪夜中的经历时，李义兰忍不住一下扑在丈夫怀里，哽咽着说："人没事就好……"

男人不在家，家里家外所有的活，就落在李义兰一个女人身上了。那是她生活中最为艰难的岁月。年幼的女儿没像样的东西吃，李义兰每逢做饭时，就将一绺挂面放在饭锅里煮熟，然后拿来喂孩子。炒菜没油，就把蓖麻子仁儿按在锅里碾碎，或者炒一锅菜帮，撒上盐，狠心煮些黄豆掺上，再烫些麻花，做些豆豉，就成了下饭的美味。婆婆常年有病，看孩子指望不上。李义兰每天早出晚归，下地干活时，随身带着干粮和水，把孩子放在地头上的树荫里。春季种棉花"水包包"，妇女们翻过高高的河堰，踩着没过脚踝的暄土往地里挑水。女儿趔趄着在河堰的斜坡上采野花，黄黄的，李义兰会觉得女儿就像没人管的一朵野花；割麦子的季节，女儿坐在用麦捆搭起的小窝棚里，听树上的蝉鸣。有人驮着冰棍儿箱子来到地头上，李义兰看见孩子吮着手指直勾勾的目光，却小声骗她说："吃冰糕肚子疼……"说这话时，李义兰感到心在隐隐作痛。

一次，在远离村子的一个叫"四十亩地"的地里，中午散工后，刚刚撂倒的鲜玉米秸，就分到各家各户去了（那时，生产队分东西，一般都是在散工之后）。她家分了45个棒秸捆。这些玉米秸由于干活匆促，每个根部都带着湿漉漉的泥疙瘩，需要一铺铺用小镐把土弄干净捆好，然后用手推车推回家去。五岁的女儿桂花，在胡同口眼巴巴等着吃饭。李义兰对女儿说："花儿，别到处跑，等娘推完棒秸，就烧火吃饭。"女儿说："知道，挨着吧。"都说穷人的孩子早当家，家庭的困境，让这个仅仅五岁正是撒娇年龄的女儿，似乎早已习惯了这种忍耐和等待，开始理解母亲并为家庭分忧了。

五、第一桶金

哥哥你走西口
小妹妹我实难留
有几句痴心话
哥哥你记心头
……

这首流传了几百年的《走西口》情歌,不仅表现了男女恋人的依依离别之情,还蕴含几百年的"走西口"历史文化。被称作"西口"的杀虎口,就在乌兰察布盟所属的林格尔与凉城县接壤处。杀虎口是"走西口"的重要通道,是康熙年间设立的"口外五路驿站"之一。乌兰察布是蒙语"红色崖口"的意思。集宁市是乌兰察布盟行政公署所在地。集宁是古名,取集市安宁之意。其位于内蒙古自治区中部,阴山山脉灰腾梁南麓,历史上是草原丝绸之路、欧亚茶驼之路的重要节点,也是我国北方重要的军事要塞和商品集散地。虽然盛名如此,亦不过是个有些寒碜的小城镇而已。

20世纪70年代,这个依偎老虎山、腰缠霸王河的沉寂小城,突然麇集起一帮操着冀鲁交界一带口音的陌生人。这些穿着还算整齐得体的外来客人,面带憨厚淳朴,说话嗓门大,土音重浊,走路沉重有力,好像要把脚下的土地砸个坑。从他们粗糙黝黑的皮肤,略显笨拙的举止动作,以及专捡便宜省钱的小旅馆下榻来看,他们不久前应该还是下田干活的农民。脸上脚上的泥土容易洗净，但渗进皮肤里的光阴和浸入灵魂骨子里的习气，却不经意间从体面的装束下泄露出他们的真实身份。这些人被同一种东西——废金属，吸引着聚拢到这个边塞小城，渴望着实现自己的淘金梦想。乌兰察布盟是军事要地，军工设施多，部队修建施工，淘汰下来的废旧钢丝铁丝多。就是这些废旧金属，像磁石一般吸引着这些强壮憨直的汉子们陆续聚集到这里，把几家平时冷冷清清的小旅馆挤满了。他们每个人从火车站出来时，手提肩扛着随身携带的家乡土特产，花生米或芝麻油，好像要投亲访友的样子。他们向路边小摊贩打听土产公司的方位，一边走一边两眼睃寻着，专捡便宜的小旅馆住宿，理由是离土产公司近一些，联系业务方便。他们胳肢窝夹着黑色的人造革皮包，像干部或外出工作人员那样，皮包的夹层里装着盖有大红公章的介绍信，上面赫然写着所在单位正规响亮的名字。他们心不在焉地听旅馆的登记人员介绍完客房条件和收费标准，说："就住大通火炕，不图便宜，就图个热闹，挤着暖和。这天，嘎嘎冷。"

　　服务员提着一个挂满钥匙的圆盘，将客人带到住宿的房间门口。房间里已经入住了几个人，有人或倚或坐着说闲话。通过熟悉的乡音，很快就认出同乡，并说出所在公社村庄，互相打听起亲戚熟人，距离一下子拉近了，彼此说话再用不着隐瞒和客气了。于是便不再拐弯抹角，单刀直入地问新来者："也是来弄铁丝？"新来者老实回答说："是，家里等着用。你们呢？"对方笑笑说："大家一个活，为了一个共同的目标，睡到一个炕头上了。"新来者问："怎么样？好弄吗？"对方摇摇头，说："不怎么样。粥少和尚多，我都来半个月了，正头香主还没拜完，想烧香找不到庙门，只能耗着干等……"新来者有些着急："那要等到什么时候？家里等米下锅，就这么一天仨饱一倒干耗着？"对方笑着说："心急没用。谁不等着急用？你急他不急，急性庄家慢性买卖。总之，等到猴年马月，也得等。每天上班就去打照面，先挂个号，说不定哪天就轮到你。""挂啥号？"新来者没听懂。于是有人告诉他："就是拿着介绍信，先去金属科备个案。"说到介绍信，有人笑着说："刚去备案时，看到那么多厂家的名字，我还以为遇到正规厂家来抢食哩！想不到，大水冲了龙王庙，大家都是一家人。"这么说着，彼此得意地笑起来。大家的目标一致，对各自的情况心知肚明，说到介绍信上所谓冠冕堂皇的工厂，完全是好看唬人的老虎皮，无非是十几号人的村办小作坊而已。变戏法瞒不过敲锣的，彼此的情形大致差不多，谁瞒谁呢？

　　废旧金属归集宁市土产公司金属科管。所以，需要采购的厂家，都要在土产公司金属科备案。金属科科长邢家宝是个标准的蒙古族汉子，为人豪爽，讲义气。往日无人问津的废金属突然走俏，供不应求，他心里很纳闷。不知道这些废旧铁丝，究竟会派上什么用场。看见那些客户纷纷闯到办公室急不可耐的样子，他只好耐心解释说："这要向上级自治区废金属回收公司报批计划，批文下来，才能发货。要货的人多，先备案，再按顺序发货。"来者一边递烟一边说着各种大致差不多的理由，请求通融照顾一下。邢家宝挠着头皮说："大家都急用，只能按先后的登记顺序，公事公办，耐心等一下，请你理解……"见天都是如此，劝说解释，连正常工作都受到影响，邢家宝很烦恼，只好安排下面的人负责解释劝说，自己避而不见。有人打听科长的住处，暗示要去家里拜访，邢家宝一律谢绝。抬轿插不上轿杆，烧香找不着庙门，急得那些人只能干着急。

那年，倪国岭 27 岁。全县大搞社、村办企业，当时提出的口号是：村村点火，社社冒烟。一时间，全县兴起一股搞"弹簧垫圈开口销"的热潮。高伊范村也搞起村办企业，负责外出联系业务的人员（俗称"外跑儿"）很关键，大队领导经过再三考虑，还是觉得倪国岭比较合适。他见过世面，做事周密，踏实，有嘴有心，虽是赤脚医生，但在"治病"与"治穷"之间权衡，似乎治穷更为迫切重要，所以，村办小厂的业务员非他莫属。初出茅庐的小伙子揣着全村人集资的360元钱，踏上西去集宁的列车。360元钱在当时不是个小数目，倪国岭身上第一次带这么一大笔钱，唯恐有什么闪失，聪明的妻子就在裤头上缝了个口袋，将多余的钱装在里面，手头只留些买车票吃饭的零钱。说："这样，你就是在车上睡觉，也甭担心小偷划了包。"

就这样，倪国岭肩负着全村人的重托和希望，出发了。他感到身上的责任重大，此去若不能旗开得胜，就无颜见全村父老。他是第一次外出"跑业务"，两眼一抹黑，其中蹊跷门道并不清楚，一味瞎闯，怕不靠谱。所以，他决定先找宁津老乡同行，多听听他们的指导。晚上睡在一条大通火炕上，外边滴水成冰，屋子里暖烘烘的，大家无话不说。有人半隐半白地说起白天的行踪，说："本来带着'老油'和'花姑娘'先意思意思，最近'老白'不在家，谁想吃了闭门羹，人家一律挡驾不见。润滑油撂不上，只能耐着性子等了。家里急得拍屁股也没用……"

大家都明白，他们称面粉和芝麻油叫"老白""老油"，"花姑娘"自然就是花生米了。至此，倪国岭才意识到，自己第一次出山，若不想空手而归，谈何容易？他两次去邢家宝的办公室，都吃了闭门羹。有人对他说："别人常年住在旅馆，削尖脑袋，跑断腿磨破嘴，求爷爷告奶奶，都傍不上边，你一个毛头小伙子，初来乍到，就想见到真神？你以为弄到货那么容易？实话告诉你，小伙子，老实在旅馆伏着，长点眼色，学着点，沉住气。心急吃不了热豆腐，耐着性子等，早晚会轮到你。办成了，坷垃成金，也有焰火也有戏。办多办少，凭造化，大不了别人吃肉，咱跟着弄点汤喝……"倪国岭耽搁不起。每天住宿连吃喝，总要花去一块多钱，家里眼巴巴等米下锅，他实在耗不起。他只跟主管的邢家宝科长打过两次照面，感觉是个正直豪爽的人。心想能跟科长接上头，真诚地说说自己的真实情况，或许能有转机。可是，眼下自己该怎么办呢？

正是隆冬严寒季节，哈气成霜，滴水成冰，整个集宁小城冻成个冰溜溜。走在街上，脚下不停地打滑，一不小心就会摔个"仰八叉"。倪国岭忧心忡忡，在旅馆里待不住，就茫然地走出来沿街溜达。他觉得沉闷压抑，有时有种喘不过气来的感觉。一连几天，坚持不懈地一上班就去金属科，得到的答复几乎是一样的，科里已做了备案，一旦有了指标，会通知你。你不用整天往这里跑，影响工作……那时，仅在金属科备案的社队办企业就达72家，要轮到他，恐怕要等到猴年马月。他曾经两次去邢家宝科长的办公室，回答在开会。看来，正常渠道是行不通了，只有另谋良策。他心中茫然，毫无目的地四处转悠，根本没心思看风景。

其实，那时的集宁，也很少有能称得上风景的去处。后来的老虎山公园，也无非是一堆石头上长满乱糟糟的树木灌丛，一副毫无修饰的荒败样子。霸王河完全结冰，像一条滑溜溜僵卧的死蛇，将小城的冬天缠得死死的。这些被在旅馆里呆得腻烦的外地人形容说："一个公园两只猴，一个警察看两头。"这未免有些夸张，但也足见这座城市的规模了。倘若步行转悠，不消半天也就把主要街道和像样的建筑尽收眼底了。集宁桥东，最热闹的地方是一马路和九龙街。这马路是地地道道的马路，砂石路面，常有人赶着马车或驼队走过。驾车或赶驼人穿着光板羊皮大衣，头戴长毛狗皮帽子，脚上的毡靴像榔头一样笨拙。马蹄铁敲击着结成冰溜的路面，发出清脆的声响。九龙街感觉就像游动的街，摇头摆尾地扭动着。路边低矮的屋檐下，零星挂着零售商铺的牌子和喝大碗茶的茶馆的招子，偶尔可见炸麻花、打焙子、卖枣糕的路边小摊。九龙街的南出口，是集丰桥。几步过桥就出集宁城了。路东口是盟医院，往里就是集宁市的第一国营百货公司了。这应该是全城最有人气的地方。往北是市委的三层红色大楼，这里为数不多的楼房，大都是红色的，在冰冷的季节里既醒目又暖和。东向的恩和路比较宽阔，两旁的人行道上种着树身粗大的杨树，横斜的树枝把马路都挤窄了。从市委红楼往后不远，就是集宁车站。这个车站是中苏铁路交接的调车场，在里面可见苏联又高又大的火车头，车厢下的空隙足能毫不费力地钻过人。那时，楼房建筑主要集中在车站附近的铁路职工住宅区。筒子楼，有的楼梯露在外面，最高的建筑物是锅炉房烟囱，像有个庞然大物支着腿躺在冰天雪地里抽烟。

倪国岭只是这么漫无目的地溜达，他的心里空落落的，不知道该怎么办。天气很冷，塞外的寒风吹在脸上，像刀片一样割得人脸生疼。街上行人稀少，偶尔有人擦肩而过，裹着厚厚的皮毛，只从毛茸茸的皮毛后面露出两只眼睛，看上去就像某种直立起来的奇怪的动物。倪国岭漫无目标地溜达，脑袋里转悠着各种念头。冷不防一辆自行车迎面过来，几乎撞个满怀。骑车人咕哝着抱怨一句什么，他连忙堆笑说对不起的话。看见对方骑车远去的背影，他眼前一亮，那个人好像就是邢家宝。他记得邢家宝每天都骑自行车上下班。既然在单位见不到，何不悄悄尾随，登门拜访？这么一想，倪国岭顿感浑身一阵轻松，长长地吐出一口气，心里痛快了很多，于是急匆匆赶回旅馆去。有人问他："怎么样？看你的样子，好像找到门道了？"他说："我能有什么门道，就是心里闷得慌，出去散散心，随便转转看看。"那人说："有啥看头？到处是冰溜溜，公园里的猴子也懒得出窝。"

这天晚上，倪国岭很早就钻进被窝睡了。别人还在说笑时，他已均匀地响起鼾声。这是他来到之后第一次睡得这么踏实、香甜。第二天，他就开始实施自己的计划了。一连三天，他早出晚归，单独行动，盯梢尾随，为的是弄清邢家宝上下班的路线和家庭住址的大致方位。头两天，他从土产公司大门口，一直悄悄快步尾随在邢家宝的自行车后面，由于天黑路滑，自行车七扭八拐，眼看着自行车穿过一条狭窄的斜街，消失不见了。斜街的尽头，是四通八达的小路，邢科长究竟走哪一条路，无从辨别，他只好无功而返。第三天，他改变了策略，事先等在斜街那里，等自行车一出现，便急忙跟上去。一路跌跌撞撞，穿街过巷，总算没被甩远。天色渐渐暗了下来，空气中弥漫着炊烟的气味。自行车拐进一条曲折幽深的小巷，消失在一片毗连的低矮的建筑物后面。倪国岭深吸一口气，快步跟上去。邢家宝住的土产公司的家属院，地处偏僻，是一片简陋实用的半隐半露的"地窖子"。不明就里的人，真想不到这里竟然会是居民区。周围的建筑都差不多，低矮平平参差错落，隐秘地踞伏着，像冻僵似的静静趴卧在冰雪中。只有屋顶伸出的烟囱吐着淡淡的烟雾，弥漫着一股温馨的气息。时而有一两声懒洋洋的狗叫和点点闪烁的灯光从矮墙和木板围成的栅栏缝里透出来，显出几分神秘。邢家宝怎么也没有料到，竟会有人悄悄尾随而至。当他进屋摘掉帽子，脱下上衣，猛回头看见站在门口的倪国岭时，吃了一惊："咦！小倪，你怎么来啦？"倪国岭说："我随在你后面，一路跟过来的。要不，这地方还真不好找。"邢家宝略有歉意地说："是吗？我竟然一点儿也不知道，真是不好意思。这么冷的天，快坐下暖和暖和，快坐！"热情的邢科长一边招呼倪国岭，一边从炉子上冒着热气的奶茶壶里倒一杯奶茶递给他，说："先喝点奶茶暖和暖和。"倪国岭捧着热乎乎的奶茶，一股暖流涌满心窝。邢家宝关切地问："怎么样，这边的天气是不是比你们那边冷得多？旅馆条件怎么样，还能适应吗？"倪国岭说："挺好的。几个人挤大通炕，热闹。这边天气冷，但是人热情。"邢家宝笑了，亲切地拍拍倪国岭的肩膀，说："说吧，小伙子，跑家里来找我，是不是货的事？我说过，白天到单位找我一样，没必要大冷天黑灯瞎火地跑冤枉腿。能照顾的，我一定尽量照顾……"见邢家宝说话如此痛快，倪国岭说："我初来乍到，人生地不熟，主要是先来家里认认门。说着，他从手提包掏出一包花生米和两瓶香油，这是家乡的一点土特产，不成敬意……"邢家宝阻拦说："小倪，有话尽管说，我能办的尽量办。你要这样，我就不留你了。"见邢家宝一副真挚诚恳的样子，倪国岭决定毫不隐瞒和盘托出真相。于是，他把自己如何揣着全村人集资的 360 元钱来到这里，三天来又是如何跟踪尾随简短地讲述了一遍。邢家宝听了大为感动，更为小伙子的一片坦诚和担当由衷感到钦佩。他招呼吩咐爱人："炒俩下酒菜，我和小倪喝两杯……"

　　邢家宝是个重情义讲义气的豪爽汉子，大碗喝酒，一饮而尽。他说："小倪，你不习惯，可以小口喝。"倪国岭一股豪气冲顶，也不客气地一饮而尽。邢家宝伸出拇指说："好！我喜欢你这种性格，是个干大事的人！"倪国岭说："邢科长说笑，我是赶鸭子上架，能干什么大事？村里穷，临时建个十几号人的小作坊，干点加工活，等米下锅，临时攒钱让我出来跑。小事尚且办不利索，哪还敢图啥大事？"邢家宝笑笑说："我们蒙古族人喜欢直来直去，有啥说啥，你的情况我已知道，农民办企业，挣钱不容易，按理说，应该优先照顾。只是先备案的几十家，都是正规厂家，业务员都在旅馆里蹲了好长时间……"倪国岭说："科长说的我明白，排号也要有个先来后到。其实，他们跟我差不多，也是社队办的小作坊，只是名字唬人。"邢家宝听后十分诧异："你说的是真的？"倪国岭说："那还有假？我们都是邻社邻村，亲戚朋友叫得出名字。这么做也是为了出来联系业务方便，谁也瞒不了谁的。"邢家宝听后点点头，哦了一声，说："还有一点我始终纳闷，就是你们弄这些废旧铁丝，究竟能干什么用呢？"倪国岭说：

"不瞒科长你说,这些废旧铁丝,价格便宜,在有些人眼里就是一堆废品,在我们眼里就是宝贝。12 号可加工制作开口销,8 号用来做弹簧垫圈,只经过简单的几道工序加工,立刻变废为宝,价格不知要翻多少倍。"

倪国岭一番推心置腹的话,让一向坦荡正直的蒙古族汉子深受感动,说:"难得!你是第一个跟我说实话的人,我喜欢你直来直去的性格。有一说一,有二说二,不虚不飘,不藏不瞒。这样的人,才叫有胸怀有担当,今天,我就破例一回,算是交个朋友!"说着,他起身,从挂衣架的手提包拿出一张开好的废金属准运证,递给倪国岭说:"这是批给别人的三吨准运证,其他手续已经办好。好在接货地点都是桑园,你先接货,然后再打款。我相信你。别的事,我来办!"

倪国岭怎么也不会想到,事情竟这样出奇的顺利,他的心怦怦直跳,甚至怀疑这一切是否真实。他突然双手端起酒碗:"说,邢科长,庄户人家知道,大恩不言谢。今儿,我借花献佛,代表全村父老,敬你一杯!"

那天晚上,他喝多了。那是一次畅快淋漓的酣醉。走在大街上,他感到心里一团火在燃烧,浑身感觉不到一点儿寒冷,索性解开脖领扣子,真想喊唱几嗓子。回到旅馆,有人劝他说:"小伙子,想开点。别想一口吃个胖子,慢慢来。借酒浇愁,作践自己,犯不上……"他含含糊糊地应承着,什么也没说。第二天,他就登上返程的列车,一路上,他不时拿出那张提货单看,好像要进一步确定它的真实可靠。他的心早已先于缓慢的列车,飞到家乡去了……

那时,每斤的废旧铁丝进价只有 8 毛钱,而在供不应求的宁津市场上,每斤价格被炒到 12 元。倪国岭就凭这三吨铁丝,淘到他的第一桶金。因此,他和邢家宝成了推心置腹的莫逆之交。后来,邢家宝来天津探望当兵的儿子,倪国岭特意去天津探视,以尽"地主之谊"。尽管那时弹簧垫圈开口销已经式微,倪国岭的企业已经转产别的产品了。他说:"今生的朋友,就是前世的缘分,人心换人心,怎么能不珍惜呢?"邢家宝说:"小倪,我服你!够意思,交你这个朋友,值了!"这个初出茅庐的小伙子的经历一度被炒得沸沸扬扬,他的成功似乎成了人们心中百思不得其解的谜。其实,他心里明白,如果说有秘诀的话,那就是做事待人要真诚。这也是他后来一直奉行的做人做事的原则。他的成功,也立刻引起上级领导的重视,他很快就被调去后魏公社修配厂任副厂长兼业务员了。

第三章

时代弄潮

一、重返青岛

　　公社书记张金彦是个不修边幅的人，个头不高，脸黑黑的，工作有热情，有干劲，风风火火粗粗拉拉的，具有那一代基层干部的典型特征。严格自律，一丝不苟。他是老资格，"大跃进"时期就是大公社书记。紧跟形势，热情高，在一般工作上，雷厉风行，不甘人后。虽然有时"冒进"，但属于认知问题，出发点是好的，且忠实执行上级指示，无可厚非；最优秀的特点是知错就改，绝不敷衍。因此，能够一直处在一线领导岗位上，算是"不倒翁"式的人物。那一代公社领导干部，基本保持着劳动人民的本色，各种农活都不在话下，抄过来就能干。衣着和老百姓无二，下乡背粪筐，随便圪蹴在地头上，跟干活的农民对火抽旱烟，唠嗑；盘腿坐在农家的热炕头上，吃派饭，话家常。即便是到了20世纪70年代中期，这些人的本色也没有变，无非是下乡多了辆半旧的自行车，头上的"毡帽头"换成蓝卡其或灰呢遮沿帽，便装或中山装的上衣兜里插一支钢笔，不论开会还是下乡，随时会掏出小本子在上面记些什么。在"村村点火，社社冒烟"的大办社队企业的热潮中，他们当然不甘落后，久违的热情似乎一下子被点燃了，终于可以一显身手甩开膀子大干一场了。倪国岭的成功，让绞尽脑汁苦于社办企业无所起色的张书记眼前一亮，当即拍板决定：把倪国岭调来修配厂，挂个副厂长，主要负责跑业务！当即打发人去高伊范村，通知倪国岭，明天一早，来公社报到。

　　那天，倪国岭一大早赶到公社大院的时候，伙房的烟囱还冒着缕缕青烟，快开早饭的时候了。大院里静悄悄的，但是，显然人们都已起床，在各自的宿舍里盥洗,因为张书记在,没人敢睡懒觉。张书记觉少,每天很早起床,这是多年养成的习惯。那天,倪国岭赶到公社,张书记蹲在门前满嘴泡沫地刷牙。他好像夜里没怎么睡好,一脸惺忪的样子,眼泡有点肿,裤子的一侧裂开一道口子,露出一段花内裤来。他自己全无觉察,见倪国岭来到,张书记站起来,含含混混地说I:"你等一会儿……"然后喝一口水漱口,噗的一声喷出一片水雾。倪国岭笑着说:"张书记,是不是嫂子来了?"张书记一愣,说:"没有哇。"倪国岭朝他裤子努努嘴,说:"还说没有……"张书记低头一看,这才发现,自己竟然穿着女人的裤子,顿时尴尬地说:"这娘们儿,裤子随手乱扔……你先去伙房吃饭,记到我账上……"说着,稍显狼狈地进屋换裤子了。

那时,公社干部除极个别双职工外,大部分家属都在农村。倪国岭想,张书记大概昨晚回家了,一早急着赶回来,随手拿条裤子套上……张书记在下属面前的严厉是出了名的。他对工作要求极严,批评人,脸一黑,官话俗话连珠炮,不吐核。所有下属都有点怕他。不料这次竟然在下属面前丢了丑,显得有点狼狈。倪国岭觉得,其实他没那么可怕,而且有点说不出的有趣可爱。就像在一张严肃的面孔上,突然抹了一道轻松调皮的油彩,瞬间使人物充满喜剧色彩。想不到,倪国岭第一次和这位严厉的书记见面,竟会在这种俏皮的小插曲中以一种出乎意料的喜剧方式拉开序幕。

倪国岭那天去伙房吃饭,公社大院的人先后陆续来打饭,他们掀开笼屉抓馒头,有的夹点小菜,端着粥碗回屋去了,也有的在食堂里一边吃馒头一边喝粥。妇联主任于红枝最后进来。那时的妇女干部都有点丈夫气,走路挺着胸,两腿间的缝隙有点大,像个凑在一起的括号,大大咧咧的,爱开玩笑,什么话说出来也不脸红,还会许多庄稼人的俏皮话。伙房师傅一边端出新腌的小菜,说:"于主任,尝尝。新腌的'姜不辣'(学名菊芋,别名又称洋姜、鬼子姜),淋点醋,撂点香油,倍儿脆!吃了还想吃。"于主任笑着应着,回头看了一眼倪国岭。伙房师傅不认识他,说:"哎!小伙子,你是张书记的亲戚?"没等倪国岭开口,张书记从外面走进来,说:"这是修配厂新来的副厂长,小倪,高伊范的,跑业务有一套。"张书记已经换上了一件灰卡其裤子,带着折线。炊事员说:"怪不得。我还以为是你家亲戚呢!张书记,你的气色不好,不能光拼上老本儿地干,是不是?待会儿,我杀只老母鸡,给你补补?"张书记一挥手,说:"不用。这几天忙得脚后跟踢腚,县里开会,摇晃着小鞭子甩,下边问题一大堆,夜来后晌研究工作到很晚,脑袋都大了。"他对端着粥碗拿着馒头准备回屋的于主任说:"于主任,这就是小倪,往后就是你的兵了。"于主任上下打量一下倪国岭，笑着说："总算对上号了，前天还跟工交李主任提起，上次我去高伊范，还打听过。希望你来了，能给咱们的社队企业增加活力。"倪国岭笑着向于主任点点头。张书记说："你分管，吃完饭，咱们一块去趟修配厂。"于主任说："张书记，我正想跟你汇报，这次县里开会，号召社队企业再上新台阶。修配厂修修配配的，产品缺乏竞争力，也该想想辙，上点紧摽了。"张书记说："行！一会儿叫上工交的李主任他们，到修配厂开个现场碰头会，开会时我敲打敲打。这次把小倪调上来，就是输入新鲜血液，不换思想，就挪挪窝。"

公社修配厂厂长付立峰，是个按部就班缺乏开拓精神的人。从另一个角度看，他又是一个踏实稳妥的人。修配厂的工作虽不轰轰烈烈，但也踏踏实实，稳稳当当。那时，公社修配厂负责全社的农业机械和各村副业加工工具的维修，修修配配，除了生产一些简单的小型农具之外，没有自己的主导产品，因此也不需要格外操心市场供求。修配厂就像一只行驶在平缓的水域里的小船，在沉稳的舵手操纵下，平平稳稳，波澜不惊。付厂长习惯这种不紧不慢的生活节奏，多年就是这样一种不温不火的状态。在全县社队企业蓬勃兴起的形势下，这种节奏显然跟不上形势发展要求了。张书记是个任何工作追求拔头筹，不甘落后的人，调倪国岭到修配厂，显然是想通过这个敢想敢干有冲劲的小伙子，打开全社企业死气沉沉的状况，开创一种新局面。倪国岭被任命为修配厂副厂长兼业务员，正式走马上任。从中负责协调的"工交办"主任李殿新私下对他说："你初来乍到，名义上是副厂长兼业务员，其实就是负责出去找米下锅。是骡子是马，拉出来遛遛，把业务跑好，别的什么也不用管，孩子哭了有他娘。社办企业，别看表面上脚面水可以平趟，出水才见两脚泥……"李主任含混而又意味深长的话，让一向爽直的小伙子有点摸不着头脑。但他明显感到这位年长精明的主任充满一片善意，连连懵懵懂懂地点头。有人半开玩笑地说："副厂长就是个虚名，就是丫环带钥匙，当家不主事，别戴顶帽子就让人当猴耍。"

那时，每个公社都设有工业交通办公室，简称"工交办"，主管协调指导社队企业发展。主任、副主任大多由深受党委赏识的村党支部书记或有经营头脑的乡村精明人物担任。这些人从面朝黄土背朝天的"泥腿子"，被提拔到"工交办"任职，指导协调全公社的企业发展，地位变了，摇身一变成了半脱产干部，气质和派头也不一样了。整整齐齐的黑斜纹或蓝卡其干部装，自行车把上来去挎着人造革手提包，喝茉莉茶，抽烟卷，说话斟酌，齿轮打火机"嚓"的一声，目光随着烟头一闪一闪的，仿佛一切都逃不过他们看透一切的眼睛。这些跨社队农工的新型两栖人物,每月拿18元补助工资,大队记满工分。他们不仅精于农村的人情世故,更善于和吃官饭的干部打交道。在乡场上,他们世事洞明,人情练达,对农村各色人等了如指掌,处理问题既果断又圆滑,把原则性包裹在妙语连珠的土话里,驾轻就熟,游刃有余。在官场上,他们察言观色,谨言慎行,敦厚而不失机敏,照样吃得开,玩得转。他们早已不是"上炕认得老婆孩儿,下炕认得一双鞋儿"的传统意义上的庄稼人。见过世面,眼面宽,对利害得失本能的敏锐,因此对社会现实的理解更深刻。同外界各色人等打交道时,本能地保持着几分小心谨慎,又不失质朴坦荡的意味。既慷慨大度,又锱铢必较,既纯朴又狡黠。善于察言观色,揣测对方的需求意图,为达目的,有时直爽得似竹筒倒豆子,有时又模棱两可得近乎"弯弯绕"。这些人在私人道德上无懈可击,守承诺,讲义气,善变通,重感情,把私人感情和利益看得比原则更重要。渴望成功,但不贪婪,喜欢钻空子,走捷径,所有僵硬的原则都可伸缩变通,最终演变成充满人情味的皆大欢喜。从不为虚幻的名誉或道德担忧内疚。总之,他们身上所表现出来的特质,也投射到当时社队企业的发展形态和一般状况上来,既有粗糙苟且,也有雄心勃勃。这些出类拔萃的两栖人代表着一种新生事物的"先觉者",以其天生的本能和聪明,冲决打破旧的规则壁垒,将城市与乡村,政、工、农、商之间的界限融合成一种全新的关系。

倪国岭虽然初出茅庐取得骄人成绩,但对当时社队企业的"工交办"主任李殿新、副主任刘宝德,以及袁恒山、王传德等一干人来说,毕竟还是嫩了点。年龄资历都不占优势,社会经验更是难以比肩。他所富有的只是激情和活力,敢想敢干,这些在他们这些在乡场上混"油"了的人眼里,都算不上优点,有时甚至是忌讳。分管工业的于红枝主任对他说:"小倪,张书记格外器重你!你刚来,对厂里的情况不熟,其他事先不要管,先把业务跑好,厂子能不能打翻身仗,就看你的了。"倪国岭说:"于主任,你放心。我知道自己的斤两。你和张书记这么器重我,我一定尽力而为。"

倪国岭上任后,付立峰厂长曾经在他那间简陋寒酸的办公室里和他进行过一次意味深长的谈话。说是办公室,其实就是宿舍。一张木板床,一张油漆剥落的三屉办公桌和两把光板木椅子。桌子靠墙的一面凌乱地放着纸质文件、墨水和方形印台盒,因为很少用,上面落满灰尘。一把豁嘴的茶壶,几只满是茶垢的茶碗。桌面上茶碗留下的水印,九连环般一环套一环。床上松松垮垮地卷着被窝卷,被头枕得凹陷的地方油乎乎的。这显然是那些非同一般的常客留下的杰作。他们过来后,用不着客气,倒头往铺盖卷上一仰,因为没什么要紧的事，所以就那么躺在床上，吐着烟圈，看着这位人过中年的厂长不慌不忙地应酬着来请示的车间主任或工人，有时会插上一句嘴，哪儿跟哪儿不挨着。厂长看上去和普通工人没什么区别，一身蓝工装（这在当时别具一格，令人羡慕），只是略显发福，肚腩也鼓起来了，皮带上的孔眼松到最后一个。最明显的标志，当属挎在腰间的那串钥匙，走起路来哗啦哗啦响。他手里时常端个印有大红奖字的白瓷茶缸，里面泡着茉莉花，上面浮着一个黑乎乎的圆球。缸沿一圈的蓝瓷已迸裂，茶缸内则完全是一片黑褐色了。他说话时，先揭开茶缸盖，摇着头呋呋吹两口，将圆球吹到一边，然后呷一口。他对倪国岭说："你来了，我可以喘口气了。你年轻，精力旺盛，有闯劲，不光跑业务这一摊，往后厂里的全面工作，也要熟悉熟悉，帮我分担一下。抽空，我跟你念叨念叨，领你到车间转转……咱这个小厂，从建厂到现在，就跟戏词里唱的一样：'想当初，老子的队伍才开张，拢共才有十几个人，七八条枪。'如今不是被'皇军'，而是被市场追得'晕头转向'……"他说着，呵呵笑了。接着说："我这人干企业这些年，虽说只有苦劳没功劳，但感情还是有的，就是力不从心，疲了，巴不得往后缩缩，松松套。你来了就好了，年轻有为，能闯敢干，没准将来还要挑大梁。"倪国岭一愣，说："厂长这话说的，我刚来，两眼一抹黑，年轻没经验，往后你要多指教。就因为跑成一笔买卖，公社调我上来，主要跑业务，这个担子还不一定能挑起来，心里没底，你别再给我压担子了。"付厂长笑着说："怕什么？能者多劳嘛！年轻人，多磨炼磨炼，有好处……再说，公社领导把你调上来，没准就是这个意思……"倪国岭说："厂长拿我开玩笑了。谁不知道你在领导心目中的位置？张书记和于主任亲自交代，姜是老的辣，要我好好跟你学，配合好工作。我知道自己扒几碗干饭，跑好业务是我的本分。你是企业的老人儿，负责驾辕推动全盘，我拉好边梢决不松劲。我年轻没经验，你勤呼哒着点。有什么想法和建议，我及时跟你沟通。"付厂长笑笑，无奈地说"我还指望你上来，减轻一下我的压力呢！看来我这个套，还松不了……哼，张书记也是，我多次要他物色个好的人选，接过这一摊子，真不明白他心里怎么想的。"说着，轻轻摇摇头。

这些话出于真心实意还是试探，倪国岭并不去想，他一心要踢好头三脚，没功夫去揣度别人的心思。他喜欢直来直去，没闲心去弯弯绕。就像一只紧紧盯住猎物的鹰隼，眼睛紧紧睃寻着市场，寻找发现机会并迅速抓住，在业务产品上有所突破，才能改变企业的现状，其余都是空话。事实证明，倪国岭的心无旁骛是对的。他紧紧围绕着市场想办法，寻突破，敢为人先，大胆开拓，很快就在市场开拓和产品上打开了新局面。一向以严厉著称的张书记,也对他格外高看一眼。这让那些同为每月拿 18 元补助记工分的社队企业同行有些嫉妒,说:"倪国岭,你小子算是顺摸好了,成了张书记和于大主任眼前的红人儿。"

付立峰厂长几次当面吹着茶水说:"我没看错,你是块好料。我也跟张书记私下说过'让贤'的意思,可就是……"倪国岭连忙说:"可别!厂长不是要把我架到火上烤吧?"付厂长一笑说:"我是过来人,看得出,你是个能独当一面,不甘久居人下的人。年轻人嘛,就该有点闯劲和野心……"

倪国岭在公社修配厂副厂长兼业务员的岗位上,干了八个月。一次,新任书记王景义把他叫去,说:"树大分权,水大分流。你干副厂长、业务员有点屈才,正好县里号召多种经营,党委研究,让你再重新戳一摊儿,来个花开两朵,两头飘香。你年轻,有魄力,脑瓜开窍,敢想敢干,我给你权力,重点扶持,你就甩开膀子,放心大胆地干!"

1980 年,后魏综合加工厂在修配厂院里正式成立。一台车床,一辆 12 马力的拖拉机和 7 间简易厂房,就是最初的全部家当。没资金,没技术,没产品,更没市场,在此基础上的起步起飞,谈何容易?那时,县物资局帮扶后魏公社。计划经济条件下,物资局掌握着全县计划物资的调配划拨,属于实权单位。林连清是物资局的副局长,小个子,精明,说话慢声细语,是个内心颇有主张的人。他对倪国岭早有耳闻,并对这个敢闯敢干的小伙子十分赏识。得知综合加工厂面临起步的困境,他决定扶持一下这个有闯劲的小青年。快到午饭时,他对公社领导说,今天中午,咱们一起到综合加工厂吃顿便饭,就在伙房做,有什么算什么,也好顺便了解一些情况,看看能不能帮上什么忙。

听说公社领导要陪林副局长来厂子吃饭,倪国岭既喜又急。企业没效益,近乎两手空空的他囊中羞涩,不知该拿什么招待这位县上来的"财神爷"。那时,整个后魏街就只有供销社一个饭店。领导明确说,只吃伙房不吃饭店。自家伙房没有食材,巧妇难为无米之炊,急得伙房师傅两手攥着围裙,拧成疙瘩。为了能摆上桌面的菜肴,倪国岭颇费周折,挠着脖颈子来回转圈。过于寒酸有失礼节,讲排场又身无分文。既无美酒佳肴,一片真情自不必少。可到哪里去弄摆得上席面的菜肴呢?

伙房师傅嘟哝说:"现上轿现扎耳朵眼儿,实在没辙儿……要不,你跟郑主任打声招呼,咱去墙外的供销社地里弄点'姜不辣'?"

车间厂房毗邻供销社,窗外生长着一片茁壮的"姜不辣"。这是一种根茎植物，形状面目长得像生姜，但清脆甜爽，毫无辛辣之味，故俗称"姜不辣"。这种植物生命力极顽强，不用播种，不用管理，收获之后，第二年还会自己钻出来，蓬蓬勃勃蹿到超过人头高，鹅蛋形的叶子油绿绿的，随风招摇。不管你喜不喜欢，自由自在地扑扑棱棱疯长一气，把车间的矮窗遮挡得严严实实。

伙房师傅的话一下点醒了倪国岭，他一拍大腿，说："对！今天中午就吃郑三炮！"

郑三炮是供销社郑主任的"绰号"。平时大家关系融洽，见面时互开玩笑，不分你我。况且，这"姜不辣"不是什么罕见物，沟头路边随处可见，自生自长不受待见，这下总算解了燃眉之急。伙房师傅说："要不要跟郑主任说一声？"倪国岭说："不用！吃他是看得起他，他耽误我车间的采光，我还没找他算账，就算将功补过了。先斩后奏，吃了再说！不过，光一个'姜不辣'，也太单调了。"伙房师傅吟吟一笑，在围裙上抹抹两手说："厂长放心，'姜不辣'配啥就啥味，煎炒烹炸，花样滋味各不同，多弄几个花样儿就齐活。"

就是这种很少能端上桌面的普通却奇特的食材，经过伙房师傅精工细作，丝、片、块，炒、溜、炸、拌不同烹制，竟然做出酸、辣、甜、咸味道各异、色香味俱佳的可口美味，林副局长吃了赞不绝口，说："这菜我还是头一次尝到，不知是什么菜。"倪国岭只好实话实说，把如何翻窗越墙，从供销社的菜园里偷扒"姜不辣"讲述一遍，最后说："不是我哭穷，眼下企业没效益，拿不出什么好东西招待各位领导，只能就地取材。翻窗越墙，偷花献佛……"在座的林副局长以及徐长荣社长、孙春录副书记听罢，都开怀地笑了。林副局长说："好一个'偷花献佛'！你要不说，还真没尝出是'姜不辣'。我就喜欢你这种像'姜不辣'一样脆爽的性格，有啥说啥，不藏不掖，敢作敢当。我感觉你这个小青年是个干事情的人，我们也不是什么仙佛道祖，平白受这贡献，也该在政策允许范围内，助你一臂之力。这样，我给你两个项目。一个是煤球加工厂，主要负责北七社煤球供应（那时，吃商品粮的集体或家庭烧火取暖用煤，每月都是凭粮本供应），煤和煤球机，我负责给你协调；再一个就是物资供应站。我把计划物资批给你，你可以对外卖……只要招牌挂出来，就没有不开张的油盐店。你可以在这个基础上，施展本事，开拓市场，能扑棱多大，就全看你的了！"

在林副局长的协调下，很快，他们就从县煤球厂拉来一台煤球机子，又从县化肥厂调来150吨煤，负责北七社商品粮用户烧火取暖煤球供应的煤球厂正式开张。物资供应站的牌子，也当街挂出来，对外营业了（没多久，物资供应站又从综合加工厂的麾下分离出去，由袁恒山负责经营）。对于煤球的质量，掺土比例,他们反复做了试验,争取做到最好。倪国岭说:"咱们做的是良心买卖,别臭了门市。"后来,煤球厂生产的煤球,从热量、燃烧力、燃烧旺力、燃烧时间等各项指标,都高于其他供应站,在德州地区煤球质量评比中获得第一名。尽管加工煤球的生意红红火火,但没给倪国岭带来多少喜悦。他关心的不仅仅是综合加工厂的生存,更是发展壮大。没有新的产品,企业的发展腾飞就是一句空话。信息闭塞,市场前景不明,资金技术多方掣肘,整个企业举步维艰。他感到好像被一只无形的手紧紧掐住了脖子,有点喘不过气来。那段时间,倪国岭吃睡不安,往日精神抖擞的小伙子,整个瘦了一圈。夜里,躺在炕上睡不着,翻来覆去烙饼。妻子心疼地说:"这些日子,看你皮里抽肉,瘦成啥样儿了?不行咱不干了。"倪国岭说:"你说得轻巧,厂子建起来了,我甩手不干了,厂子怎么办,那些工人怎么办?"妻子说:"不是俺说你,既然是这样,你就不能把自个身子弄垮了。凡事想开点,肚子能盛事。老话说得好,宰相肚里能撑船,没那个韬略,让别人跟着揪心,算什么本事?"倪国岭突然觉得很对不起妻子。这些日子以来,他不仅忽略冷落了妻子和家庭,还让他们背后默默为自己担忧,这实在不应该。他一把攥住女人的手,说:"你甭替我担心,我是铁打的身子,垮不了……"

那一夜,或许是疲劳松弛的缘故,倪国岭睡得很香。他竟然第一次梦见童年那片蔚蓝澎湃的大海,那片灼热的沙滩,翩翩翱翔的海鸥——那是他起飞翱翔的梦。

青岛市经委主任李智,是宁津县李架子村人。通过他在村里的大儿子,倪国岭和他接上了关系。李智的家就在青岛市委前面,沿海边儿的一幢小别墅里。这位"老革命"虽是高干,但作风朴实,平易近人,没有一点儿官架子。见到老家来人,这位长者异常激动,一边让座一边问这问那,问家乡的变化和打听熟悉的故人,说:"亲不亲,故乡人,离家这么多年,无时无刻不惦记着,后晌做梦也全是过往的人和事。俗话说,老乡见老乡,两眼泪汪汪。老家就是根……"

一听到浓重的乡土口音,倪国岭顿感浑身一阵轻松释然,仿佛站在面前的是久违的长者和亲人。说话从家乡情况、收成等家常话唠起,轻松愉快,无拘无束。这位慈祥忠厚的长者顺便问起倪国岭的家世,得知倪国岭少年曾在青岛随军读书和父亲要求复员的经历,李智不无遗憾地说:"那时,我就在市委,负责协调安置复转军人的工作。如果早点知道这层关系,就不让你父亲复员了,直接调过来,留在青岛工作……"说着,他摇头轻叹一声,说:"我们那一代人,都很少考虑个人得失……"停了一下,他说:"一家人不说两家话。说吧,这次你来找我，有什么需要办的事，尽管说，用不着客气。只要我能办的，我立马办。我也愿意为家乡的建设尽点力。"见李智答应得如此爽快，倪国岭舒出一口气。他将企业面临的情况说了一遍，接着说："眼下厂子愁着没活干，只能三天打鱼，两天晒网……"李智默默听着，不住点头。想了一会儿，忽然伸手从沙发旁边的小桌上拿起电话机，熟练地拨动转盘……

事情办得极其顺利，撂下电话，李智对倪国岭说："我和孚德鞋厂的厂长联系好了，考虑到你们社队企业工人的技术条件，可以为他们生产女性高跟鞋跟儿。这是他们厂新开发的产品，鞋跟儿的材料是柳木，咱当地遍地都是，取材方便。回去后，派几个人来孚德鞋厂学习，先熟练操作规程，产品要求。制作鞋跟儿的专用设备也用不着多大投资，这样，你们的工厂也就运转起来了。"

辞别出来，一阵海风迎面吹来，那一片湛蓝仿佛一下子涌入心底去了。倪国岭真想大喊一声："青岛，我回来了——"

二、万花筒

生活有时就像一个变幻莫测的"万花筒"。

倪国岭怎么也不会想到,阔别多年之后,他又回到这座熟悉而又陌生的城市里来。走在大街上,一阵阵湿漉漉凉爽的海风吹来,他浑身的疲惫和惆怅顿时被冲刷得一干二净。华灯初上,整个城市像伸了一下疲惫的懒腰,睁开惺忪的眼睛,充满好奇地注视着这位从乡下来的雄心勃勃的年轻人。街边的路灯亮起来了,将蠕动的行人揉成一摊泥团似的黑乎乎的幻影。热闹的星空仿佛一下坠落下来,横亘在人们面前,在摇曳的疏影里迤逦前行。没人注意天空有没有月亮,他们已经习惯在人造的星空里脚步匆匆。不远处的大海,也仿佛安静了许多,躲在一边,苟延残喘。尽日地澎湃喧嚣,令它疲惫不堪,力不能支。黑魆魆的海面上,偶尔有货轮闪着神秘的灯光悄悄地缓慢地滑过,仿佛眨动着困倦的眼睛,在打哈欠似的……只有夜色是属于城市的,它把城市从星空中分离出来,用璀璨的灯光将自己的情感色调和表情展示得淋漓尽致。这同农村的情形有天壤之别。每当夜晚降临,人们才把生活和辽阔的星空联系起来,透过窗口偷窥星光,看见寂寞羞怯的月亮躲在飘动的云纱后面,在蛙鸣蝉嘶里,将寂寞酿成淡如烟缕的惆怅,塞进颠倒的梦幻里……公交车来了,倪国岭看着车门口鱼贯上下的人群,他犹豫了一下。在售票员上车往后走的催促声里,他没有停下来,照直朝前走下去。他不愿再去拥挤,觉得出门在外,除了拥挤就是拥挤,有时就像沙丁鱼罐头。他想一个人走走,享受一下属于自己的城市夜色。毕竟,他对这座海滨城市的感情,与一般人不同。多年之后的再度重逢，他甚至来不及单独跟它待一会儿，领略一下它身上久违的气味。这座他既熟悉又陌生的城市，用另一种不同方式重新接纳了他。或者说，他以新的面目重新融入了它。是啊！他又回来了！在用一种新的目光打量它，认识它，理解它……他似乎有许多话要跟它说，也想静静地听听它的倾诉。道路是上行的斜坡路。路灯像熟透的果子透着甜丝丝的气味。一切都显得那么静谧安详，甚至有点不可思议。有人骑着车子从面前滑过去，因为是下坡，脚往后踩蹬着车闸，上衣被风鼓起来，像只飞驰在空中的蛤蟆。他咧嘴一笑，继续趋身前行，脚步踏在路面上，发出"嚓嚓"的摩擦声，仿佛把地上的灯光都碾碎了。

回想起几年的经历，他和他的企业就像一叶小舟，在波峰浪谷间颠簸前行。为了维持生存，凡是可以赚钱的活儿，无论利润大小，他都干。先是利用济南手电筒厂的下脚废料、碎玻璃，生产制作万花筒，再是定向为东北林业局专门开发制作"花生粘"（在炒熟的花生仁儿滚一层糖衣，脆爽香甜，美味可口），基本是东一榔头西一棒槌，打一枪换一个地方。咳！有什么办法呢？企业规模、技术设备、人员素质都不如人，没有自己的主导产品，只能东抓西挠，装到篮子里就是菜，摭拾残渣剩饭，生产这种技术含量和附加值极低的低端产品。

倪国岭觉得命运就像转动着的五光十色变幻莫测的万花筒，梦想在封闭的空间里颠摇碰撞，闪烁着破碎的呻吟。

这次，能与孚德鞋厂合作，使他有了得风气之先的高、大、上的意味。要知道，孚德鞋厂正在开发的女性高跟鞋，可是全新的新潮产品。在此之前，这种充满浓重"小资情调"的东西已经绝迹。新中国成立后，脱离"金莲小脚"桎梏的女人们，在经历了短暂的像男人一样的"解放脚"之后，她们的"脚"再次被重新塑造起来。当然，这种把脚后跟垫高的鞋子，最适合城里的女人，尤其是那些悠闲的城里少妇。对农村女人来说，踮着脚跟儿走路，那简直就是受罪，弄不好还会崴脚。他甚至想到奶奶那样的裹脚女人。女人穿着这种后跟垫高重心转移的鞋子咯噔咯噔走路，舒服么？其实，很多时候，时髦不是为了舒服，美也不是为了实用。有时，伴随一种新事物出现的，是一种全新的观念，你很难从实用的角度去评判它的优劣好坏，这就是潮流。在闪烁的灯光里，他仿佛看见成群结队的女人们穿着高跟鞋，款款而行的样子，那样子看上去很美。

孚德鞋厂率先推出女性高跟鞋，具有开风气之先领导潮流的滥觞意味。正因为如此，一切都须从头开始。没有可供借鉴的经验，只能一边摸索一边干，在干中学，在学中干。倪国岭既感到一种无形的压力，又感到无比兴奋。他第一次有一种参与营造风尚，为新潮流推波助澜的自豪感。谁还会说他的企业和产品土气呢？他知道，此次合作，只能成功，不能失败。他没有退路，只能勇敢面对，勇往直前。

当天晚上，倪国岭回到下榻的旅馆，第一件事就是打电话把喜讯告诉家里。翌日，他来不及去曾经魂牵梦绕的少年生活的故地重游，就急匆匆返回工厂，挑选精干人员，来孚德鞋厂学习。同时，组成李德清、韩春德、李忠海等人的临时攻关小组，配合孚德鞋厂的技术人员一道，攻难克险，自己研发制作生产设备。

女性高跟鞋的鞋跟儿，最初的材质采用柳木，取其声音清脆、响亮。走起路来，"笃、笃、笃"地很有节奏，清脆悦耳。在宁津乡下，这种普通材质遍地都是，就地取材，快捷方便，成本低，质量上乘。因此，一投入市场，很快就在城市流行起来了。柏油马路和大街小巷，到处可见打扮入时的女人扭着腰身"笃、笃、笃"地走着，像踩着鼓板，如弱风摆柳，有声有色，蔚然演化成城市的一道靓丽风景。农村有句古话：人配衣裳马配鞍。这些城里女人穿着柳木高跟鞋优雅地踩着响声走着，风姿和味道立刻就变了，无形之中添了些婀娜风韵，精神状态也迥异了，仿佛一夜间脱胎换骨，变得优雅高傲起来了。

倪国岭想，极其容易改变的外在的穿着修饰，其实，有时正反映着人的内心变化和追求啊！

那段时间，企业因为有了时髦的新产品，发展得有声有色。虽像穿着高跟鞋的女人，走得有点扭捏，但也显出别有情调的绰约风姿了。

俗话说，人无远虑必有近忧。虽然木质鞋跟儿做得风生水起，但倪国岭在瞬息万变的市场变化和日益竞争激烈的现实面前，却时常感到一种莫名的危机感。果然，时间不久，由于材料的替代和更新，高跟鞋的鞋跟也由原来的柳木换成塑料材质了。最初就地取材的优势不再，他不得不再寻找新的可行性项目，准备转产了。可是，信息不灵，光靠瞎打误撞怎么成？他忽然想起在济南的老朋友刘德荣，于是乘车到济南了。

济南是一座柔媚的城市。她的柔荡漾在柳丝上，她的媚流淌在泉水里。垂柳依依，泉水淙淙，颇有几分小家碧玉的味道。家家泉水，户户垂柳，街上的楼房不高，从半遮半掩的绿色柳荫里，偶尔会羞怯地露出红墙的一角，街边幽巷蜿蜒，不知什么地方会突然冒出一股清泉来，滑腻腻，亮晶晶，潺缓流淌，像一支不倦的古老歌谣。柳丝抚弄处，时见挽着裤脚的女子，在石板上捣衣搓洗。她们的影子映在水中，清清亮亮，随着笑声潺潺流淌。坠落的柳絮悄然落在水面上，像女子们的笑靥荡漾开来。她们映在水里的影子显得清澈晶莹，玲珑可爱，又神秘幽邃，深不可测。水波中跳动的游鱼似的烂漫嗔怨的目光，令幻影和现实融为一体，难解难分。谁在打量窥测谁呢?看风景的人自己也成了他人的风景。那种淡淡的旅愁和陌生的边界感，一下被淹没在澄澈见底的水晶里，犹如稍纵即逝的落日划过窗玻璃，碰得火冒金星。四周的一切都是灵动的，充满温柔的感情和生机，走在大街上，绿柳拂风，流水叮咚，令人感到清清爽爽、岁月静好的时光在匆匆远去，人得到的同时，恰恰也在失去……也许，曲折才是生命里的风景吧! 一个女孩正从十几米远的水边石砌台阶上走上来，脸红红的，像熟透的苹果。一辆脊背上伸出两根长长触角的无轨电车稍作停留，又开走了。从车上下来的一个年轻小伙子跟女孩打声招呼，走出老远又回过头，女孩还是一只胳膊夹拤着洗衣盆，站在原处，不过并没有看他。小伙子朝熟透的苹果挥挥手，脸上荡着诱惑的笑容。倪国岭想，每个人都是生活在自己的世界里，书写自己的故事……

对于眼前这座城市，他的新鲜感来自陌生。一旦习以为常，又会变得粗枝大叶，其实，人很难走进城市的内心里去。

就是这样一座充满女性柔媚的城市，竟然跟初到济南的倪国岭开过一次玩笑。他第一次就"转了向"。虽然整个方向都弄拧了，却没有迷路。原因是，从德州运行的火车方向一直往南，一进市区，不知不觉间慢慢拐了个弯，成了东西向，所以，许多人往往把坐北朝南的车站，误以为坐西朝东，这是一种先入为主的习惯思维定式。说起来，济南的道路，泾渭分明，只是方向认知上出了偏差，有时却能将错就错，并不存在迷路的问题。有人告诉他，出火车站一直往东走(其实是往南走)，过两个路口左拐，就是"大观园"了(大观园的位置在经四路和大纬二路交叉路口的西南角。不熟悉的人从外面不容易发现，正门是在经四路和大纬二路交叉路口往西 50 米路南，有个古色古香的牌坊，进去后豁然开朗，这就是大观园了。路口往南 50 米路西也有门，都可以进)。

当时的"大观园"是济南最为繁华的商业圈，许多比较有名的老字号都集中在那一带。后来，他在槐荫区的一家路边小旅馆住下来，慢慢将心里谬误的方向认知矫正过来。他把这事说给朋友刘德荣听，说:"庄户人进济南城，东西南北都分辨不清了。没想到将错就错，竟然歪打正着……"两个人都笑起来。

刘德荣说:"这也难怪。德州的火车站朝东，这是一种先入为主的心理坐标，岂不知，火车在中间不知不觉掉了个头，人的思维定式一下转不过弯，自然以为济南站也是朝东了。我刚来时，也有点调向别扭，过两天就适应了。"刘德荣是个爽快人，高个儿，瘦长，说话嗓音很有磁性，待人热情，笔头上有功夫,发表过不少通讯报道和文学作品,属于宁津为数不多的"笔杆子"之一,有些名气。那时,他刚从宁津被提拔到省教育厅高教处工作。一人一口,住单人宿舍,每天骑着一辆半新不旧的自行车,两条长腿朝外弓成半圆形,沿着绿槐遮阴的道路,慢悠悠地骑着自行车上下班。他们是老相识,因此,他的住处就成了倪国岭的落脚处。他比倪国岭年龄稍长,二人兄弟相称,关系密切,见面无话不说。所以,凡遇到困难,倪国岭会不由自主地想到这位大哥,那间简陋的临时住处,也成了他最温暖的家。这位大哥也从不让他失望,常常会想出意想不到的点子,帮他渡过难关。当初,企业和济南手电筒厂建立的业务联系,利用工厂的下脚料生产"万花筒",就多亏他从中牵线搭桥,通过手电筒厂的宁津老乡刘墨营,从中斡旋,穿针引线,玉成此事。

眼下,济南对倪国岭来说,已是熟门熟路。一下火车,出站搭乘18路公交车,他没去省教育厅的办公楼,至文化西路东口下车,直奔刘德荣的住处来了。刘德荣听说后,沉吟片刻,然后说:"走,我们一块去见老刘,看他有没有辙。"他嘴里的老刘,名叫刘墨营,是济南手电筒厂的老干部,祖籍宁津县相衙镇人。曾主管过手电筒厂的业务,见多识广,人脉通畅,对行业的生产状况十分熟悉。刘德荣初到济南,恰好住处毗邻济南手电筒厂,两人既是同乡且为同姓,身处异地,故以"家门"相称,无话不说,过从甚密。稍后,刘德荣干脆就近入伙,每天去刘墨营处吃饭,俨然成了一家人。

刘墨营性格爽朗,说话做事,干脆利落。加之天生一副热心肠,得知倪国岭企业的情况,皱起眉头,在屋子里转了两圈,忽然想出一个主意。说,眼下倒是有个活儿,不知道你们能不能做。倪国岭说:"只要我们能干的活儿,我什么都干!"刘墨营说:"就是为我们厂配套做手电筒回光灯杯……"见倪国岭一脸懵相,解释说:"也就是咱们常说的手电筒碗儿。这个产品,我们厂都是从广州虎头牌买进,每次要打发人去广州背,中间要折腾一下,劳民伤财。倘若你们能做,倒是一桩好买卖……"刘德荣说:"老哥,他一个社队企业,太高级的活儿干不了,不能扳倒柳树吃枣吃。"刘墨营笑说:"也没什么巧便活儿,就是需要上一台小型真空镀膜机,原来都是镀锌镀铬,现在只要一层反光膜。工艺并不复杂,广州方面我熟,技术设备我负责牵线搭桥,估计不会有什么问题,我和虎头牌田总多年交往,还能搭上话。要是你能上设备配套,倒省了我们厂的一道手续,销路自然不用愁。就是……"

倪国岭说:"不知这套技术设备转让要花多少钱?"

刘墨营沉吟一下,说:"总共恐怕要不下几万元吧。"

　　刘德荣抢着说："他一个社办小厂，乡镇企业那点事，我清楚。听赚不听赔，只能借鸡下蛋，借船出海，没那么大的粽叶，包不了那么大的粽子。"

　　刘墨营说："这倒是个问题，巧妇难为无米之炊……"

　　倪国岭沉吟片刻，咬着牙说："厂子没产品，工人们就得放假。我回去找公社领导汇报一下，豁出去，赌一把！"

　　刘墨营在屋里踱着步，轻轻摇摇头，说："别……刚才说借鸡下蛋，倒提醒了我。眼前就有阳光道，何必去绕独木桥？"

　　这话让二人一时摸不着头脑。

　　刘墨营说："刚才一说，我倒想起一个人来。咱们放着真正的财神爷不找，却骑马找马，在这里唉声叹气。"刘德荣问："谁？"刘墨营说："你忘了，就是那个在省财政厅农财处，咱宁津老乡，付荣修处长。家是后魏付东村，那才是真正的财神爷。在他手上，这点小钱就是蚂蚱炝蹶子，小踢踏。"

　　刘德荣点点头，说："这倒是个门道。农财处刚好管农村帮扶资金拨付这一块，是正头香主。既然是上级的扶持资金，名正言顺，找他是正办。不过，他手上虽然掌管着扶持资金，每年对口向下划拨，但也不是谁想要就能要到的。尤其是他这种名不见经传的社办小厂，要想争取到扶持资金，就更是难上加难了。据说，因为僧多粥少，为了争取到这部分资金，各地都千方百计挖门子找窗户，下足了功夫。为了避免人情后门，他们划拨资金，一律直接划拨到各地市，由各地市根据情况自行分配处置，绝不与企业单位打交道……"

　　刘墨营说："这还不好办，划拨时戴个帽儿就行了。不过，虽说这钱拨给谁也是拨，但公私有别，师出有名，帽下有人。各种手续，自然一样不能少。"

　　于是，三个人如此这般先做什么，后做什么，遇到什么情况，该怎么说，事无巨细，预演谋划一番，感觉天衣无缝，方才作罢。刘德荣说："这事办成了，也有焰火也有戏，皆大欢喜；即便办不成，也不要气馁。活人不能叫尿憋死，大不了另外想辙！"

　　刘墨营也说："办事不成，不算无能。只要争取了，就不会后悔。何况，这事占着天时地利人和，剩下的就看运气了。"

　　倪国岭说："甭管成与不成，这个回光灯杯，我做定了！"

　　事情很快决定下来，倪国岭双管齐下，一方面有刘墨营出面联系广州虎头牌手电筒厂田总，说明情况以及技术设备转让等问题；他自己则同时跑省财政厅农财处，找老乡，跑手续，争取扶持资金。庆幸的是两方面都办得异常顺利，广州方面，很快反馈消息，同意转让技术设备，并指派专人负责对接。同时,省农财处也答应,拨付专项扶持资金五万元人民币,不日即可到账。顺风顺水,万事俱备,倪国岭终于长长舒出一口气,压在心头的一块石头总算落了地。他想趁热打铁,马上南下广州对接关系,尽快将设备确定下来。事不宜迟,免得夜长梦多,节外生枝。原来和刘德荣约定一起去趵突泉赏花,也只能爽约了。刘德荣说:"你去吧!事情已经有了八成,尽快办妥了,踏踏实实玩,省得这样心不在焉的。花谢了明年还会开,错过了机会,过了这个村,就没这个店了。祝你马到成功!"

三、木棉花开

　　木棉花语:爱慕英雄,珍惜幸福……

　　从家里出发时,已近春意阑珊了。布谷鸟整日里在树林里"布谷布谷"地啼叫,大片返青的麦田正悄然孕育着新穗,撒着欢地往上蹿,夜里似乎能听见拔节的声音。河边发绿的柳丝,长发般低垂着在柔风里婀娜,"杨巴狗儿"也露出毛茸茸的俏皮的小尾巴,随风招摇。路边玩耍的孩子鼻孔里塞着毛毛虫似的"杨巴狗儿",呜哩呜哩地吹着柳哨。最早钻出地面的苦菜,像农家院里的小妞儿,羞赧地在鬓角簪一朵淡淡的黄花,顾影自怜,令人从清苦的生命里咂磨出一点惆怅与美来……

　　倪国岭想:南国的广州应该是另一番景象吧。

　　回光灯杯项目,跟广州方面的联系,一切还算顺利。但其中有一个工艺,即注塑之后,需高真空镀膜(就是在回光灯杯上镀一层白膜),工艺术语叫ABS。虎头牌手电筒厂田总很爽快地就答应了他们上高真空镀膜机的要求。这是一项新技术,从模具到工装设备性能,操作技术要求,对只有十几号人的简陋社办小厂来说,一切都须从头开始,亲临现场观摩,手把手对接学习。对方显示出最大的诚意和热情,田总承诺由专业技术人员指导,并特意安排人打来电话,约他们近日赴穗,洽谈有关工装设备和技术等事宜。这让他激动不已。

　　打电话的是个年轻女子,从清泠澄澈的声音判断,应该是个十八九岁的妙龄女孩吧。虽然只是简短的通话,他甚至忘记了问对方名字,但那清泠甜美的声音，还是深深刻在记忆里，时不时会在耳边响起来，宛若拂面而来的习习春风，荡起思绪的柳丝。

事情出奇的顺利，反倒使他心里有些不踏实，夜里睡觉也不安生，生怕节外生枝，突生变化，前功尽弃。这种心情自然不难理解，此事办妥，他手下的十几号弟兄就不必担忧临时放假，眼巴巴待在家里等活干，听老婆在耳边聒噪得磨出茧子了。扶持资金也办得出乎意料的顺利，这更加去了一块心病，没了后顾之忧。财厅老乡的真诚和热情，真是让他感动。虽然人家每年下拨的都是大额款项，但很少跟单个企业打交道，更别说他这种名不见经传的社办小厂。在考虑再三之后，人家还是答应破一次例，说："你们的情况我大致了解了，一家人不说两家话。这样，你回去让县里开个介绍信，说明一下情况，再到地区有关部门盖个章，走走程序。剩下的我来办。说实话，我也盼着家乡的父老乡亲们日子好起来，只要不违反原则，我尽量办……"

阳光明媚，春暖花开。走在大街上，空气中弥漫着花香。春天是个充满希望的季节啊！倪国岭觉得事不宜迟，得打铁趁热，争取尽快去广州完成对接。他把计划跟党委进行汇报，很快得到批准，并决定由分管副书记孙春录偕同前行。于是和刘墨营电话约定，分别从济南和宁津两地出发，在广州约好的下榻宾馆碰头。孙书记说："抓紧换身行头，捯饬捯饬，头次去广州，别让人家笑话咱'老赶'庄稼腔。"倪国岭玩笑说："再怎么捯饬，庄稼腔还是庄稼腔，捯饬不出花来。"孙书记说："这话说的，驴粪蛋子还要外面光，别让人一搭眼就掉了价。"孙书记为这次出差，特意买了一双新皮鞋，哈着气擦了又擦，说："这皮鞋好像是猪皮做的，你看这毛孔……"那时，食品公司的猪肉，都是剥皮卖。许多皮革制品，都是用猪皮做原料。倪国岭平时外出，一般比较注意自己的装束，整洁得体，怕过于随便，难免会给客户造成不严谨的印象。但这次南下，意义非同一般。尤其是广州这种对外窗口，处处领风气之先，要跟帮随流，不可露怯。他特意为自己置办了新行头，这样不仅是对自己，也是对对方的尊重，更是对这座神秘城市的尊重。妻子说："人配衣裳马配鞍，出门在外，秃秃噜噜的让人家笑话，走亲串门还换件新衣裳呢！"

临出发前，孙春录问倪国岭："伙计，坐没坐过飞机？"倪国岭摇摇头说："没有。地上跑的、水上漂的都坐过了，就是没在天上飞过。"孙春录说："想不想过过在天上飞的瘾？"倪国岭说："当然。听说这玩意儿不能随便坐，要够级别，还要介绍信。"孙春录说："这你不用管，我有办法。就是，这事跟任何人别露，天知地知你知我知。万一泄露撒了汤，就土地爷掏耳髓，崴泥了。"倪国岭说："孙书记放心，我一个挣工分的，光脚不怕穿鞋的。万一有啥事，横竖有我兜着就是了。"孙春录拍拍倪国岭的肩膀说："我就服你这一点，敢作敢当。你是厂长，你说了算。"

几天后，他们从北京乘上一架英国德·哈维兰公司生产的 2E 型三叉戟飞机，直飞广州。这种客机在当时属于国内比较豪华的航班。机舱内一排六坐，乘坐旅客大约 90 人，飞行时间近 3 个小时，每人的机票 93 元人民币。虽然价格昂贵得有点让人心疼，但有资格享受这种奢侈消费的人，实属凤毛麟角。这么一想，倪国岭内心竟有一种自豪油然而生。飞机起飞了，引擎的轰鸣震动使整个机身有点哆嗦，闪光的机翼像锋利的刀刃划开蓝色的空气，耳边仿佛响起一阵撕裂蓝色丝绸的锐叫，耳膜受气压压迫一阵秋蝉似的嘶哑鸣叫，似耐不住头昏脑涨要从枝头跌落下来。被划开薄薄的一层膜的透明空气里，有淡蓝色的液体涌流出来，在四周弥漫。按照常识，空气是无色的，可为什么天会是蓝色的呢？这令人怀疑其中一定隐藏着某种不可告人的秘密……机舱的广播里，一个甜美的女声在提醒乘客注意系好安全带和各种事项。忽然，晴朗的天空一片烟云弥漫，舷窗像磨砂玻璃沾了一层薄雾。飞机前身倾斜翘起，微微战栗着穿过厚厚的云层，像土拨鼠一样拨开湿漉漉的土层，一缕阳光照射到舷窗上，飞机重新平稳地飞行在滔滔翻滚的云层上了。头戴无檐帽，一身橄榄色制服的女乘务员，洒脱精神，在座椅中间的廊道上来回穿行，一边忙着为乘客送饮料，一边彬彬有礼地回答着乘客提出的各式各样的问题，脸颊上甜美的笑靥像透过舷窗跳跃的阳光。突然，机身剧烈地颠簸颤抖起来，左右仄晃摇摆得很厉害，飞机上的乘客顿时神经绷紧了，不知道发生了什么情况。乘务员早已习以为常，微笑着告诉大家：大家不用紧张，飞机遇到气流，马上就会过去。果然，飞机很快就平稳下来，大家松了一口气。飞机飞行在汹涌的云层上，倏忽有闪光的云片浪花般飞溅到飞机的舷窗上，虽然明知道飞机是悬浮在 8000 米左右的高空穿云飞行，倪国岭内心又恍若是在海平面的涛峰浪谷间乘风破浪，颠簸飘摇。他的脑海里不时蹦出奇怪的念头，潮涌澎湃的云层里，会不会突然冒出鲸鱼的背鳍或成群的海豚呢？穿过厚厚的雨云，窗外呈现一片碧空，蓝得像闪光的瓷片。凭窗俯瞰，陆地上的景物像裹着一层薄纱，宛若透过澄澈的海水呈现出来的海底景物，幽远深邃，布满滑溜溜的绿色苔藓和沙砾。一切立体的东西都失去了厚度和高度，匍匐在地面上。速度感也失去了，仿佛慢悠悠地飘浮在空中。但窗外的景色却在不觉间变换着色彩，这就是鸟儿飞在空中见到的景象吗？透过舷窗看到的景象在飞快地变化着，那个熟悉的尚被裹在厚厚的笨拙春装里的羞答答的北方春天，转眼就从视线里消失了，代之的是物种品类迥异丰富，色彩纷呈，已经明显感受到气候的温润和气味的温馨了。舷窗外一派清丽润泽的南国姿影。白絮般的云朵，像拧干水分挂在空中晾晒的轻纱……

"快看，那是什么？"倪国岭指着舷窗外的一大片金黄，问孙春录。似乎刚刚下过雨，那片湿漉漉的金黄亮闪闪的。孙春录抬腕看看手表，这是他的习惯动作，其实并不是真看时间，倒更像是心不在焉。他欠下慵懒的身子，说："好像是什么花……"不过他觉得不靠谱，又说："谁会大片地种花呢？"从旁经过的乘务员热情地插嘴说："是油菜花。眼下是花季，南方到处是一片花海……第一次来广州？"

"嗯。"

"眼下，正是木棉开花时节。初次来广州，能赶上木棉开花，感受会不同。"女子或许出于职业习惯，热情地介绍说，木棉花是广州的市花，也叫"英雄花"。对姑娘的热情，他俩出于礼貌地点点头。倪国岭还是第一次听说"木棉"这个词，颇感新奇，在他的脑海里，突兀长出一株开满棉絮的大树。孙春录小声嘀咕说："早就听说有长棉花的树，这回开开眼……"他下意识地瞥一眼手表，说："马上到广州了吗？"乘务员莞尔一笑："很快就到了。"望着女乘务员花开一样的微笑，倪国岭的眼前恍若飘来一个落红般的轻盈身影，同时一个熟悉的甜美声音在他耳畔响起来，就像一滴坠落的轻盈透明的水珠儿，荡开澄澈的涟漪，又似花苞轻盈地绽开萼叶。他想，南方的女子说话都这么甜美，像水一样纯净透明……他想问：为什么叫英雄花呢？木棉开花，究竟有什么不同呢？这句话到唇边，又咽了回去。女乘务员见他欲言又止的样子，问："同志，你需要点什么吗？"他摇摇头说："不，不需要……"其实，在他的脑海里，电话里那个甜美的声音，已经跟眼前的女子融为一体。他就是想听她说话，说什么并不重要，自己想想都觉得有点可笑。无非是旅途中的闲聊罢了，又不是大老远坐飞机飞来广州看花。但看似不相干的事，仿佛突然建立起神秘的联系，让人无端充满期待和遐想，好像前往的那座陌生而神奇的城市，就像正在绽开的花朵，令人感到亲切愉悦，毫无生疏隔膜之感了。他的内心对眼前这个萍水相逢的女子充满感激。

广州，古称"楚庭"，又称"五羊城""穗城"。据传说，某年楚庭因连年灾害，田地荒芜，农业失收，百姓饥荒。一天，天空出现五彩祥云，五位仙人身穿五色彩衣，分乘五只不同颜色的仙羊，羊口各衔一茎六穗的稻谷，徐徐从天而降。

仙人把羊和稻穗分别赠予当地百姓，然后腾空而去……此后，这里便成了岭南最富庶的地方。这便是"五羊衔谷，萃于楚庭"的故事和"五羊城""穗城"的来历。正是这个传说，让这座城市充满不一样的神秘色彩。说起来，如果一座城市没有故事，总会令人感到有点粗糙简陋，像个土里土气粗枝大叶的乡巴佬。故事就像附着在城市里的灵魂，愈匪夷所思便愈散发出神秘莫测、浓郁鲜活的文化气息。在倪国岭的印象里，1975年的广州，就是这样一座神秘、古老而又年轻的现代化大都市。始于1957年的中国进出口商品交易会（简称广交会）每年的春秋两季在这里举行。人们在这里似乎可以嗅到一股不一样的新鲜气息。木棉花正开得烂漫，热烈奔放，没有丝毫羞怯扭捏，正如女子所说，果然感觉非同一般。硕大鲜红的花开在枝头，热烈奔放，像炽烈的火炬熊熊燃烧，比他头脑中想象的还要震撼。绽开笑靥的花朵，摇曳迷人，含情脉脉，令人怦然心动。尤其是那些麦麸色皮肤细腻情态温淑的南国丽人，鲜灵得像水一样透明。倪国岭不由得想起飞机上的空乘小姐，电话里那个清冷的声音又在耳边响起来……空气湿润，好像刚下过雨，路边的草丛和低矮的灌丛上跳跃闪烁着晶亮的水珠儿，枝头的木棉花娇艳欲滴。走过文明路口的路牌下，远远看见不少老人、小孩，站在广东省博物馆围墙外的木棉树下，伸颈抬头朝枝头仰望。每待花朵从枝头坠落，纷纷上前争拾，然后用草绳穿成串……可见本地人对木棉花情有独钟，他们的喜爱和痴情，是渗透进骨子里的。木棉花开，枝头的绿叶落尽，像不事修饰的美人，赤裸地擎举着自己的娇美与惊艳，令人赞叹不已。除了这种凌逼而来的震撼带来的突兀的惊诧，他似乎很难走入那种似梦似幻的美的实质里去。绽开的木棉花朵鲜红如血，像欢快跳跃的火苗，在枝头燃烧。每朵大如碗口，鲜艳无比。倪国岭感到浑身热烘烘的，像被燃烧的火苗点燃了，热血冲涌，每根汗毛孔里有小虫往外拱，黏黏的，痒痒的。从北方过来的衣装已经不合时宜，干脆脱掉外套挽在臂弯里，碎蓝花格子衬衫，也解开了领扣，袖子卷到胳膊肘上。沿着街边的"骑楼"廊道穿行（骑楼是广州最有特色的建筑，就是把门廊扩大串通成沿街廊道。廊道上面是楼房，下面一边向街敞开，另一边是店面橱窗，顾客可以沿走廊自由选购商品。既可避风雨，又能防日晒，特别适应岭南亚热带气候），他感到自己就像被裹挟在汹涌潮水上沾满白色飞沫的异物，在随流冲涌。因为只顾贪恋看街景，孙春录跟迎面擦肩而来的人几乎撞个满怀。那是个典型的当地客家男人，脸颊瘦削，高颧尖颏，后脑勺凸起，眼睛瞪得黑白分明。他刚要对这位横冲直撞的北方人说什么，孙春录却抢着说："同志，问一下，去西华路……虎头牌手电筒厂……"对方疑惑地打量一下,似乎没听懂,随后又犹豫着顺手一指,嘴里叽叽喳喳说些什么。孙书记煞有介事地连连点头。那人走后,倪国岭问对方说了些什么,孙书记压低声音说:"你问我我问谁?伙计,紧捯饬慢捯饬,来到广州白捯饬,还是'老奤'庄稼腔。满街说饶舌话,好像进了饶舌人世界……"孙春录是个俏皮幽默的人,爱说个俏皮话,是个怪话"篓子"。北方农村的怪话俚语,张口就来,一套一套的。为了这次进广州城,他事先做足了功课。特意买了一双新皮鞋(对总是下乡趟泥土道的公社领导干部来说,皮鞋就是奢侈品),涤卡布灰裤子熨烫出笔直的裤线,平时只有去县城开会才穿的中山装,挺括合体,领口有点起毛,半旧的黑盘海鸥牌手表也特意换了金灿灿的镀金新表链。他解嘲说:"皮包身上挎,说话嗓门大,走路乱撒哒(土语:四下看),甭问,土包子进广州城。走!赶紧找旅馆,皮鞋有点窝脚,早知这样,倒不如穿上合脚的轻便鞋。"

在约好的旅馆同先期到达的刘墨营会合,安排停当,一颗悬着的心总算稍稍安定下来。透过房间的后窗,可以看见一个半圆的花坛。一簇簇叫不出名字的小花,开得灿然而欢快,好像在交头接耳窃窃私语。更衬托出环境的静谧,仿佛跟外面喧嚣的令人眼花缭乱的世界隔离开来。尽管旅馆人满为患,走廊上不时被操着各种口音的男女弄得嗡嗡响,倪国岭还是感到亲切,以及同为客居游子的同情,感到一种说不出的感动和踏实,就像童年听见奶奶的纺车声。这种同情带着淡淡的旅愁,犹如一层晶亮透明的薄膜,将旅馆同外面的世界隔绝开来,像瞪着圆眼睛的仓鼠从洞穴口探出脑袋看到的光景。

晚饭后,刘墨营问要不要去看看珠江夜景。孙春录两脚褪掉皮鞋,坐在床头挖挠着脚趾,说:"算了。天上地下云里雾里,这会儿还有点晕头转向。鞋有点夹脚,磨得生疼。先办事,事办妥了,心放在肚子里了,有的是时间玩。"看来,用来装门面的新皮鞋让他吃够了苦头,实在懒得再动弹。倪国岭当然也是这个意思,倒不是因为疲惫,只是事情没有眉目,心里不踏实,实在没心情玩,便附和说:"对!七十二拜都过了,就差最后一哆嗦。等事情有了眉目,玩个尽兴。"刘墨营人熟地熟,原想尽地主之谊,见他俩没兴趣,便说:"也好。其实也没什么玩头,看景不如听景。弄点水泡泡脚。这里雨水多,飘块云彩就下雨,皮鞋不如胶底鞋实用。洗洗,早点歇着,有事明天再说。"倪国岭说:"田总那边,不知道什么时间有空,我们去拜访一下。"刘墨营说:"我已跟田总打过招呼,他正在市里开会,抽不出身,让咱们先在旅馆安顿好。既然来了,客随主便,听他安排就是了。明天我先带你们去荔湾区的总厂里转转,顺便问一下情况。既来之,则安之,心急吃不了热豆腐。"倪国岭点点头。他知道自己的焦急有点近乎孩子的任性和贪婪，没等落稳脚跟，就这么心急火燎地催促，的确有失礼貌。刘墨营回房间后，旅馆服务台忽然有电话找。倪国岭满腹狐疑，心想，谁会把电话打到这里来呢？拿起电话，听筒里又传来那个熟悉而陌生的甜美女声，倪国岭顿感一阵清风拂面。简短的寒暄过后，对方转告田厂长的问候和歉意，说他正开会脱不开身，业务上的事，改天有时间再谈。你们刚到，先休息，有事随时打电话，无论工作上的还是生活上的，尽管说，不用客气！说得如此真切，让倪国岭感到浑身一阵轻松，所有旅途的劳顿和客居的迷茫顿时一扫而光。他问："怎么称呼你？"对方笑着说："就叫我小 tián 吧。"撂下电话，倪国岭想，到底是"小田"还是"小甜"？（按照宁津的土话音，田和甜虽然同音，叫法却略有不同。人们往往把"小田"叫成"小台儿"，这样显得亲切）倪国岭觉得，小甜，甜甜的，这个称呼真好！

令人没想到的是，初到广州，首先感到不适的竟然是饮食上的事。语言不通倒是小事，闭上嘴，尽量少说或不说，反正憋不死人。但是，饭却不能不吃。饭菜的口味偏清淡，顿顿主食都是米饭，加上蔬菜的口味多甜少咸，这对口味偏重吃惯馒头的北方人来说，实在不习惯，一时难以适应。孙春录吃得胃口泛酸，直喊烧心。他想吃馒头，三个人上街去转。刘墨营说："南方人喜欢吃米饭，面食很少，上街转转看。"他们沿着街边的大小饭馆挨个问，得到的都是摇头。好不容找到一家挂有类似面食招牌的小铺，结果还是米粉。店主听不懂他们说什么，孙书记不得不用两手对掐比划出馒头形状，说："馒头，馒头，咪西咪西的。"这句经典的电影台词，瞬间把几个人都逗笑了。店主显然明白了他的意思，笑着将脑袋摇成拨浪鼓，摇着手说："米西的毋卖……"倪国岭说："这不是鬼子进村，是鬼子进城了。"孙书记说："进了广州城，想吃馒头万不能，只能委屈肚子了……"第二天，刘墨营带他俩去手电筒厂转了转。广州虎头牌手电筒总厂（后更名广州虎辉集团电筒公司）位于荔湾区西华路上，是我国手电筒生产历史最长、规模最大、产销量和出口量最多的国有大型企业。孙春录说："这才是现代化的工厂，跟它一比，咱小打小闹的小作坊啥都不是。"倪国岭想，能领导这样一个大型企业的田总，会是个什么样的人呢？

虎头牌手电筒厂厂长兼党委书记田总，家住在中山路一座幽静的西式二层洋房里。中山路，是广州最为繁华热闹的街区，原名惠爱街，在明清时期已经是贯通大东门（越秀路口）到正西门（人民路口）之间的一条主要街道。旧时广州主要的官署衙门，如清代的布政司、巡抚部院、广东都司等，就分布在这条街上。这里是广州最早的商贸区。两旁骑楼店铺招牌密密麻麻，老店鳞次栉比，许多名声远播海外的老字号，像致美斋酱园、三多轩、新以泰、沧州腊味店、惠如楼、妙奇香等就分布在这条贯穿东西的街道上，夹杂在许多新兴的国营商店招牌之间。虽然看上去不起眼，但透过有点呆滞落寞的古色古香，还是有一股令人肃然起敬的气息渗出来……从繁华的街道往里一拐，有一条曲折幽深的林荫车道，直通田总的住处。这里虽紧邻闹市，却是一个难得的闹中取静的去处。栅栏院门掩映在几株高大的木棉树荫里，透过树隙露出灰色欧式楼房建筑的一角，这里就是田总的家。正是木棉花开季节，硕大的木棉花朵灿如云霞，鲜艳无比，幽静的小院装点在热闹的花丛里，显出几分神秘莫测的意味。

田总是个身材魁伟，待人热情，具有典型北方人豪爽、粗犷、重义气的性格，说话不拐弯抹角，做事干脆利落，绝不拖泥带水。说话时依然带着浓重的北方口音，让倪国岭感到久别重逢般的亲切温暖。稍事寒暄，田总开门见山地说："最近进行整顿，工作比较忙乱。你们的事，包括具体业务技术上的对接，我已经安排专人负责。有什么不明白的事，可以随时电话联系沟通。"正说着，门外突然传来一阵女子的说笑声："姆婆，新鲜的武昌鱼，我爸最爱吃。"另一个操着本地口音的老妪咕哝一句什么，女子说："有客人？一定是刘叔他们来了……"话音未落，一个风风火火的二十岁左右的年轻女子带着一股风出现在门口。田总笑着说："说曹操曹操就到，我们家的小公主回来了。"女子杏眼一挑："爸，说什么呐？又在背后说人家坏话。"田总说："闺女，来，我给你介绍一下，这是……"女儿打断说："算了吧，爸，用你介绍？人家早就熟悉了……"

直到这时，倪国岭才恍然大悟，原来电话里那个神秘的女子，竟然是田总的女儿。她穿一身白色敞领工装，脑后一条马尾辫，手绢扎成蝴蝶结，身材苗条，气度娴雅，身上洋溢着典型的南国少女的柔媚风韵，同父亲身上棱角分明的粗犷北方人气质，形成鲜明的对照。田总五个女儿，个顶个漂亮能干，性格爽朗，人称"五朵金花"。眼前这位是田总的小女儿，在总厂掌管着总机交换台（那时还都是手摇电话，需要总机交换台转接），人活泼热情，田总对这个女儿也格外宠爱，所以此次对接的任务由她全权处理。告别出来，倪国岭感到一阵说不出的轻松。走在路上，眼前晃动的是那个娇美的身影，耳边萦绕的是那个爽朗甜美的声音，恍若一片沾着露珠儿的粉红色的花瓣轻轻飘落在澄澈宁静的心灵湖面上，悄然荡起潺潺的涟漪……

孙春录轻轻捅他一下，悄声说："伙计，我总觉得这人交不住……"倪国岭从遐想中回到现实中来，问："怎么啦？""什么怎么啦？这还看不出来？一个对自己母亲都不孝顺的人，能对别人好？鬼才相信！"孙春录说。倪国岭莫名其妙。孙春路说："指使自己的母亲，给客人端茶倒水的人，能孝顺吗？"刘墨营笑着说："你误会了，那是家里的保姆……"因为保姆这个词在当时还比较生僻，孙春录一时反应不过来，说："保姆？保姆是什么意思？"刘墨营说："就是雇来烧火做饭、收拾家务的人。""你是说用人？"孙春录惊奇地问。"差不多吧。"刘墨营说。尽管为自己的孤陋寡闻感到尴尬，孙春录还是有些不服气，于是低声嘀咕说："都什么年代了，还有这种事？真不明白，革命领导干部家庭，这不是资产阶级的生活方式吗？"他自嘲地摇摇头，点一支烟狠狠地吸了一口。倪国岭说："甭管人家什么生活方式，这也是革命工作的需要……"此时，倪国岭无心他顾，他的眼前一片美好。怪不得一家三代三种口音，起初还为这事感到纳闷，现在疑云被风吹散，澄澈如水的心湖上，交织出明丽的幻影。路过老字号沧州腊味店时，他们进去买了些家乡特色风味的吃食，孙春录说："我才知道，什么叫'一方水土养一方人'。"回到下榻的旅店，刘墨营说："我牵线搭桥的任务算完成了，往后，你俩直接联系……"倪国岭后来一直在心里叫她"小甜"或"甜甜"。这件事他没有说破，她当然也不会知道。其实，许多事没有必要说破，有些感觉无法用语言表达。也许，正是心底隐藏着这种难以言说的小秘密，才使得看似平常的话语里蕴含着耐人寻味的深意。在他的心里，她就是一个"甜甜的"小妹妹。

广州的雨多得让人数不清。虽然真正的雨季还没到来，但是，短暂地令人避之不及的阵雨还是会不期而至，倏忽间又雨霁天晴，像孩子的脸。阵雨一过，四周的景物像给清洗了一遍。街道上亮晶晶的，能照出人的影子，木棉花和路灯交织在凌乱的行色匆匆的行人里。行人对此习以为常，甚至连伞也懒得撑，像湿润润的花一样带着露珠儿，享受着雨水带来的滋润……自那天见面后，她来过两次电话。第一次是倪国岭询问工装设备上的技术问题，她邀他们第二天参观工厂，让技术人员实际操作介绍技术要领和注意事项；第二次是叫他出来看花。因为各项技术操作规程已掌握得差不多了，彼此都松了一口气。她在电话里说："来到广州，还没仔细看过木棉花吧？木棉花期只有短短的半个月，很快就谢了。整天对着话筒说话，枯燥乏味，不如随便出来走走，边看花边聊……"那个年龄段的年轻人，很容易就会找到同感。倪国岭也觉得电话里说话，总有一种程式化的感觉，说什么都是事先准备好的，缺乏环境和氛围的情调。她的普通话很好，交流起来毫不费力。倒是倪国岭不经意间说出的家乡土话，让她感到好奇。"你刚才说什么？没听清。夜来……什么？"倪国岭解释说："'夜来后晌'，就是昨天晚上。"她嘴里重复着这个词，咯咯笑起来。她的笑是发自内心的，丝毫没有讥诮的意思。他一点也不觉得尴尬。他们沿着一条开满木棉花的僻静斜街朝前走着，想到什么说什么，彼此很轻松。她穿一袭白色连衣裙，洁净素雅，映着火红的木棉花影，活泼的马尾辫在他眼前甩来甩去，显得如此清新脱俗，恍若不真实的幻影。他稍稍落后一点，这样既表示谦恭礼貌，又可以仔细地观察她婀娜的身姿。她荡着双臂，仰头看看枝头的花朵，回头问他："喜欢木棉花吗？"他说："喜欢，头次看见开得这么……这么热烘烘的花……"她笑了："你真有意思。热烘烘的……"他说："我嘴笨，不知道该怎么说，说不出来。"她说："你说得挺好的！真的！我喜欢听你说话，幽默，有趣儿。花开得热烘烘的，它们是用生命在燃烧。这两天，是花开得最起劲最烂漫的时候，因为很快就凋谢了。它们的生命最灿烂的时光，也只有短短半个月。因此，它们不甘平平淡淡，拼尽全身的力气，也要灿烂一回……"她嘴里说的木棉花，分明是人。她说："你不觉得吗？"倪国岭根本没想过，木棉花的美让他惊叹，但和人或生命联系起来，还是觉得十分新鲜。于是，点头附和说："真有点像……"她并不在乎他说什么，只是顺着自己的内心感受说下去："木棉花谢的时候，最叫人伤心……"倪国岭当然不理解，看见花儿凋落她会那么伤心，一时找不到合适的词安慰她。其实，她好像根本不需要宽慰，只是喜欢一个人孤独地沉浸在某种难以言说的伤感里。他本能地隔开一步跟在后面。她忽然扭过头，调皮地朝后剪着两手，说："不说这些，说说你自己吧。"倪国岭不好意思地说："我有什么好说的？"她说："怎么没说的？那么年轻，就当了厂长。"倪国岭说："什么厂长，就是个小作坊……"她偏着头，笑着说："我猜也是。刘叔是个好人，真心帮你，这些我能感觉到……"她好像什么都猜到了。都说女人的第六感特灵，她的心就像澄澈透明的湖水，什么东西都清晰地倒影在里面了。她后缩着身子，说："我就喜欢你的直率。我问你，那位是你的领导吗？"倪国岭点点头。她说："我一猜就是。听说话，就带点官腔……"倪国岭突然觉得，什么也瞒不过眼前这个精灵似的姑娘。她解释说："平时接电话多，光凭对方说话的音调，就能猜出对方的大致身份。我该怎么称呼他？"倪国岭说："他姓孙，是公社副书记，就叫他老孙吧。"她摇摇头，说："还是叫书记合适……往后，我该叫你什么？倪厂长？"倪国岭连忙说："什么倪厂长！"她说："那就叫'倪哥'？"

"行！"

一朵凋零的木棉花朵恰好砸在倪国岭的头上，两个人都笑起来。她拿在手里,仔细赏玩着,说:"倪哥中了头彩,这叫花打英雄头。你知道木棉花为什么叫'英雄花'吗?"倪国岭想起飞机乘务员说的话,摇摇头。她说:"传说,有位叫吉贝的黎族青年,多次率领黎族人民抗御外敌,屡建战功,深受人民爱戴。后来,因为叛徒出卖,吉贝被敌人围困在大山上。他身中数箭,仍屹立山巅,身躯化为一株木棉树,箭翎变为树枝,鲜血化成殷红的花朵。后人为纪念他,尊称木棉为英雄树,把木棉花称为英雄花……"她忽然转过头,问:"倪哥,这次合作成功,你会不会也成了老百姓心目中的'木棉树'呢?"倪国岭连连摆手说:"不,不,那可不敢比。我就是想尽自己的能力,做点事。"她笑着说:"我爸也这么说。别人眼里的英雄,其实也是普通人……很快要走吗?"倪国岭说:"家里那边急等着……"这个理由连他自己也说服不了,只好无奈地一笑。她忽然将手中把玩的木棉花递到他手里,说:"送给你,做个纪念,你该送我点什么礼物呢?"倪国岭忽然觉得十分尴尬,有一种说不出的惭愧。她突然咯咯笑起来,说:"逗你玩呢!你还当真了。"她两手朝后梳理一下散乱的马尾辫,说:"春来过,花开过,它们不会欺骗自己……倪哥,你说呢?"倪国岭一时不知该如何回答。她咯咯笑起来:"但愿别忘了这个春天……"

两天后,他们离开了广州,兴冲冲地赶回家来,想不到,一场严肃的问责正在等待着他。

四、坐飞机引起的风波

从广州回来,已近初夏了。北方平原上干燥季节的热风,裹挟着迷蒙的黄土粉尘,大大咧咧地在旷野上遛来遛去(这个季节的风,乡下人说遛,不说刮。原因是它们的风速缓慢,像懒洋洋的人到处挤蹭溜达着凑热闹玩),各种花被遛得萎靡凋零了。庄稼人的嘴唇干燥得起了一层白皮,撒泼打滚的麦田也很快被慢慢遛黄了,空气中弥漫着一股甜丝丝的麦香气味。今年的麦子长势不错,穗头齐刷刷的,人们已经准备好收割的镰刀了。以往不浇水的旱麦都是拔麦,现在拔节灌浆期,又足足地浇灌了一遍水,就非用镰刀不可了。倪国岭回到家时,妻子李义兰正在准备镰刀。旧的弯把镰刀已磨损得不成样子,她想添置把新镰刀。供销社刚进一批刀刃和刀把一体的直把镰刀。人巧不如家什妙,她这把割麦快手,千万不能耽搁在家什上。她割麦不是骑马蹲裆弯腰挥舞镰刀,而是蹲在麦垄前,割下的麦子揽在腿肘腋下,满了随手拧个腰子一捆,一个胖娃娃似的麦个子就滚了出来。转眼之间,身后的胖娃娃排成一串。妻子说:"不知道直把镰刀好不好使,钢口不行,用不了半天就得磨。"倪国岭说:"明儿个,我叫炉上的师傅弄把加钢的镰刀。"妻子说:"犯不上沾公家那点便宜⋯⋯"不知是一路上喝不上水的缘故,还是从南国湿润的气候里一下子回到干燥的环境里难适应,倪国岭的嘴唇上裂出一道道血口,皮都翘起来了。他不时用舌尖舔着嘴唇。妻子说:"一定是在车上上了火。"他说:"南边湿气重,咱这干燥,猛地换了环境,不适应。"他自己是医生,随便找点清热败火的药,搁在嘴里,喝口水,咕噜咽下去。正收拾丈夫行囊的妻子突然说:"哎,这是嘛？"他瞥一眼，原来是那朵枯萎的木棉花蒂。早知道会枯萎，却舍不得丢弃，竟然鬼使神差地带回家来，样子已经惨不忍睹。他惋惜地摇摇头，说："这是南方的木棉花，原想带回来给你开开眼……"妻子笑了，说："傻样儿，花儿还经得起你这么折腾？"倪国岭突然明白，在这个世上，最美丽的东西往往也最柔软、最脆弱，需要精心呵护；感情也是一样，越是清纯美好，柔软如花，澄澈似水，就越容易幻灭，像雨后的彩虹，稍纵即逝，让人有一种说不出的惋惜和遗憾。他想，女人心细，许多感受比男人更细腻更敏感，这会不会就是她说的伤感呢？虽然他完全不明白女人内心的伤感究竟是个什么东西，但似乎能隐隐感受到一种无以名状的孤寂，那种说不出的情绪常常伴随着一声叹息。来不及洗去一路风尘，他突然想起什么，转身往外走。妻子说："刚到家，腚还没坐稳，又跑出去干吗？"倪国岭说："出去这几天，厂子里不知道怎么样了。我去巴头看看，新项目新机器，别出啥岔子。"妻子嘟囔说："劳碌命，杂杂腔，不转不稳重。离开你，地球就不转了？"嘴上这么说，也就等于默许了丈夫的行为。有时，倪国岭听不到妻子埋怨，反倒心里不踏实。眼看麦收碰到鼻子尖，往年活不凑手，厂子通常会放几天假，工人们也好像习惯了这种节奏。今年恐怕不行，新产品、新机器、新设备，都需要磨合，尽快组织生产。这种节骨眼儿，千万别出啥幺蛾子。他必须尽早做出安排。另外，广州方面，也应该尽快给"甜甜"回个电话，倒不仅仅是出于礼节，实在是一种感情的需要。一想到"甜甜"这个词，他就忍不住笑了。他和她之间那种纯洁情感，就像隔着一层薄薄的透明膜，彼此都感受得清清楚楚。像蜂蝶依恋着花香，星星依恋着月光。他的眼前总是晃动着那个美丽的影子，那个激越清脆的声音，那条甩来甩去的马尾辫子。她的一颦一笑……他忽然觉得，就在自己离开家的这几天，周围熟悉的一切都好像变了一副样子。原来习以为常的寻常景物，突然变得有点陌生起来，充满一种久别重逢的翘首期待。这种过去不曾有过的新鲜感受和发现，让他心里怦然一动。或许越是朝夕相伴熟悉的东西，越容易令人心不在焉熟视无睹，往往也最容易被人忽略。人的内心深邃莫测的情感世界，究竟还隐藏着多少这种不知不觉被忽略的秘密呢？

天气越来越热了。回光灯杯试制基本成功，马上就能批量生产了。工人们的热情更高，只要有活干，他们心里就有底气，倒不仅仅是收入问题。三天打鱼两天晒网，工不工农不农的，好像不务正业似的，自己面子上也搁不住。随便有人问一句："又歇菜了？邻居家的鸡，探头伸脖地等抢喰子里的剩食，能好？"脸上火辣辣的，腰杆子也挺不起来。真是岂有此理！只要有活干，他们心里就踏实。遇见人问一声"下班了",心里美滋滋的。上班很重要。好像再不习惯屁股底下坐着鞋底子抽着呛人的旱烟在地头树荫里小憩,跟娘儿们开粗野的玩笑。这些人介乎工与农之间,有时觉得尴尬得像蝙蝠,既被鸟类讥诮,又得不到兽类承认。听厂长说,广州一行一切顺利,工人们的情绪和干劲一下子提上来了。回光灯杯项目,给他们脸上挣了光。为了新项目尽快投产,工人们挥汗如雨,干得热火朝天。他们是在为自己正名,为改变命运而干,这还有什么说的!车间朝外的窗户都打开了,一股股热烘烘的风,裹着重浊的鲜草气味,像一团团棉絮从窗口挤进来,把整个车间塞得满满的。簇簇新蹿出的"姜不辣"拥挤在窗前,探头朝里看,相互摩擦着叶子,仿佛交换着对这些浑身沾着水珠的会移动的多肉植物的看法……

倪国岭想,要尽快解决车间的降温通风设备。他找到会计,会计下意识地拨着算盘珠儿,十分为难地说:"厂长你知道的,企业刚起步,底子薄,处处用钱。现在还欠着人家的材料钱,都催过几回了,总得有个轻重缓急。"倪国岭说:"该省的省,不该省的不能紧抠搜,尤其是不能抠搜工人。天气热了,车间的通风降温不能缓。不能光想马跑得快,又想不给马吃草。"会计说:"一晃过麦秋了,家里的老娘儿们等着要现钱,这就够挠头的,别说吃探头草了……"倪国岭说:"这事,我去想办法!"会计还想说什么,笑着轻轻摇摇头又咽了回去。倪国岭后来才明白,会计的话里其实还包含着另外一层意思。尽管对坐飞机的事讳莫如深,但变戏法终归瞒不过敲锣的,这些也瞒不住会计。会计是公社书记王景义的外甥。倒不是年轻人存心告密,因为舅舅问起企业的事,外甥就跟当领导的舅舅抱怨几句,不留神把这个秘密泄露出来。舅舅一追问,外甥慌了神,吞吞吐吐地说:"好像……是吧……"舅舅说:"什么好像?到底怎么回事,说!"外甥委屈地说:"我哪知咋回事,你该问他们。再说,厂子的困难,你也不是不知道,朝我撒哪门子阀子?早知道,就不该多这个嘴。"舅舅说:"你少给我绕,这是原则问题!"外甥说:"你讲原则,先把你外甥原则了……"舅舅说:"不关你的事,知情不报,舅一样原则你!"

公社书记王景义是个讲原则的人。性格耿直,脾气倔强,不苟言笑,讲起原则脸绷成铁板一块,脸上那些细碎的锈斑就更明显了。在倪国岭的印象里,他是一个既严厉又可爱的老实好人,一个忠厚的长者和刻板的领导干部。你可以不喜欢他,但却不能不尊重和敬佩他。他对原则底线固守得近乎偏执,无可通融。许多年之后,倪国岭觉得这些品质,对共产党的领导干部来说,依然弥足珍贵。曾经的耿耿于怀早已烟消云散,甚至充满着某种无以名状的眷恋。

这种心灵上留下的烙痕，经过岁月的流水冲刷，会呈现出迥然不同的生命感悟，这是他始料未及的。

问责在第三天晚饭后开始，倪国岭对此浑然不觉。他回来后的几天，天天都忙得不可开交，坐飞机的事，早就丢在脑后。接到通知开会，心里感到奇怪。每次开会都是在公社东院党委会议室，这次却改在王书记家的院子里。可见会议的范围很小，又带点隐秘性。是研究企业下一步的发展？不容多想，撂下饭碗，对伙房师傅说声明天改善一下伙食，最近加班加点劳累，给大伙加点菜，鼓鼓劲，然后匆匆奔公社大院来了。天气闷热，偶尔有风，带着新麦的香味，像毛茸茸热烘烘的巨大棉球碾压过去。蝉在叫，由远而近，似有若无，好像是这个黏人的夜撕扯不掉的嘶哑干裂的声音。公社大院里静悄悄的，平时办公兼住宿的单职工屋子，窗口亮着灯，有几个职工聚在摇头的小台扇下打扑克。这种灵巧的小台扇，就是出自本县社办企业的试销产品，一出手就很紧俏。公社领导和双职工的家属院在大院的另一头，用一道矮砖墙隔开，穿过一道月亮门，里面是一个温馨的小世界。单门独户的小院，墙头上爬着丝瓜花。院子里青藤缠绕，榴花摇金。只有住在这里的人，才是真正以"社"为家的人。倪国岭走进王书记家的小院时，月亮正照在月亮门上，确切地说是垂挂在月亮门上空。其实，后来他想，或许是一进门就本能地感到气氛不对，所以才会无意中瞥了一眼月亮。多年之后，每当想起当时的情景，他的脑海里首先浮现出的就是那枚月亮，然后才顺理成章依次记起院子里的情形。每个人所坐的位置，面容情态才慢慢显现出来，像洒满月光的清辉。平时，他才懒得关心什么月亮不月亮呢，即便是赏月的节日，他也很少认真看过。何况，那个晚上的月亮并不圆。而且，天还没黑透，潮汐样的晚霞刚退去，像搁置在沙滩上被海水冲刷的不规则的光滑的卵石。他进门时，王景义书记、徐长荣主任、孙春录副书记、李建华副主任（主管工业）都等在那里。每个人屁股底下坐着"小马扎"，神情严肃，呈不规则的半圆形排列着。王书记扇着棕叶团扇，寸头朝上竖着。孙春录把汗衫挽到肚脐眼以上，下意识地用指头搓着肚皮上的泥垢。先前的谈话戛然而止，院子里出现了短暂的沉默。倪国岭解释说："下班后，简单安排了一下明天的任务……"王书记仰仰下颏，示意他在空着的马扎上坐下。李建华副主任掏出烟，在指甲盖上戳戳，嚓嚓按动齿轮打火机点着，深深吸了一口。他似乎想引开话题活跃一下气氛，平时，他跟倪国岭见面总要玩笑几句。话到嘴边，又咽回去，大声咳嗽起来。王书记清清嗓子，开门见山，说："人到齐了，开会。临时召集大家碰个头，用不着拐弯抹角，就是听倪国岭汇报这次南下广州的情况……"他停顿一下，扫一眼大家，说："希望倪国岭同志，对党要忠诚，对组织要忠诚，实事求是，有啥说啥，不要隐瞒，端正态度，本着对组织对自己负责的原则，如实说明情况，不要有啥顾虑，更不要心存侥幸……你说吧……"倪国岭已经明显感到话里的火药味了。他下意识地偷瞥一眼孙春录副书记，孙副书记一脸平静，正捻搓着拇指和中指之间的泥垢弹出去。他脑海里飞快地思索着该怎么说："这次去广州呢……这个，还算比较顺利……业务对接……"他搜肠刮肚地斟酌着字眼儿。王书记打断说："业务上的事你不用说，孙书记已经说过了。说重点！"

重点？还落下什么重点没说……倪国岭自己问自己。

一只蚊子落在脖颈里，王书记挥着扇子"啪"地拍一下，有些不耐烦地说："就说这次去广州，怎么去的，都乘坐了什么交通工具。"事情一经说破，倪国岭长出一口气，心里反倒平静踏实了，说："哦，去时坐飞机，回来坐火车。"

"为什么坐飞机？"王书记追问一句。

倪国岭说："因为临时有个特殊情况……""什么特殊情况？你不知道有规定吗？"倪国岭说："知道是知道。可人家济南的专家坐飞机，咱坐火车不赶趟，总不能让人家专家光杆一个人走……"他故意把刘墨营说成专家，顺利地绕过这道弯。脑子里的思路清晰起来，索性进一步发挥说："这事，当时来不及请示汇报。虽然孙书记在，考虑他也拿不了这个总（嗯），我就自作主张，先斩后奏了。"孙春录插嘴说："这事我也有责任。那种情况下，也没两全其美的好法，就没再坚持。考虑倪国岭也是为企业……"王书记说："现在不是问动机，是说明白这事！"孙春录说："当时，那种情况，也是没办法的办法……""不管什么情况，也不是违反原则的理由。这事必须做出深刻检查，听候组织处理！"王书记说。

那年倪国岭28岁，虽然几近而立之年，但在经验丰富的公社领导眼里，毕竟还嫩了点。正是血气方刚的年龄，且从业以来顺风顺水，心高气傲的年轻人根本想不到这件事的严重性和在公社里引起的震动。他甚至想，只要企业有活干，有钱赚，羊毛出在羊身上，天经地义。坐坐飞机怎么啦？值得这样一本正经地兴师问罪？他甚至觉得王书记有点少见多怪小题大做。嘴上虽然不说，心里却满不在乎。公社管委会主任徐长荣补充说："这件事传扬出去，影响很坏。所以，既要严肃处理，又要控制范围。我和王书记也统一了一下看法，对倪国岭同志以往的工作表现，党委是肯定的。功是功，过是过。错误，绝不姑息。本着'惩前毖后，治病救人'的原则，先做出深刻检查，充分吸取教训。希望倪国岭同志端正态度，深刻认识问题的严重性。不要背上思想包袱，更不要产生抵触情绪。"

原以为公社问责之后，事情就这样不了了之地过去了，不曾想后来发展到几乎难以收拾的严重地步，这也是他出道以来第一次遇到的挫折。尽管公社党委对此事的原则是缩小范围、内部处理、消除影响、杜绝外传，但此事还是不胫而走，很快传得沸沸扬扬，就连县委也知道了。县委书记赵胜武是个老革命，圆头方脸，心直口快，疾恶如仇，凡事讲原则，眼里容不得沙子。人送绰号：三爷。三爷文化不高，资格老，级别高，因为工作方法简单粗暴，所以一直是高就低职，在县委书记任上轮转。三爷在之前任平原县委书记时，就以激进敢干得名"四大"书记。在敢为天下先这一点上，他们十分相似。但牵涉到原则问题，赵书记绝不会通融。在全县四级干部会议上，赵书记说：我听说："咱们这个，一个小厂的厂长，做的就是个小买卖。拢共不过十几号人、七八条枪（赵书记爱听戏，讲话时常会蹦出戏剧唱词）一个小作坊，出门竟然坐飞机，好大的气派。坐飞机，只有县处级以上才有资格。丁点的小厂长，飞机你也敢坐。我都没坐过。扛着扫帚扑飞艇，净捡大的扑。兜里装俩钱，胡撩一气。地上盛不下，又往天上飞。我先拔你的翅膀，我让你飞得越高，摔得越疼。刚赚俩小钱，就忘了自己干什么吃的了。要煞住这股歪风……这件事必须严肃处理，决不能姑息迁就！现在有的公社班子，正气不足，软、懒、散，出事不敢管，遮遮掩掩，这样下去很危险。针鼻儿大的窟窿，能透过柳斗大的风，歪风。不敢跟歪风邪气作斗争，要我们这些干部有啥用？这事必须一查到底……"事态骤然严重起来。

赵书记的一番讲话，绝非一时冲动，不仅对公社党委在处理这件事情上的大事化小小事化了的姑息纵容提出了严厉批评，更加明确了县委在对待这件事情上零容忍的态度。主席台下面的王景义书记顿感如坐针毡，脸色蜡黄。他知道，事情已经无法逆转，心中暗暗叫苦不迭……原以为事情不了了之的倪国岭，更是吃了当头一棒，心情一下降至冰点。随即，县委组织的工作队进驻后魏，检查工厂全部账目，倪国岭的人生从风光无限的峰巅一下跌入幽邃昏暗的深谷……那段时间，是倪国岭一生中情绪最为低落最为懊丧的时候，他的心情就像打碎了五味瓶，说不清是什么滋味。懊悔、失落、不服，各种情绪涌满心头，可是又能向谁去诉说呢？

夜里睡不着，妻子看着有些消瘦的丈夫，心疼地说："事情既然出了，横竖就这点事，大不了买机票的钱咱自家掏腰包……甭自己跟自己过不去。人就怕想不开,自己瞎折腾自己。从哪儿跌倒,再从哪儿爬起来……"妻子的话不无道理,可是,自己真的还能爬起来么?他想。可是,难道让娘们儿孩子跟着自己担惊受怕?实在不应该!他心中瞬间萌生出一股自责的羞愧情绪,说:"我没事。大不了从头再来……"

县里的工作组很快有了结论:工厂账目包括出差费用没有任何问题。落实外出违规乘坐飞机的具体情况,经时任公社党委副书记孙春录(那时,孙春录已经升任公社书记)证实,因陪济南的总工程师同行,总工程师由于工作需要急飞广州,客观上情非得已;加之对有关公职人员外出乘坐交通工具的规定不清楚,主观上不存在故意违规。最终,批评教育,以儆效尤。一场疾风暴雨似的问责就这么过去了。虽然算不上雨过天晴,彩虹绚丽,但也风平浪静了。倪国岭终于长长松了一口气,他感到一种说不出的疲惫……

四十多年后,那个闷热的夏夜时光,一切都变得空空荡荡,唯余被晒得像滚烫的碌碡般的气流碾压着嘶哑干裂的蝉鸣,透过重浊闷热的空气传导过来,尖利地在他耳边回响。那股热烘烘的揉着麦香味的蒸汽般的闷热已经随风荡尽,不复存在。只有那枚阴影环蚀卵石样的月亮,固执地吊荡在头顶那片折皱的穹窿上,被风吹得摇摇欲坠。记忆是个很奇怪的玩意儿,有时,看似无关紧要的东西,却常常是打开记忆闸门的按钮。他甚至无法确定当时自己是否注意到蝉鸣,就像无法确定墙头上那些巴头瞧眼的丝瓜花一样。多年之后,它们却像附着于流逝岁月水底物体表面的暗绿色苔藓,随着岁月的潮水缓慢退却,活生生地从朦朦胧胧的夜色里凸显出来,清晰地烙印在记忆的沙滩上。尽管心中曾经被巨石激起的怨恨和委屈的波澜早已被风抚平,四散扩大的涟漪归于沉寂,澄澈宁静的心湖上,只剩蝉嘶声声,月光凄迷,夜色朦胧……

这次挫折对年轻人心理的影响显而易见。那颗烧红的铁块般炽热的心,也像受到淬火似的,呲的一声凉了半截。最让他头疼和遗憾的是,刚准备投产的回光灯杯项目不得不搁置下来,直至最终难逃流产的命运。那段时间,年轻人的心糟糕透了,整日深陷在悔愧和自责之中。他甚至不知道该如何回复南方那个女孩,觉得自己好像辜负和伤害了她。说起来,业务上的事,远谈不上什么辜负和伤害。但他还是对她隐瞒了实情。她抱怨说:"广州这边整天下雨,心情都是潮湿的。只有出太阳的时候,才能晒晒好心情,不然,就要发霉了。"说着,自己咯咯笑起来。他说:"我们这边干燥得要命,心都裂出了缝……"她问:"倪哥,一切都好吗?"他说:"很好。谢谢你……"他忙不迭地挂掉电话,怕她过细地追问,自己会忍不住说出实情。其实,许多实情往往隐藏在同情体贴的谎言之中。对不起，甜甜妹妹，倪哥让你失望了。他只能在心里向她默默忏悔。他似乎听到空中传来她遥远的笑声。不干你事，相逢是缘，花儿开过，只为那一缕芳魂幽香，又何必在乎那梦魇中的果实……

五、第一次蜕变

　　女儿桂花七岁了。翘着两条刷子小辫儿，每天背着母亲缝制的花书包，蹶哒蹶哒上学去。放学后，帮着母亲照顾两岁多的弟弟，就成了她的主要功课。因为生活拮据，加上祖母常年生病，孩子便成了母亲的腰坠儿。既要下地干活，又要操持家务带孩子，一个柔弱的女人整天忙得像陀螺，实在无暇他顾。弟弟比她整整晚出生五年。穿着开裆裤的弟弟满地跑的时候，小学生的姐姐已经能为母亲分担家务了。对于姐姐的依赖和服从，更胜过对母亲的撒娇耍泼，这在弟弟看来天经地义。在弟弟眼里，这个姐姐比母亲更具有权威。这种权威不仅仅因为她柔弱的肩背，常常是他困倦时的摇篮，更体现在姐姐掌握着"花生粘"的分配。有一段时间，爸爸的工厂为客户定向生产"花生粘"，姐弟俩就有了比其他孩子更先享用的"特权"，每天有又甜又香又脆的"花生粘"打牙祭。当然，这种特权是极其有限的，有点近乎可怜。但对两个孩子来说，这种"特权"已经足以令许多同龄的玩伴儿羡慕嫉妒。那种脆生生香甜的优越感，那种说不出的骄傲，还是温暖了童年一段欢乐的时光。

　　姐姐很有计划，一小袋"花生粘"要分若干次食用。每天十颗"花生粘"，自己三粒，弟弟七粒，分作两次吃。央告，耍赖，甚至打滚儿都没用。唯一可以通融妥协的就是先后的数量。弟弟伸出小手比划着："俺吃四哇——（其实，他是伸出满把小手）。"姐姐说："先吃四个，下回就吃三个。"弟弟眯着眼睛想了一下，说："行！"在他的小脑瓜里，第一次毕竟是四颗不是三颗，他觉得自己似乎占了便宜。姐姐说："拉钩！"弟弟迫不及待地伸出小手指。这是一种承诺，承诺了就别指望姐姐通融。这是他留在脑海里的深刻记忆。每次，他吃得很快，好像肚里的馋虫要蹿出来抢食，转眼几颗"花生粘"就咽进肚里，甚至没来得及仔细品尝。看姐姐，仍在捏着那颗"花生粘"一点点地嗑。于是眼巴巴地望着姐姐，不无羡慕地吞口唾沫，问："姐姐，甜吗？"姐姐看他一眼，说："谁让你吃得那么快！"弟弟心里不无怨恨地想：下次一定慢慢嗑，不要吞咽得这么着急，也馋馋姐姐。有时，看见姐姐不慌不忙嗑食的样子，他会把塞到嘴里的花生粘再吐出来，用指头捏着，一圈圈啃咬外面包的糖皮。为了延长品味的时间，攥在小手里的花生粘变得黑乎乎的，小手指上沾满口水。他和姐姐都盼着爸爸回家，给他们带回又香又甜的生活，盼着爸爸的工厂永远生产吃不完的"花生粘"。姐弟俩当然不知道，这种香甜里正浸透着父母的苦涩。这是发生在"坐飞机风波"之后的事——

对倪国岭来说，那是他生命中郁闷苦涩的一段时光。县委书记赵胜武在全县四级干部会议上点名批评，他被推上时代浪潮的风口浪尖，从默默无闻到几乎一夜之间成了家喻户晓的反面典型人物，随之而来的是对工厂账目的清查，回光灯杯项目搁浅……他为之付出心血和热情的一切，顷刻之间付诸流水，这让他懊悔不已。像花蕾初绽突然遭遇倒春寒的一场春雪，萼萎瓣寒，蕊心凝冰。那段时间，倪国岭的心情糟糕透了。仿佛遭遇雪峰崩塌，瞬间从峰巅跌入幽暗深邃的谷底……妻子说："事情出了，兵来将挡，水来土掩，啥也别想，一切由他去。咱一没偷，二没抢，没干啥丢人现眼见不得人的事，大不了回来撸锄把，背你的药箱子……"平时柔弱似水的妻子，竟然说出如此干脆硬气的话，让倪国岭十分感动。妻子说："你不能打蔫儿，哪里跌倒哪里爬起来，扑啦扑啦身上的土，大不了从头再来。自个别扭得好啊歹的，俺跟孩子怎么过？"这句锥心的话让他心头一震，顿时一股热血冲顶，他的眼睛湿润了。他不能消沉下去。他没有理由任由自己的生命小船顺着感伤的小河漂流下去。他不知该说什么安慰妻子，说："放心，我又不是纸糊的扎彩，一点风雨就塌了……"儿子龙龙从外面趔趄着跑进来，扎煞着小手扑向他："爸爸，抱……"他双手一下把儿子举起来。他好像很长时间没有认真抱过和亲昵儿子了。当初，为儿子取名龙龙，就是希望他活得像条龙，不要活得像条虫。他自己呢？这么想着，泪水顺着眼角溢出来。儿子两只小手捧着爸爸的脸，口齿不清地说："爸爸……哭……不是……好孩子……"他的小手抹着噙满爸爸眼角的泪花。"好儿子！"爸爸突然把头拱在儿子胸前，龙龙痒得咯咯笑起来。"爸爸，坏……咯咯……"

"瞧你们爷儿俩，没个正形。"李义兰嗔道。

儿子突然说:"爸爸,电影……看电影……"

原来,村上来了放映队,在村头竖起银幕。孩子们很早就拿着小凳马扎,甚至随便找几块砖头,在银幕前占地方了。寻常的时候,倪国岭很少有时间陪妻子和孩子看电影。他似乎习以为常,从没感到这有什么不对。这会儿,他才觉得自己作为丈夫和父亲,似乎亏欠他们太多了。李义兰说:"龙龙,别光缠着你爸。"龙龙说:"俺不……俺要跟爸爸,去看电影。"李义兰说:"这孩子,你爸跑不了。早点烧火吃饭,咱们一家一块去看电影。"

那时的农村露天电影,别有一番情调、氛围,是一种和自然浑然一体的感觉。他已经好久没有挤在人群里看电影了。尤其是人群里那种带着土腥的汗酸气味,夹杂着辛辣呛人的旱烟味和孩子们的嬉笑打闹,黏稠地搅和在一起,像等待凝固的混凝土一样,难解难分,感觉既亲切又新鲜。他又变成从前的他。他完全明白妻子的用意,一个人的消沉和颓废,其实是自己的选择。人有时是被自己打倒的。

让他意想不到的是,电影散场时,有人在他肩膀上拍了一下。回头看时,竟然是邻村多日不见的老相识,原来也是为村里的副业跑业务。倪国岭被调到社办工厂之后,彼此有些交集。后来因为东北林业局有点关系,出外跑单帮,挂靠某单位跑起木材生意,生意做得风生水起。显然听说了他目前的处境,想安慰一下,说:"伙计,想开点。树挪死,人挪活。何必在一棵树上吊死?此处不留爷,只有留爷处。凭你的本事,到哪儿都能混饭吃。"

倪国岭想的不是自己混饭吃的问题。他舍不得他的工厂,舍不得那帮朝夕相处的工人弟兄。他岔开话题,随口问道:"听说你的木材生意做得风风火火……"对方不无骄傲地说:"马马虎虎。"他说:"有什么门道么?"对方说:"也没啥门道。现而今,全凭关系。通过内部关系,弄到计划外批文,再打点车皮,货一到站,万事大吉。虽然比国拨价高一些,但紧俏抢手,供不应求……哥们儿,实在不行,就来找我。这年头,爹死娘嫁人,各人顾各人。自己出来跑单帮,更自由……"

原野的风裹着平原秋季特有的浑浑吞吞的热情和气味,无孔不入,四处乱钻,随地滚作一团。任什么地方,稍有空间,这些说不出形状和色彩的玩意儿便膨胀起来,恍若像个体态臃肿大腹便便的孕妇。肥硕的绿色把院子胀破了,丝瓜和南瓜的藤蔓已经从矮墙上泄到外面去。整个白天,蝉(乡下人称知了)都躲在树荫里拼命"知了——知了——"地聒噪,好像当真掌握着什么秘密似的,令人烦躁。只有到了夜间,调皮的风才似乎变得苗条些,扭着腰姿潜入院子里的丝瓜架和菜畦垄间，袭扰着那些惺忪欲睡的花和腆胸露腹的肥叶窸窣乱响。然后轻轻一跃，从窗口溜进屋里，溜进主人的梦里……

倪国岭躺在炕上，怎么也睡不着。夜风轻拂，被汗渍浸透的皮肤表面附着一层油腻的黏皮。用手一搓，指尖上便形成小小的垢条，仿佛是排出体外的污浊的怨恨……他的耳边响着那位朋友的话："木材生意火了，各种跷蹊打鼓的需求也来了。遍地都是商机。机会满地跑，就看找不找。眼下做买卖，就得像跳蚤，逮不着，碾不死，蹦得快……"他的眼前忽然闪出电影里的镜头：你们各自为战，打一枪换一个地方，不准放空枪。开火！开火！这么想着，不由得会心地笑了。这是自打"坐飞机风波"以来，第一次开心地笑。尽管是在心里笑，黑暗中的妻子还是感觉到了，说："偷笑啥？睡觉。明儿早起帮俺摘菜。"妻子说着，扭头睡了。

院子里的菜蔬已经不是家庭经济来源的支柱了，李义兰照旧精心照料它们。它们已经成了这个农家院落里不可或缺的成员，伴随着主人的希望与失落，欢乐与忧伤，花花绿绿，展叶开花。主人已经习惯了绿意绕窗梦里花开的陪伴，对采摘收获并不十分在意。头茬的新鲜蔬菜下来，自己吃不了，李义兰就把新采摘的蔬菜送给左邻右舍尝鲜。受惠者说："辛苦侍弄一场，还不拿去换俩钱？"李义兰说："那能倒几个钱？图个自己吃着新鲜方便……"

一个拖着孩子的女人，没工夫赶集上店卖菜。男人手下管着十几号人，整天忙得脚后跟踢腔，指望不上。况且，又遇到这档子事。但毕竟是在乡场上抛头露面的人物，指望他圪蹴在人堆里争斤掰两卖菜，更是不可能了。收获单纯的喜悦快乐，便是女人最大的心愿。一个女人虽然不能为男人过多地分忧解难，她力所能及的，就是将家庭的避风港湾经营得安恬温馨，微澜缠绵。在人前，李义兰比以往更加爽朗大度，热情饱满，有说有笑。要强的女人心里憋着一股劲，绝不肯低半分颜色。每天干活回来，除了烧火做饭收拾家务，照看孩子，一有空，就在院子里的菜畦里拔草捉虫，按着真空井汲水浇菜，一刻也不得空闲。这些，倪国岭都看在眼里。她用自己的行动，撑持起男人萎靡的精神，撑持着这个家。这个要强的女人，真是难为她了。他觉得非常内疚。使他感到愧疚的不仅是家庭，还有厂子那帮弟兄们。因为自己的原因，使得工厂受到不应有的损失，倪国岭心里非常过意不去。

第二天早晨，太阳刚冒红，妻子摘了满满一荆筐茄子、丝瓜、豆角和西红柿，说："给，带去厂子里，给大伙尝尝。"倪国岭犹豫一下。妻子说："看你，比俺还小家子气。自家院里种的，吃不了……"他当然明白细心妻子的意思，只是不知道该怎么说。彼此心领神会的默契,任何语言都是多余的。

他提着装满新鲜蔬菜的荆筐走进工厂伙房时,伙房师傅眉开眼笑地迎上来,边在围裙上擦手边说:"厂长,你可回来了,那帮家伙嚷嚷着要散伙呢。"倪国岭把荆筐一搁,说:"散伙?散什么伙?"伙房师傅摇摇头,说:"哼,甭提了。你一回来,就有了定盘星。"他翻看着荆筐里的新鲜蔬菜,说:"这一大筐鲜菜,要花多少钱?"倪国岭说:"不要钱。自家院里长的,吃不了,大伙帮个忙,就算我给大家赔个不是吧!"门外突然有人搭话说:"厂长这是说的什么话?把我们当什么人了?"有人接话道:"就是!我们商量,正准备给公社领导呈保状呢!"

倪国岭回头看时,不知什么时候,工人们已经涌在门口了。原来,听说厂长回来了,工人们撂下手里的活儿,纷纷跑过来了。这几天,工人们知晓了厂长的境遇,更为工厂担忧起来。大家私下议论,纷纷为厂长鸣不平。有人说:"说起来,咱社队企业,就是后娘养的,不受待见。一脑袋高粱花子,出门事事求人。见庙要磕头,是灯要添油。求爷爷告奶奶,容易吗?强撑着长长脸面,还不是怕被人瞧不起。有什么错!要不,咱们每个人从工资里攒点钱,为厂长买张飞机票不就完了,看还怎么说?"有人接着话茬说:"大伙再联名画押写张呈子,给领导递上去……"

倪国岭连忙作揖说:"伙计们,千万别,你们的心意我领了。大家按部就班,该干吗干吗。有弟兄们这份信任和理解,我倪国岭值了!"有人说:"不是我们撂挑子不干,问题是,眼看手头的活儿干完了,没有订单,没有产品,你让大家喝西北风?到时候还不是猪八戒摔耙子,大家散伙,卷铺盖走人。"倪国岭说:"目前,虽然厂子遇到点困难,但大家不要气馁。回光灯杯项目黄了,咱们再找别的项目,不能在一棵树上吊死。咱们企业小,但小有小的好处。船小好调头,灵活,能钻空子。就像电影里的游击队'土八路',你打你的,我打我的。不能打阵地战,就四处游击,打一枪换一个地方。"

大家说:"我们听厂长的。你指到哪儿我们打到哪儿!"

果然,倪国岭很快就拿到为东北林业局生产"花生粘"的订单。那时,各种基建新型家具如火如荼,木材生意空前红火。伴随着木材生意的走俏,地处北国的大兴安岭林区,也异常兴盛起来。物质生活的提高,刺激人们的欲望不断释放,各种五花八门的需求便催生出无限商机。倪国岭正是瞅准这个机会,绕开人们只盯住木材生意赚钱,另辟蹊径,一举拿下为东北林业局生产"花生粘"的订单。虽然算不上什么"高大上"的产品,但作为临时翘板或链条环扣,不可或缺。工厂有活干了,人心稳定了。处于漩涡中的企业,终于冲破重重困境，闯进一片相对宽阔平缓的水域。他的生命之舟，也穿过短暂的幽暗曲折的急流险滩，行驶在旖旎风光映照的宽阔平缓的水域之中了……

后来，随着纺织行业的火爆，一个新兴的纺织器材加工企业也在全县悄然兴起。倪国岭抓住契机，开始生产织布机的梭子头，渐渐小有名气。一天，宁津县民政局闫、于两位局长找到他，要依托他的企业，由民政局出资五千元，成立宁津县纺织器材福利厂，条件是企业安排百分之三十的残疾人就业，适当免一部分纳税金。

记忆这玩意儿真是有点怪。尤其上了点年纪，日子像雪花一样叠擦，很快就在灵魂深处沉淀粘连在一起，让你分辨不清哪一片雪花是最后落上去的。有时，你会对刚刚发生不久的事记忆模糊，却无意间发现一件很久以前的记忆片段，一句话或一个浅笑，经过岁月的酿制，散发出异样的幽香，像嵌在透明水晶里的迷彩。

关于那次合作的细节已经很难清晰地回忆起来了。倪国岭只记得两位女局长的笑容很灿烂，是女性特有的那种灿烂。

闷热的酷暑即将过去，浑圆的玉米粒用手指甲一掐，立刻冒出甜丝丝的白汁来。高粱摇晃着瘦高的身躯，在晒红米了。枣子也羞怯地穿上红袄了。倪国岭记得那次回家，晚霞像淬火的铁块变成晶亮的铅灰色。在村口，正碰见去树林里"摸爬爬"（学名：蝉蛹。乡下人俗称爬爬）回家的姐弟俩。看见爸爸，姐弟俩跑过来。弟弟手里捧着玻璃罐头瓶，里面的爬爬正在四处爬爬。这是姐弟俩唯一的收获。它刚从土里一露头，就成了姐弟俩的瓶中之物。

"爸爸，它会变'哓哓'吗？"儿子问。

"会。"

"怎么变呢？"

"蜕了皮。"

"蜕了皮，就会叫，就会飞吗？"

"嗯。"

他的企业由综合加工厂变成宁津县纺织器材福利厂，会由土中爬出的蝉蛹蜕变成会飞会叫的鸣蝉吗？

第四章

浪遏飞舟

一、春花秋月

　　1982年的秋天,捧着她丰稔的硕果和香味,被八月的金风簇拥着,醉陶陶地降落到人间,摇摇晃晃在鲁北平原上徜徉。放浪的万物被灌得醺然微醉。眼看就到中秋节了……每当倪国岭想起那个中秋,眼前就会浮现出一轮充满生气的月亮。他甚至不能确定那是现实中真实的月亮,还是从他记忆幽邃的深海底冒出来的想象中的月亮。她君临苍穹,通体金红,清光流泻,湿漉漉地滴沥着天外丹桂的香味。八月十五中秋节,正是月桂摇香的季节,这让出差在外的倪国岭想起女儿桂花——女儿降生在月桂飘香的季节,在他这个粗心的父亲不经意间,已经长成亭亭玉立的大姑娘了。她已经能够帮助母亲料理家务和照顾弟弟了。这些年下来,自己一直忙于厂子里的事,对那个小家庭的亏欠实在有点多。每当想到一双儿女充满稚气渴望的面庞和妻子娇嗔的眼神,他的心里总有点不是滋味。他想,无论如何也要陪家人过个中秋节,一家人团团圆圆,吃月饼,看月亮,尽管他从来没有闲情逸致认真地看过月亮。岁月就在月亮的阴晴圆缺中悄悄溜走了。说来凑巧——那年刚好国庆中秋同庆。几十年后的2020年又是一个双节同庆的日子。倪国岭的眼前总是重叠交织着两个月亮。这种自然的轮回,岁月的重叠,仿佛生命的圆弧,不知今夕月是否旧时月。

　　那年,伴随着一轮新月的升起,公社政治舞台上的主要角色,也由先前那张略带沧桑感的脸,换成圆阔光滑新月般年轻的脸——1982年的10月,陈建国接替王景义任后魏公社书记。

陈建国,28岁,宁津县杜集公社陈纸坊人。他是经过"学大寨工作队"锻炼选拔出来的年轻干部。参加"学大寨工作队"前,他曾是村小学民办教师,一个普通的农家子弟。经过同基层的农民群众实行"三同"(同吃、同住、同劳动)的工作队锻炼,成了主政一方的公社书记。

那时,学大寨已经偃旗息鼓,取而代之的是另一类代表农村改革的典型——最初,它源于安徽小岗村十八个普通村民按下"攻守同盟"的纹理粗糙模糊的十八枚指印——原本再平常不过的事,后来竟被看作农村改革春天最早出现在枝头的蓓蕾。它的花开花落将随着时间的流水浮浮沉沉……

那个秋天,还是毛头小伙子的陈建国,就是在这种农村新旧交替变化的背景下,取代了一张不乏和蔼而略带沧桑感面孔的王景义,正式走到公社政治舞台的中心。一场天翻地覆的变革正在朦朦胧胧中酝酿。这种年龄反差很大的任命,大大出乎所有人的意料之外。这么一个大摊子,怎么可以交到一个涉世未深的年轻娃娃手上呢?他掌得了舵,驾得了辕吗?这几乎成了乡场上一时的话题。倒不是对这个身材魁梧浓眉大眼的小伙子有什么成见。在此之前,人们已经习惯了老成持重的人担负这一职务,冷不丁换上一个年龄资历都难以服众的年轻人,让人脑袋一时转不过弯来。仿佛这件事本身就包含着轻浮儿戏的意味,就连平时那些习惯于日出而作日落而息,不怎么关心这种乡村基层岗位嬗变的庄稼人,茶余饭后也要讲论几句,说:"嘴上无毛,办事不牢。父母官换上小年轻的,倒装了。"调皮的年轻人顺嘴说着顺口溜:"新社会,新兴的,老的让给年轻的……"有老者预言说:"老年间,乡贤胥吏都是稳妥的老成人,这下倒好,反调儿了。看着吧!这是要改变章程了!"有人不解,问:"何以见得?"发表高论的老者磕着烟锅,放在嘴上嗞嗞吹两口,说:"秃子脑瓜儿上的虱子,明摆着哩!为啥要换年轻的当家?"他边说边用烟锅在地上画了个人头状的圆圈,用烟锅磕打着说:"说明老的这儿生锈了,不活泛了……"

果然,那年秋天,原有的集体组织被新的生产形式所代替。土地重新分到各家各户,叫作"承包责任制"。

从1982年开始,宁津县农村责任制逐步由"五定一奖"的联产计酬向"大包干"的形式过渡,年底,百分之八十实行大包干。1984年,县委县政府作出《关于稳定和完善土地承包制,大力发展开发性生产的试行规定》,进一步稳定和完善土地承包制。

这年的秋种,集体的土地和牲畜,都重新分配到各家。庄稼人对土质的挑剔以及灌溉的便利和临村的远近,比如紧邻村边的"鸡狗地",远离村庄的"四十亩地"等，按照不同等级和地块，画成若干块，再按人头分割成零碎的小片。倪国岭家零零碎碎分得六七块地，李义兰对此十分苦恼。眼看节气进入寒露，农谚有"寒露麦子小盘墩"的说法。过了寒露，麦苗分蘖差，不仅要多播麦种，而且由于根系发育不充分，长势大打折扣。俗话说，节气不等人。人误地一时，地误人一年。人们赶在寒露前播种，家家户户忙着倒茬、翻耕、调畦、抢种。李义兰起早贪黑忙得脚不沾地，男人去外地出差，一个女人家里里外外一把手，她娇小的身子像安了弹簧。女儿桂花和弟弟下学后，也来帮母亲干活。儿子龙龙煞有介事地夺过母亲手里的劳动工具，与其说是帮忙，不如说是添乱。看着拿着高过身体的劳动工具的儿子，李义兰心里既欣慰又心疼。姐姐说："一边去，不干活净添乱！"弟弟说："甭显能！你行俺也行，谁怕谁？"其实，两个孩子是愿意陪在母亲身边。有孩子在身边，李义兰身上就有一股劲，疲惫和劳累都丢在脑后了。更多的时候，李义兰拖着疲惫的身子走进家门，女儿已经把晚饭做好了，两个孩子伏在饭桌上写作业。一股温馨和感动，让这个女人眼睛潮湿了……女儿老早就学会了做饭。儿子负责添柴烧火，柴不够，小家伙就到屋后干涸的池塘里捡落叶……李义兰眼前会时常出现这样的情形，什么苦累都忘了。耕耙播种是男人的活计，少不了要求人帮忙，互助、换工，汗珠子撒成满天星光，这一切都不在话下。年轻的小叔辈开玩笑说："嫂子，多余受这累，俺哥大把挣票子，留着下崽儿吗？"李义兰笑着说："下崽儿，下老鼠崽儿。挣几个丁嘎拉，没黑没白，啥也指望不上他……"小叔说："人指望不上，钱指望上就行。这年头，有钱能使鬼推磨。何必汗珠子摔八瓣儿，自个干这营生子？你看俺哥，整天风风光光的，大把票子攥着，你就该待在家里当太太了。"李义兰苦笑一下，说："当太太，咱没那命。人家在外头风风光光，咱就是在家受累的命……"说着，眼睛一热，佯作迷眼揉了揉，眼圈红了，心中升起一股莫名的嗔怨。其实，李义兰很少在人前报怨丈夫。这些年，里里外外一把手，她很少抱怨，习惯独自撑着。丈夫有时开玩笑说："你才是咱家真正的'一把手'！"是啊！她是这个家里实实在在的"一把手"！里里外外，谁能替俺一把？她把这种幽怨深深埋在心里，从不跟人诉苦。家家有本难念的经，人有时就得认命。丈夫每次回家，那副筋疲力尽的样子，看着让人心疼。想抱怨的话，也说不出口了。想想，男人也是不容易啊！唉，女人能做的，也就是尽量营造一个温馨的家，一个疲惫的水手枕着呢喃浪花安然入眠的静谧港湾……自己吃点苦，算不了什么。她知道丈夫心里憋着一股劲，尤其是从广州回来，经历了那件事之后。他就憋足一股劲，想干出个样子，证明自己。那又何苦呢？她想劝他，又不知该咋说。他那是自己跟自己较劲。他心里有一个冰核儿，像一面结了冰的静静的湖，闪烁着清寂的光亮。她想用女人的温柔焐化它……

眼看冬季就要到了，白天忙着下地干活，夜晚，赶忙把一家人过冬的衣物拿出来拆洗缝补。窗外，风卷着丝瓜架干枯的叶子的声响夹杂着清脆的蛐蛐儿的鸣叫。空阔的天空三星闪烁，两个睡在炕上的孩子发出均匀的微鼾，灯光将她的影子映在墙壁上，摇摇晃晃的，充满了整个屋子。李义兰突然想起出门在外的男人，因为走得急，竟然忘了带御寒的绒衣绒裤。男人总是粗心大意，让人操心。今年是土地分到各家的第一年，许多事都必须自己操心，她不愿被别人看笑话。为了赶在寒露到来之前抢墒播种，她决定不再等他回来。活人不能让尿憋死，男人不在家，自己一身力气，趁人家耩完地的空当见缝插针，帮人家干活换工，抢时间播种。

那时，倪国岭正躺在青岛的一家小旅馆里。旅馆离火车站很近，从窗口就能看见一片海。夜间的海似乎变得安静了许多，仿佛沉入黑甜的梦乡，偶尔会发出轻轻的呓语。远处黑魆魆的海面上，星光闪烁，那是夜航的货轮……外面的海风已经很凉了。湿漉漉潮乎乎的，倪国岭看见窗前横斜的树枝在令人眩晕的灯影里瑟瑟发抖。他此次来青岛，是来推销他们新改进的纺织机梭头新产品的。他们与济南纺织器材厂开发了一个 RA 新产品，刚刚试制改进成功。当时济南纺织器材厂是山东省唯一一家制作纺织器材的专业厂。在产品开发研制过程中，纺织器材厂的赵纯兴处长给予很大帮助。赵处长是个有魄力的人，热情豪爽，办事干脆利索，风风火火，人称"大赵子"。他们一见如故。他对倪国岭说："我就喜欢你这种敢闯敢干的劲头儿。一招鲜，吃遍天。跟在别人后面爬，没出息！"倪国岭说："我们底子薄，脑瓜笨，但是有胆子，有韧劲儿，不怕吃苦，不怕失败，失败了无非从头再来……"赵纯兴拍拍倪国岭的肩膀说："咱俩性格很像，我就喜欢跟爽快人打交道。放心吧，我会尽我所能扶持你们，一言为定！"

这是倪国岭创业路上遇到的第一个贵人。后来，在整个开发到进入纺织市场，赵纯兴处长尽其所能鼎力相助，让倪国岭念念不忘心存感激。他深有感触地说："市场经济就是朋友经济。"他的企业一步步发展壮大，离不开朋友的助力和推动。

那时，为检测新产品的实际效能，他四处奔走，几乎跑遍了所有纺织企业。对于他们改进的新产品，他充满信心。他是个勇于开拓创新，追求完美的人。对纺织机梭头的接头皮圈进行大胆改进，新产品终于成功出炉。纺织机梭头的接头皮圈，是个可以来回摆动伸长的东西。就如同人的左右手，扪过来，扪过去，伸缩自如。皮接是两头的皮圈的一个接头，这个部件是纺织机上的主要部件。飞转的纺织机运转起来，梭头来回运动，皮圈接头是关键。原来普通的接头是个 R2 两条，他觉得不十分满意，完全有改进的可能。通过反复研究、实验，他们将原来的 R2 两条改进成一个 RA。别看这个小小的改进，却大大延长了产品的使用寿命，使用期提高七倍以上。新产品的改进，既增加了纺织机的使用寿命，又减少了零部件的更换次数，以及纺织机因停换部件耽搁的时间，大大降低了成本，提高了工作效率。说起来，对纺织机梭头的接皮圈进行改进，看上去并不起眼，但对于既缺乏技术又没设备的社办企业来说，一群尚未脱离庄稼地的泥腿子，所费的心血自然是别人难以想象的。就是这些头顶高粱花子的人，用粗糙笨拙的双手，采用各种土法笨法，对曾经的部件进行重新设计改进，提高产品性能和质量，最终制造出新的产品。无数个日日夜夜，他盯在车间里，同技术人员一道，全神贯注在小小的接皮圈上。反复试验，失败了再来。功夫不负有心人，他们终于成功了。谈起他的新产品，他感到就像自己精心抚育的孩子一样骄傲。新产品甫一面世，马上就受到各纺织企业的追捧和欢迎。他们改进的"宇宙牌"梭头，一夜走红，成了纺织企业的抢手货和宠儿，订单雪片一样飞来。他很快就和青岛 9 个棉纺厂、济南 5 个棉纺厂以及德棉等棉纺企业建立了牢固的供货关系。"宇宙牌"梭头一炮打响，也让他企业的小船闯过一段艰难的激流险滩，冲出涡流，行驶在平缓的水面上了。他终于松了一口气。

外面的灯光映在窗玻璃上，夜气氤氲着，一段树枝影影绰绰，挥手似的摇晃着。一片凋零的叶子悄无声息地滑过窗玻璃，好像从遥远的天际飘落下来，坠入灯光绰绰的黑洞里。房间里传出同室匀称的鼾声，那是个操着浓重乡音的山西客。称地瓜叫"山药蛋蛋儿"，唠嗑叫"谝"。他们谝了一会儿，他对对方浓重的地方话辨别不太清楚，似懂非懂。那人觉得再谝下去没意思，就说不谝了，上床"眯瞪"了。山西客很快就睡着了，轻轻地发出鼾声，还不时呱嗒着嘴，好像在吃什么好东西。他笑了。灭了灯，窗外反倒更加明亮起来。灰色的叶子变成淡绿或赭红色，闪着浅浅的光亮。外面的大海十分安静，偶尔隐约传来轮船进出港口的鸣笛声，像苍蝇一样嗡嗡叫。他不知道大海是否也倦了，想在黑暗中"眯瞪"一会儿。他却毫无睡意，眼前浮现出妻子在田间汗流浃背劳碌的身影……自打改进试制纺织机梭头以来，他的整个身心都扑在研发试制上了。这段时间，他无暇旁顾，整天行色匆匆，几乎很少在家里露面。即便是从外面风尘仆仆地回来,脱掉外出的行头,套上工装就下到车间去了。每次出差回来,都要到车间转转。只有在工友们中间,在机器的隆隆声里,嗅到汽油和铁粉末的气味,他才觉得浑身舒泰,心里踏实。

年轻的新书记上任,他是从青岛回来后才知道的,但并未往心里去。那时,新产品走俏畅销,供不应求,许多厂家打电话催货。倪国岭回来后,马上找负责生产和技术的两个主任商量,加班加点组织生产的事。正是秋播的关键节气,人员要做到科学调度、周密安排,才能让工人们工作家庭两不误。这些年,他已经对官场有些冷淡疏远了。对不关己的事,听之任之,把自己沉浸在整天忙忙碌碌的工作中。好像除了工作,对什么也不在乎,因为自己有许多事要做。在他心中,做事很重要。一忙碌起来,就把许多无关紧要的事统统抛到脑后去了。

当工交主任李殿新把这个消息告诉他,他的漠然态度,让李主任十分意外。他问:"新官上任,你怎么想的?"他说:"过去的已经掀篇,该来的一定要来。乡镇的官,走马灯。"

李主任说:"我倒觉得,这对你未必不是件好事。"

他暧昧地咧嘴一笑,摇摇头,自己也不知道是否定还是赞同。他的内心十分茫然,或者说他根本不愿提及这种事,更不愿重新潜入令人窒息的冰冷黑暗的记忆深水里。他有时觉得自己就像浮游在浅水层的小鱼,唼喋着吐着水泡,戏逐落花。

李主任见他毫无兴致的样子,改口说:"新官初来乍到,谁也品不出是啥馅的,等接触一段时间也好……"

倪国岭原想对李主任说说去青岛的感受,说说外面的世界,说说大海……一时觉得兴味索然,无从谈起。他觉得一个人有时很难说清自己的内心感受。渴望别人的理解,纯属徒劳。他岔开话题说:"我们的产品总算打开了销路,被人认可了。"

他说这话时,眼睛里闪闪发光。浮现在眼前的是那片波澜壮阔的生命之海——既是许多年之后,那片生命之海依然在他胸中澎湃。那是伴随着他一起成长的生命之海。

再次面朝大海,已经是 24 年之后了——他忽然有一种奇妙的感觉,就是大海也在伴随着他一起成长,它蓬勃的生命、浑茫的胸怀和躁动的激情……这种发现让他吃了一惊。此前,他根本不曾这样想过,好像大海一成不变地搁在那里。眼前的大海已经变了,不再是充满幼稚和童话的少年的大海。它表面的轻浮已变得深沉浑厚，含蓄内敛。簇拥嬉戏浪花的人，再也不是童年那群互相推搡嬉闹的光着屁股的娃娃们。水浪叠涌，更像敛额思索的皱纹。海鸥翩翩，如思绪翻飞。这是一片年轻的生机勃勃的生命之海。富有弹性的肌肤，雄健，漂亮，蓄满躁动不安的激情，随时会喧嚣涨满，激情四溢，吞没沙滩和卵石。即使是退却，也毫无沮丧之感。他充满少年稚气的海滩已经不复存在，留在记忆里的好像一张模糊的略显稚气的儿时黑白胶片。岁月在不知不觉中悄悄将一切改变得面目全非，曾经的真实变成清寂的幻影。这是映在青年人眼睛里的大海，充满激情澎湃的生命之海……

那里好像正准备开辟成海滩游泳场。远处有几个工人模样的人，正支起三脚架竖着标杆进行测量。海风把他们的头发吹得凌乱不堪。迎风抖擞的旗子，像跳跃的鱼。沙滩上大大小小的卵石，像史前动物产下的被孵化了一阵子的蛋，那些神秘的动物仿佛才懒洋洋地离开不久。放荡的海风，带着冷飕飕的寒意和湿漉漉的盐味尽情地吹到脸上。舔一下嘴唇，一股咸丝丝的腥味。只有海风才那样直率，那样毫无遮拦地直抒胸臆，毫不扭捏地肆意地吹。凸起的海面，胀满青春的激情和活力。在海天交汇处，有一种无形的力量在凝聚扭结，他仿佛听见雷声在轰鸣……他捋了一下被风吹乱的头发，裹紧灰呢大衣。眼前晃动着那个双手捧在嘴上的少年对着大海高喊的情形。他笑了。顺着来路往回走时，他突然改变主意，没有绕道去曾经生活的地堡凭吊。他知道，那段快乐时光已经永远地定格封存在那里了，没必要再去打扰。有时，人们寻找到的往往是遗憾。他在成长，大海也在成长。每一次的回眸一瞥，都是那样熟悉而陌生，勾人魂魄，动人心弦。他心中的大海，像个十八变的姑娘。而他自己呢？映在大海蓝汪汪眼睛里的自己，又会是什么样子呢？

他这么想着时，脸上的表情或许有些心不在焉。他不知道李主任是否误解了他的意思。

李主任轻叹一声，拍拍他的肩膀，说："回家看看吧，地分了，娘们儿孩子不容易。"

这句话触动提醒了他，告别李主任，去袁恒山的门市上弄袋化肥（这些紧俏货，袁恒山存在一个小仓库里，专为应酬家属在农村的乡领导干部）就急匆匆回家了。袁恒山说："咱们公社的'新头儿'，也刚弄一袋子回家。地分了，娘们儿孩子土里刨食儿，谁也好不到哪儿去……"这句包含同情的话亦有幸灾乐祸的意思。袁恒山试探着问他："新官上任，有什么打算？"

他说："没打算，看看再说吧。"

　　他回家时,太阳已经下山。路过一片树林,杨树的叶子已经凋零殆尽,被风翻动得哗啦啦响。赤裸的杨树枝杈上,孤零零的喜鹊巢在风中摇晃,空荡荡的。喜鹊是一种充满神秘的吉祥鸟。他每次路过这里,看见喜鹊在枝头喳喳叫,心情立刻开朗起来。今天静悄悄的,抑或是贪恋食物尚未归巢?自行车在坑坑洼洼的黄土路上颠簸得很厉害。天已向晚,雾气迷蒙,光秃秃的田野静悄悄的,新翻耕的土地散发着泥土温馨的气息。有的已经播种过了,有的尚未耕耙,像一道僵硬的条疤。他想到自己家新分得的土地,想到妻子在土地上劳碌的身影。白昼变短了,太阳很早就懒洋洋地溜进被窝。他进村时,天色已经完全断黑,该是晚饭时分了。偶尔有一两声狗叫,羼杂着一个女人招呼孩子回家吃饭的声音。走进自家的小院子,一股烟烬和饭香味迎面飘来,女儿已经做好晚饭。每次,负责烧火的儿子总是把柴填满灶膛,饭熟了柴尚未燃尽,然后把地瓜埋进燃烧的灰烬里。玉米粥也会结成很厚的饹馇。用筷子蘸点香油加点咸菜,就成了美食。两个孩子站在门口,正讨论着谁在家留下,谁去迎接母亲。见爸爸回来了,都喜出望外地跑过来。儿子最关心的是车把上的人造革手提包,尽管装作无所谓的样子,可心里早已发痒。他笑了,那里面装着他从青岛带回的月饼。中秋节,一家人团圆,月饼是必不可少的。他问:"你娘呢?"儿子抢着说:"还没回来。"女儿说:"今儿跟人插伙耩麦子,娘说晚点回来……"

　　话音刚落,妻子从外面回来了。他说:"紧赶慢赶,还是晚了一步。"妻子说:"指望你,早就晚三春了……"

　　冬去春来,转眼春天到了。燕子回来了,在屋梁上做窝。它们在春水荡漾的小河或池塘边衔来春泥,修补旧时的窝巢。这是令人愉快的欢乐的鸟。李义兰说,燕子不进愁房。她希望鸟儿能给全家带来欢乐。

　　倪国岭早就隐约预感到,似乎将会发生些不寻常的事。一种既陌生又让人心跳的神秘气息徐徐吹来。他的内心既满怀渴望,又有点忐忑不安,不知即将到来的一切对他意味着什么。

　　那时,外面的风气正在悄然发生着变化。这些变化首先表现在城里那些年轻人身上。女子们开始穿得鲜艳起来,她们就像春天枝头第一批绽开的花蕾,略带羞怯地喊着:嗨呀,真热呀!低眉眷顾着自己的美丽……那些大胆赶时髦的年轻人,则完全不同。他们的打扮火辣而出格。蛤蟆镜,爆炸头,喇叭裤,三节头,浑身上下把自己装扮得流里流气。嘴角叼着香烟,旁若无人,提着录音机满街走,裹着一阵小旋风……令这个春天抹上几分放浪形骸无拘无束的意蕴。其实，这似乎说不上什么不好，但又令人莫名地担忧。说起来，他不过比他们年长几岁。他们的放荡不羁无拘无束，既让他羡慕又让他嫉妒。看来风气真的变了。他既渴望着某种变化，又感到无所适从。他想到那个刚刚上任不久的年轻党委书记，那个浓眉大眼血气方刚的小伙子。他的眼前交替变换着两张不同的面孔，像皮影戏的影子，重叠交织着，没有质感。他无论如何也不能将那张年轻的脸，跟主政地方的党委书记重合起来。他毕竟太年轻。可年轻又怎么样呢？自己当初不也曾有过这样的经历么？他心里很矛盾，自己说服不了自己。

他的内心时常被这种自相矛盾搅和得很乱，像一团乱麻，理不出头绪。他渴望改变，又有些莫名的担忧。

去年冬天的残雪刚刚消尽，广袤的原野上，蛤蟆在"咕咕"叫。这是一种面目丑陋的家伙，浑身长满令人作呕的疥斑，学名"蟾蜍"，乡下人称"癞蛤蟆"。据说是会在陆地"土遁"的神秘家伙。它们鸣叫时，四肢撑起圆鼓鼓的肚子，腮边会鼓起大大的气泡，单音的"咕"叫声很长。因此，庄稼人的俚语里有"旱地的蛤蟆干鼓肚"的说法。有经验的庄稼人知道，它们鸣叫，说明土壤的松软和湿度合适。夜里，有人朦朦胧胧听见轰隆隆的春雷声。其实，这或许只是一种错觉，或许是两股互不相让的风在纠缠搏斗。在冬春交汇之际，常常会有这种风头的缠斗，只是这种无形的惊心动魄的缠斗，常会被人忽略罢了。凭古谚和经验，上年纪的老者表示忧心忡忡，说："春天打雷，遍地是贼。这年景，怕不顶对。"年轻人说："老汉，都什么年月了，你那套老皇历早就看不得了。"老者从长满花白胡须的嘴里拔出旱烟嘴，吱的一声挤出一股口水，说："不听老人言，吃亏在眼前，走着瞧吧。"

那个早春，一切都在表面看似平平静静中酝酿，一切都在不动声色中较量、重组、磨合。那年的春脖子有点长。风多雨少，返青的麦田正是用水的关键时刻，浇麦成了当务之急。随着浇水，再追一次肥，大田里集体修筑的水渠和水道已经荡然无存。随着土地分到各家各户，所有集体的水利配套设施全部遭到破坏，人们的希望完全寄托在几眼尚未填平的灰管机井上。水井不够用，人们采取最原始也是最公平的办法，抓阄排号轮流浇水。各家的地东一块西一块，七零八碎。李义兰为此忙得不可开交。男人不在家，只能跟人插伙，多帮人干活，互助换工。女儿桂花已经读初中，十岁的儿子龙龙也是小学生了。姐弟俩放学后，常给母亲当帮手。女儿很早就学会了做饭。浇地的机器日夜不停，有时，姐弟俩就箪食壶浆把饭菜送到地头上，光着脚丫帮母亲看畦口。阳春三月干燥的风,在旷野上横行无忌,把早开的花朵吹得萎靡不振,蔫蔫地在枝头打不起精神。那种温吞吞的疲惫与困倦,躲也躲不掉。一个女人两脚泥水,疲惫不堪,嚼着饭菜就眯着了。恍惚之间做了个梦,冷不丁一个激灵清醒过来,想起替换自己的女儿或儿子该上学迟到了……

这些情形,时常会在倪国岭眼前闪现。他忽然想到那位新上任的年轻的党委书记。三十岁不到,那处境大概跟自己差不多吧。他们同属"双栖人",家属在农村,也有责任田。资历又浅,工资收入微薄。常常两头忙,顾此失彼。将心比心,家家都有本难念的经,更何况一乡千家万人的一本大经呢?他想象不出年轻的新书记回到家会是什么样子。不过,大致的情形还是可以预料的。在这一点上,他们十分相似。他突然感到他们之间有点"同病相怜"的意味。其实,说同病相怜并不准确,应该说大致相似的处境,让他们对社会家庭的双重角色,理解得更为现实、深切。也让他们对女人的理解更深一层,是她们在幕后支撑着,默默做出无怨无悔的牺牲。所谓岁月静好,常常包含着花的幽怨和叹息。

颗粒化肥是个好东西。妻子看见化肥时,晶亮的眼睛里划过返青麦田被春风抚弄着的绿色波浪。这是少女才有的神情,单纯而澄澈。青菜般的女人,仰承一点雨露,即刻便鲜灵灵地滋生起来了。她扬手往麦田挥洒的动作,柔韧的臂膀轻巧有力,像播撒着希望和梦。那一刻的形象,带着一丝炙热的疼痛,像烙印一样镌刻在倪国玲的脑海里。他的心里一热,内心充满对妻子的爱怜,并暗暗发誓,今后一定好好待她。

那时,化肥市场供不应求。人们千方百计找门子托关系,才能弄到这种紧俏货。庄稼人一见这玩意儿,眼睛发亮,满是艳羡。这无形中也是一种身份优越的象征。有时,他也会替别人"走后门"搞一些,行行人缘,与人方便自己方便。能为别人帮忙,妻子很骄傲,脸上也有光。化学肥料的使用,让农业增产有了保证。化学肥料的应用,为庄稼人开辟了一条捷径。谁还会费气拔力,下笨力气车拉手推往地里运送有机肥呢?他们使唤惯了这种轻型的化学肥料,就再也不肯松手了。

那时,这一带最初所用的颗粒化肥,大多是沧州大化。少量进口有日本产的尿素,可做底肥的美国产二胺,数量极少,就像洋妞儿一样新奇。日本尿素都是尼龙袋装,有人就把尼龙袋改装,剪裁成裤子。时有谣称:"农村人,真正富,一人一条涤纶裤,前头是日本,后面是尿素。"说的就是那个时代的底色。

许多年过去,那个乡场上穿着尼龙裤子的摇摇晃晃的春天,显得有几分滑稽，就像一场轻喜剧的开场，令人忍俊不禁。男人们会当作一场轻飘飘的笑话，而女人们则感受不同。她们就像多汁的植物，每片叶子都饱含着略带咸涩的记忆。她们对生活的把握更感性、更深切，纤细的神经更长、更敏锐。倪国岭知道，妻子李义兰就是这样一个人，一个体贴入微的妻子，一个慈爱的母亲，一个坚忍要强的家庭主妇。她用柔软的肩膀支撑着一个家，一个安恬温馨的水手的港湾。这个家就是他疲惫心灵休憩的小店，风雨后，小船枕着浪花的呢喃……

　　如果不是后来发生的事，也许那个春天就会在倪国岭记忆的河床上悄然流逝，不留任何痕迹。那个年轻人的出现，也像斜阳中抖着闪光翼翅的点水蜻蜓，一掠而过，杳无声息。人生中有多少擦肩而过，都如同流水落花，转瞬眚眇无痕。即使刹那间的回眸一瞥，也是冥冥之中千百回的等待与期许吧！

二、理想与追求

那个年轻的新书记，突然一下闯入人们的视野，成了乡场上众人瞩目的焦点人物。社队企业的几个重量级人物凑到一起，难免会带着揶揄的口吻谈起这件事……

工交李殿新主任是个老成持重的人，说："大家不要说怪话，背后乱议论，发牢骚。都说新官上任三把火，到时候，是骡子是马，总要拉出来遛遛，且看他如何踢出这头三脚。是英雄狗熊，也就看出个八九不离十了。"刘宝德点头说："这话说得在理，凭我的观察，遇事还算冷静果断，是个有主意的人。"袁恒山说："拉边梢怎么都好说，真正驾辕，怕就难了。先前王书记虽然脾气艮，处理事情刻板，但老胳膊旧手，毕竟能稳住盘，翻不了车。就怕年轻人乍上来，脾气毛咕，乱了阵脚。"李主任说："先管咱们自己别乱了阵脚。老俗话，沉不住洋气，发不了洋财。"王传德接话说："怎么个沉住气法？"李主任并不答话，端起茶壶，说："新上市的西湖龙井毛尖儿，品品味道如何。"心急的王传德端起茶碗，冷不丁被烫了一下，水从碗里洒出来了。他吹着气说："真烫。"他的样子把几个人逗笑了。李主任说："喝茶不是饮牛，得慢慢品，心急喝不得热茶汤。人也一样，得慢慢品……""怎么个品法？"王传德心急地问。李主任摇头吹吹杯子里漂浮的茶末，呷一口说："依我之见，目前咱们就是八个字：不远不近，不催不推。"

"此话怎讲？"

李主任吟吟一笑说："太远，新官会觉得你有意见，不捧场；太近，又会疑心你是不是有所图。必须拿捏好分寸。不催，就是不主动；不推，就是不消极。既不积极主动，也不消极被动。你有来言，我有去语。还有，话不可说尽，弓不能拉满，要留余地。真真假假，虚虚实实。既不能让新官觉得'坐蜡'，又不能显得虚头巴脑。"王传德说："我的爷！你这是弯弯绕哩！照你说，这是粘豆包掉进灰坑里——吹也不是，拍也不是。"

几个人都笑起来。

袁恒山说："不知道倪国岭是什么意思？"

李殿新长出一口气，说："他能有什么意思？我们是一根绳上的蚂蚱，跑不了你，也蹦不了他。自打上次那回事，他的心有点冷了。别看嘴上不说，心里系着扣，憋着劲……"王传德说："这怪谁？干好没功，干不好有过。老鼠钻进风箱里，两头受气两头堵。一个不合规定，吃了不自己兜着。姥姥不疼，舅舅不爱。说句不好听的话，咱们这些人，就像牛。吃的是草，挤出来的是奶。费气拔力干顿憨活，就那点补助，闹不好猪八戒照镜子——里外不是人，何苦？这样下去，早晚摔耙子分行李，大家散伙，回家侍弄一亩三分地。"李主任说："这意思，我也曾跟王书记透过。地分了，各家过各家的日子。咱们这些人，工不工，农不农，官不官，民不民的，也该提高点待遇了。"

"他怎么说？"

"能怎么说，骑驴的不知赶脚的苦，还不是说研究研究。这一变，黄花菜都凉了……"

"应该跟新官反映反映。集体散了，大伙都'爹死娘嫁人，个人顾个人'了。不是咱拿混，社办企业，再不改变章程，兔子尾巴长不了……"

那时，除了农业税（提留）之外，社办企业是乡镇的主要经济来源之一，号称乡镇经济的三驾马车之一。因此，这些人的观点不可小觑。这些横跨农工两界的两栖人员，代表着一种勃然兴起的新兴力量。他们不像那些一年十二个月习惯于听之任之的公职人员。他们处境尴尬，事关切身利益，巴不得来一场改变命运的大变化。这些人多年在生意场上摸、爬、滚、打，对乡场上的人情世故烂熟于心。既有人脉又懂市场，见多识广，敢想敢干，不墨守成规，且掌握着社办企业的经济命脉，是乡场上最具活力和不安于现状的人物。他们既坚忍又雄心勃勃，对经济和名誉的渴求更加强烈，巴望着有朝一日能彻底改变目前这种尴尬的处境和社会地位。政坛上的风吹草动，都直接与他们的切身利益和命运密切攸关。因此，对所有政策或人事变化最敏感、最关心。在他们看来，让一个涉世未深的年轻人出来掌舵，无异于一场儿戏。

　　天气渐渐暖和起来,李义兰早早就把院子里种植的丝瓜子催芽了。她把种子用温水浸泡一下,放在一个兰花碗里。下面放上浸湿的碎麦草,上面用一块湿布蒙好,放到暖融融的阳光底下晒。不几天,种子黑色的硬壳就裂开一道细缝,像张开扁扁的黑嘴,吐出舌尖般白亮的芽了。她想赶在谷雨节气到来前,就把芽埋进靠院墙边的垄沟里。事先催芽种植,往往比把种子埋在土里自然发芽早半个节气。在别人家的丝瓜秧还在羞羞答答顺着架子蜗牛似的缓慢往上爬时,她家的丝瓜已是青藤满架,黄花一片了。

　　寒食节前后,一天夜里,突如其来的一场倒春寒,朔风卷扬着细碎的雪花,把含苞待放的花蕾凝结在枝头。李义兰连忙把催芽的种子移到屋里的炕头上,用褥子捂盖起来……这真是个令人操心发愁的春天!

　　这场突如其来的倒春寒,给正春情胀满蠢蠢欲动的万物来了个迎头一击,无疑也给新上任的年轻书记一个"下马威"。同时也暂时冲淡了乡场上政坛人事变动所引起的小骚动。人们把目光转向新的当家人——新上任的年轻的党委书记,看他如何应对。年轻人并没表现出丝毫的手足无措,手忙脚乱,而是异常冷静、果断,连夜召开动员会,主要班子成员,分片包村,各负其责,三言两语,任务明确。其余一般人员,按各自平时联系的村点,分散到村户地头,投入救灾。三下五除二,安排停当。伙房绝早熬好热气腾腾的八宝粥,天刚放亮,开饭喝粥,分头行动,整个乡政府大院都行动起来了。乡里的干部,无论男女,如鸟出笼,仨一群,俩一伙,冒着凛冽的寒意,骑车奔赴田间地头。自行车往地头一搁,开始向咂着嘴叹息的群众普及灾后科学管理知识。林业技术人员,深入到果园,手把手示范如何疏掉枝头冻僵的花蕾,选取苗壮的花苞。整个乡政府就像一架开动的机器运转起来。新书记自己带着乡里的农业技术员,一行人骑自行车深入田间地头,实地查看灾情。平时热闹的大院顿时变得空荡荡,冷冷清清。所有人员,倾巢出动。整个大院只有伙房炊事员和一个行政秘书留守,接电话处理一般性日常事务。

　　倪国岭踏进公社大院的那一刻,突然感到有几分陌生。就像久别的老熟人,虽面目轮廓如旧,而眉眼情态好像变了,又好像没变。熟悉和陌生都似乎模模糊糊,隔着一层透明的薄膜。感觉怪怪的。这里曾是他常来常往的地方,闭着眼睛,也不会摸错门。自从经历了那个燥热窒息的夏夜之后,除非不得已,他几乎很少再踏入这座院子一步,倒不仅仅是怨恨和耿耿于怀。有时,他觉得打那件事发生以后,这座院子就变得有点不可思议。彼此对视时,他会觉得院子像一个人,整天莫名其妙煞有介事地绷着一张脸,老态龙钟,态度淡然，仿佛拒人千里之外，甚至连夜里也不会松弛一下。就连窗口闪烁的灯光，也像眨动的眼睛，在审视打量什么。有时，它慵懒地卧伏在那里，像在打瞌睡，俨然就像搁置在某个角落里的一副耍"狮帽"的面具，被脱卸了骨架，萎靡不振，一动不动地委顿在那里，刻板呆滞，失去活力，苟延残喘。这种奇怪的感觉与当初大不相同。他幻想着，它精神抖擞地舞动起来，活力四射，风情万种，活灵活现的样子……他的脑海里时常会蹦出这样荒唐的念头。

倪国岭一大早就奔政府大院来了。临出门时，妻子面带嗔怨地说："地里的麦苗不知啥样儿，你倒有闲心往外跑。"他对忧心忡忡的妻子说："放心，这场倒春寒对返青的麦苗影响不大，撒上化肥很快就会缓起来。我今天必须去小尹家一趟。"

妻子轻声叹口气，说："你就像被鞭子抽着的祟儿，站不住脚。"

这话没错。倪国岭总觉得有一种无形的鞭子在不停地抽打自己。一旦停下来，整个人说不定会瘫软下来。

他听人说，在黄河汽车配件厂工作的小尹村的尹德义回家来探亲，便打定主意去拜访一下，看有没有合作的机会。虽然他的纺织配件红红火火，供不应求，但还是隐隐感到某种潜在的危机。那时，由于纺织件的热销，市场的趋利效应促使许多大大小小的企业甚至家庭作坊一哄而上，人们都想借此分一杯羹。几乎一夜间，生产纺织件的企业作坊，像雨后的蘑菇，纷纷冒出头来。纺织器材成了炙手可热的产品，成为县域经济的主导产业。在这种火爆的外表下，其实蕴含着盲目的扩张生产和日益激烈的无序竞争。供求一旦失衡，面临的就是倒灶转产，或一蹶不振。作为企业当家人，首先就是对市场的预见和研判，居安思危。倪国岭趁外出之际，悄悄做过市场调查，和有经验的老纺织讨教，听听他们对纺织企业发展前景的看法。他已经隐约感到火爆繁荣背后暗藏的危机，决定提前谋划布局，拓宽市场，开发新产品，两条腿走路。他为此事翻来覆去折腾了半夜。汽车行业正悄然兴起，机不可失。他必须尽快和尹德义接上关系，了解目前行业的情况，再做下一步打算。他想，这事需要得到党委的支持。物极必反，盛衰交替，纺织件虽然红火，可花无百日红，应该早一步为有朝一日的衰落和萧条想好出路。况且，新官上任，这是他第一次见面汇报企业面临的情况，他的下一步打算，都应该让新书记心里有数。当然，这并不是说，他对年轻的新书记寄予多大希望，毋宁说是一种无可奈何。他对刚刚上任不久的年轻人没有太深刻的印象，只是偶尔从远处见过两次面。他甚至没想好第一次见面该对新上任的年轻书记说什么。

　　他走进公社大院时，陈书记他们前脚刚走。正在洗衣服的秘书甩着手上的泡沫，说："都下乡了。你们前后脚，有急事，兴许能追上。"倪国岭说："没什么要紧事，等回来再说吧。"秘书说："倪厂长，你可是大忙人，轻易不见你来大院了。"倪国岭说："整天晕头转向，瞎忙。"秘书说："你可不是瞎忙。王……"他自觉说漏了嘴，用手背擦一下脸，粘上的泡沫破碎了。咧嘴一笑接着说："陈书记还提到你改进的梭头，说抽空找你谈谈呢……"倪国岭心里一动。电话铃响了。秘书在两腿上抹抹手上的泡沫，说："你等一下，我去接个电话。"然后转身走进了办公室。倪国岭脑子里转着刚才的话，新上任的书记究竟要和自己谈什么呢？

　　趁秘书接电话的当儿，他转身走出大院，本能地长长舒出一口气。虽然此行未果，他却丝毫不感到沮丧和失望，倒有一种解脱似的轻松。他的眼前突然浮现出老书记那张熟悉的脸，像透过澄澈的水面看见水底游弋的鱼，清晰可辨。他的心底冷不丁泛起一股浑浊的复杂情绪，一种连自己都说不清的无以名状的类似惋惜、怅然若失的情绪。料峭的晨风携着刚冒头的和煦的暖阳，潜入心底，浑身禁不住微微战栗一下。后来他想，事实上从那一刻起，他的情绪就被某种类似同情体贴的晶亮的感情浸透了，已经在心里暗暗原谅和理解了卸任的老书记，也解脱了自己。从一般意义上来说，他是个好人，一个令人怜惜的无可奈何的好人……在某种环境中，好人的悲哀恰恰因为是没有原则。没有原则，其实也是一种原则。这么想着，那些曾经的不快和怨恨，顷刻之间像风吹落叶，委身流水，潺缓地流走了。他似乎突然明白，自己急匆匆赶来大院，其实是要给自己一个交代，一个解脱，一个台阶。过去的已然过去，一切如落花流水，宵然流逝，永不复返了。对往事的纠结流连，何尝不是一种无可奈何的伤感呢？后来，倪国岭几次去看望退休的王景义书记，双方似乎有意回避曾经的不快。一次，王景义书记还是忍不住充满歉意地提起这个话题。倪国岭说："王书记，不说了，这事早过去了……"当心底的礁石被凿开，汹涌的大海迎面扑来，他感到一种从未有过的宽阔与超脱。这是后话。

　　从公社大院出来，倪国岭急匆匆奔往小尹村去了。一路上，他的大脑异常活跃清醒，思路清晰，像雪水滋润的返青的麦田亮晶晶地闪着光。东方初升的霞彩映在粘着雪水珠儿的麦苗上，璀璨夺目。这是很长一段时间里难得的好心情，他觉得眼前的一切都充满生机和希望。

　　那次，他找到时任黄河汽车厂车间主任尹德义，因为是老乡，又都是痛快人，两人谈得十分投机，彼此说话毫无顾忌。他把工厂目前的状况如实说了一遍，说："倒不是急着找米下锅，就是怕一旦纺织件过气，再临时应急抱佛脚，怕不赶趟了。"尹德义非常赞赏倪国岭未雨绸缪的想法，说："你是个有心人，我也想为家乡做点事……"他皱着眉头思索一会儿，说："根据厂子目前的设备技术情况，有多大粽叶包多大粽子，倒是有一个产品适合你们做。"倪国岭急不可耐地问："什么活儿？"尹德义说："150汽车倒车镜的橡胶件。这个活儿，大厂看不上眼，不愿意另上一套工装设备。小厂灵活，船小好调头。不过这事，需要你们跟济南制镜厂两家配合，制镜厂负责镜片，你们负责橡胶配件。这事，我回去就马上找于总，于总也是咱们德州人，现任重汽副总，为人热情，业务精通，对这一块非常清楚。我出面牵个头，如果不出意外，这事八成能行，你看怎么样？"倪国岭说："太好了！这下厂子没了后顾之忧，你可算帮了我们大忙。"尹德义笑着说："我不过牵牵线而已，举手之劳，一家人不说两家话！"

在尹德义的帮助协调下，与济南制镜厂配合生产150"黄河牌"汽车倒车镜的合作意向很快达成。济南制镜厂负责汽车倒车镜的镜片儿，倒车镜的橡胶件儿，如橡胶大底板、穿线柱、防尘套等许多橡胶配件，则由倪国岭负责组织生产。双方紧密配合，配套生产。在经历了一场挫折之后，倪国岭甩掉沮丧和徘徊，又轰轰烈烈地干起来了。这些，年轻的新书记都看在眼里，并给予鼎力支持。此后，黄河汽车总厂又对150汽车改进研发了162汽车。倪国岭他们又新研发了162汽车上的一个新配件，进气护套橡塑合成。橡塑合成当时是个新材料，162进气护套橡塑合成的开发成功，不仅给企业带来可观的效益，也使企业的研发能力得到进一步提升，对企业的健康发展起到了助推作用，也使他的企业鹤立鸡群，名声大噪。至此，在全县大部分企业沉浸在纺织器材生产的狂热中时，他的触角已经悄悄由纺织行业伸进汽车行业。在后来的纺织配件因产能过剩由盛转衰的蜕变中，他的华丽转身成了这场轰轰烈烈悲喜剧最靓丽的一笔。

那时，社办企业作为乡镇经济的重头，是紧紧拴套在公社党委政府的"三驾马车"上的，一损俱损，一荣俱荣。因此，在公社领导新旧交替这件事上，这些人也最敏感、最关注。他们表现出极其矛盾的心理，既对过去存有某种习惯性的留恋，又对未来抱着某种希冀。他们巴不得有所改变，但又对这种改变充满疑虑，忧心忡忡。在他们看来，这种改变充满不确定性。万一改得不好，倒不如在习惯的环境里苟延残喘。就像浅水中游弋的鱼儿，一旦水被搅浑，生存处境就会更加糟糕。尤其是对新上任的年轻书记，他们有种本能的抵触和不信任，甚至不服气。兔子能驾辕，谁还养骒马呢？他们暗中观望，按兵不动，甚至拐着弯给新上任的年轻人出点不大不小的难题,想探探他的虚实。那阵子,救灾成了第一要务。年轻的书记整天待在田间,指导救灾。地分到各家各户,问题各种各样。领导成了人们的主心骨。对于社办企业,一时顾不过来。对他们做出的各种刁钻的试探,年轻的新书记不动声色,举重若轻,似乎不费吹灰之力,便把难题一一破解。几个回合下来,这些绝顶聪明的人铩羽而归。这种心理上的小小较量,让他们输得心服口服,说:"人不可貌相,海水不可斗量。是个干大事的人。"

救灾一过,新书记一反过去各有分管,书记待在办公室里听取汇报的工作模式,亲自下到工厂车间,一手抓起社办企业来了。他说:"社办企业搞不好,就不是称职的领导。不光是你们这些人,包括党委政府在内,我作为一把手,负主要责任。过去的不说,从今往后,再推诿扯皮,趁早挪挪。说了算,定了干,别黏黏糊糊一大片,捞不出个豆。我想听真话,不想听你们念喜歌。把问题讲透、想透,拿出解决办法。别一推两搡,孩子哭了搋给他娘,自己当甩手掌柜。过去说'紧性的庄稼,慢性的买卖',这都是老皇历,翻篇了。眼下是庄稼一季,买卖一句。有时一句话,就能办成大事。时间就是效率,时间就是金钱……党委政府放权,给你们更多自由,你们只管大胆干,大胆闯,敢于当第一个吃螃蟹的人。出了问题不怕,党委兜着。适当提高你们的待遇,坚决按照多劳多得的原则,效率和收入挂钩,奖优罚劣。再不能干好干坏一个样。俗话说,众人拾柴火焰高,但愿大家同心同德,推心置腹,大家能成为好朋友,好兄弟。拜托!"

这些话说得情真意切,令几个人暗暗赞叹,心服口服,说:"宁给好汉拉马坠镫,不给赖汉当祖宗。陈书记别看年轻,心胸开阔,容事容人,肚子里有道道,做事有魄力,心里有数。"

倪国岭身上的热情重新被点燃了。他的纺织件一枝独秀,黄河汽车后视镜橡胶件也红红火火地干起来了。

这年的 8 月,陈建国书记力排众议,亲自介绍发展倪国岭入党。这件事犹如一块巨石投入平静的湖面,顿时在乡场上引起一场轩然大波。

倪国岭再次成为人们关注的焦点。

这是他自己也没想到的。其实,这件事最初带给他心灵的撞击,比任何人都更大,更强烈。对入党的渴望,早已注入他的血管和每一条神经里。自打八岁随军起,他的心里就种下一颗种子,要成为爸爸那样的男人。后来,爸爸回乡当了村党支部书记,爸爸的一言一行,都成了他效仿的榜样。他记得有一次,村里党员晚上开会,他等爸爸一块回家,就在窗外偷听……后来竟不知不觉睡着了。被爸爸叫醒时,夜已深了。他对爸爸说:"俺梦见也入了党。"爸爸笑了,爱抚地摸摸他的头,说:"儿子,你知道为什么入党吗?"他懵懂地摇摇头:"不为什么,俺愿意开会。"爸爸说:"入党可不是光为了开会。"他问:"不开会又干吗呢?"爸爸说:"入了党就不能心里光装着自己的小家庭、小日子,意味着要做出牺牲。"他说:"俺不怕牺牲!"

他觉得那些党员身上有一股神秘的诱惑力量。随着年龄的增长,他少年时代埋在心里的种子也在苗壮成长,绽放花朵。在任村团支部书记时,他积极带领全村青年团员,学雷锋,做好事,不为名,不为利。一直到后来调到社办企业,他都在按一个共产党员的标准,严格要求自己。但那个坐飞机事件使他心中的追求和理想遭受到毁灭性的打击,就像一场倒春寒凋萎了希望的蓓蕾。那次事件在他内心投下的阴影,很长时间都难以抹去。因此,当新书记要介绍他入党时,他甚至不敢相信这是真的。

即使许多年之后,倪国岭仍然对心灵突然受到撞击时瞬间的那种战栗与晕眩记忆犹新。一切突如其来,毫无征兆。他甚至来不及思索,就像一只自由自在飞翔的萤火虫,冷不丁撞在透明的玻璃上。瞬间的困惑,茫然不知所措,甚至本能地莫名愤怒,犹如透明的光翼在盔甲似的甲壳裂缝里闪闪烁烁。积储在内心深处的感情瞬间像滚热的岩浆喷发出来,顿时涌遍全身,他的眼睛潮湿了。

他朦朦胧胧地觉得,自己内心深处某个柔软的部位,被一种神圣的强有力的力量攫住了……那一刻,他感到两颗有力的心在相互碰撞,如电光石火迸发出璀璨的火花。

农村有句古话:人心换人心,四两换半斤。正是这种心与心的碰撞,将倪国岭积蓄在内心的全部热情突然间迸发出来,一发而不可收。

后来他们成了推心置腹的好朋友。

三、书记的家事

　　岁月像堆积的蚁垤，随着生命的深入，会不知不觉中堆积得越来越高。如果蚂蚁也有记忆的话，当它们站在丘垤之巅，一定会想起当初搬运超过身体体积的巨型泥丸时的艰辛和不易，甚至感叹生命的流逝与忧伤。相对于生活在三维空间中的人类来说，蚂蚁仿佛是生存在二维平面世界里的生物。蚂蚁没有记忆，没有时空概念，只是凭借气味来辨别事务。在它们眼中，似乎只有前后左右，而没有上下的区别。眼前突兀的丘垤一定会令它们感到莫名其妙，仿佛凭空飞来一般。反映在它们灯泡似的复眼里的丘垤只是偶然存在罢了。而人却不同，隆起的丘垤就是历史的记忆，既是外在的他物，又是内心深处活生生成长变化着的自在物，每个颗粒都缠绕着情感和记忆，涂满生命的唾液，宛若海底深处生长着的珊瑚礁，色彩斑斓。人就像拖着甲壳的蜗牛，时常会从坚硬的记忆外壳下，伸出粉嫩柔软的肉色触角来……多年之后，那些深埋在记忆深处的往事，有时会像潮湿粘连在一起的书页，要想揭开并不容易。偶尔，或许某个折皱的页角，成为揭示展露记忆秘密的契机，像曝光的胶片在显影液里湿淋淋地呈现出来，纤毫毕现，清晰如昨。三十多年前那个冻僵的初春——就像一个头扎总角小辫儿，脸蛋儿被冻得通红，嘶嘶哈哈朝两只小手哈着热气的小姑娘——奔跑着一头扎进初夏的浓绿里去了。

　　接下来的那个夏季，蓬蓬勃勃的浓绿似乎莽莽撞撞一下子就从空中跌落到人间来了。被它膨胀臃肿的躯体激起的轩然波浪，瞬间令人产生一种陷入灭顶之灾的惊诧和心旌摇荡。恍若周围的世界顿时被饱满的绿色汁液注满淹没了，一切都青翠欲滴。

制作黄河汽车后视镜橡胶件的意向一经达成，首先需要上新的工装设备。因为资金困难，只能修废利旧，买来旧设备自己改装改造。新产品的试制，需要不断磨合和改进。倪国岭出差回来，就钻到车间里去了，整个人忙得像陀螺。常常是夜半回家，鸡鸣即起，两头星月。静谧饱满的小院对他来说，甚至不及经常下榻的旅馆更熟悉了。生机勃勃充满绿色的小庭院，忙碌的妻子的身影，儿女安恬熟睡的鼻息，一切都像久违的梦境一般。有时，他的心中会掠过一丝没来由的惆怅，意识到本不应该忽略身边最重要的东西。

雨季说来就来了，他想到简陋的厂房、残破的玻璃、壅塞的下水道，想到伙房里的伙食……这些琐事他必须操心，提前安排人做好。那段时间，他和技术人员都扑在新产品的研发上，大家的劲使在一起，汗流在一起，心想在一起，彼此不分，全是为了一个梦——一个腾飞的梦。他不能辜负他们，更不能辜负新书记的知遇之恩。其实，对于陈建国书记，他的崇敬更多来自彼此心灵的相通。这其实用不着过多语言上的交流。他们彼此十分相似。新书记说话办事干脆果断，从不拖泥带水。许多他想做的事，他似乎提前想到了，一拍即合，让人心里痛快。比如在与黄河汽车厂联姻这件事上，他把自己的设想简单一说，新书记立刻两眼放光，激动得从椅子上站了起来，在屋子里踱着脚步，说："领导就是预判预见，善于发现新的商机，及时调整企业的产品结构。一招鲜，吃遍天。大伙挤在一起抢食，不如自己想法刨食。跟在别人屁股后头，永远只能吃剩食。"那天晚上，他们谈得十分投机，对当前社办企业的整体现状及今后的发展趋势，各抒己见，所见略同。当全县社办企业为纺织配件基地的标榜狂欢，还沉浸在纺织配件热销的盲目喜悦中时，他们的小船已经悄悄转向离开百舸争流的热闹所在，另辟蹊径，朝着更加广阔的水域驶去。

在陈书记的支持倡导下，原宁津县纺织器材福利厂的牌子摘掉，换上崭新的宁津汽车配件厂。至此，经过三次蜕变和华丽转身，从最初的综合加工厂到纺织器材福利厂，再到汽车配件厂，虽然看上去仅仅换了块招牌而已，但已经不能同日而语了。其实，人们看到的只是外在有形的东西，对于内在无形的经营理念和灵魂，是看不到的。倪国岭对此十分清楚。市场经济不相信眼泪，社办企业作为正在崛起的新兴力量，如逆水行舟，不进则退，必须未雨绸缪，才能立于不败之地。不仅在设备的更新换代和新产品的研发上，而且在厂子未来发展的规模上，都要留有足够的空间。在这一点上，年轻的党委书记和他不谋而合。那时，尽管整个工厂只有一排简陋的车间厂房，十几个工人，设备陈旧简陋。挤在高高低低的民房中间,像个面目丑陋的另类"丑小鸭",样子有点可怜巴巴的。在陈书记的协调下,整个厂区进行拓展,扩大到占地十几亩。与黄河汽车总厂的联姻,已预示着这里将成为现代化企业的孵化器,昔日的"丑小鸭"将华丽转身为漂亮的天鹅,在这里起飞。倪国岭就像操觚染翰的主人,酝酿描画他的大手笔了。

梅雨季节还没结束,种植在工厂院子里暂时空闲的土地上的萝卜和绿叶蔬菜,就扑扑棱棱长满了。肥硕厚重的菜叶上水珠滚动,映着云彩缝隙里透过的久违的阳光,五彩缤纷。这些都是倪国岭见缝插针,让人在暂时闲置的空地上种的时鲜蔬菜。他还叫人砌了一排低矮简陋的猪舍,这些日子抓几只良种母猪,繁殖猪崽儿。院子暂时闲置的空地如果不利用,实在可惜。他对土地有一种与生俱来的特殊感情。他觉得人和土地的感情是相通的。你一懒,土地就会懒洋洋地躺在那里睡懒觉,眼角挂着眦毛糊,杂草荒芜,毫无生气。只有你认真对待伺候它,它才会容光焕发,充满生气,不辜负你。它会用梦一样的花朵取悦你,捧出丰硕的果实回馈你。人何尝不是如此呢?

整个梅雨季节雨水特别旺,差不多三天两头下雨。雨不大,淅淅沥沥下个不停。道路泥泞,遍地水洼。自行车没走几步,挡泥板就被黏泥塞满了,推都推不走。村边的打麦场边堆积的麦秸,湿淋淋地散发着一股霉味。树木像铩羽的鸟儿低垂着翅膀,整个绿色羽毛都沾满水,人从树下走过,翅膀轻轻一抖就是一阵急雨。农村说这是漏房雨。他已经有一段时间没有回家了,不知家里的房子漏没漏。他的眼前浮现出房子漏雨的情形,深叹一口气。阴霾的天气,连人的思虑都是忧郁的。好不容易阳光扒开云层露一下脸,心也像裂开一道缝,觉得这一缕阳光实在难能可贵,值得好好珍惜、收藏。

和陈建国书记的接触越来越频繁,倪国岭被新书记的热情和睿智所深深吸引,尤其是在企业发展上,他们的想法不谋而合,他总能得到新书记的大力支持。彼此之间渐渐变得无拘无束,无话不说,情同兄弟。当然,最打动倪国岭并让他的抵触和戒备瞬间土崩瓦解的还是后来发生的事——那一刻,就像子弹能穿透心灵,一缕灼烫的阳光射进封闭已久的内心深处,将曾经的心理阴影一扫而光,通体顿时明亮起来。他感到一股热血冲涌,内心深处某种被压抑的久违的情感像突然被唤醒,喷涌而出……

燠热的夏季很快就过去了。胀满世界的浓绿正在慢慢消退,原野现出暗淡衰黄的褶皱。待在枝头拼命嘶叫不停的知了随着凋零的败叶跌落到地上。风清气爽,蓝天高阔。湿漉漉的流萤伴着蟋蟀清冷激越地鸣唱,将清秋的夜色点缀得恰到好处——这种精灵似的季节鸣虫，时不时会跳进屋子里的灶台边，唧唧鸣唱。好像在提醒屋里的当家女人，该准备过冬的被褥衣物了——它们的鸣叫并不令人生厌，像秋风一样清爽，如月光一样清寂。庄稼人枕着清寂的琴声和丰收的香气，安然入眠。春季开始时的希望变成喜悦和满足，从吧嗒着的紫厚的嘴角和梦的呓语里流淌出来……

李义兰早早就把过冬的衣物准备停当。趁天气好，她把需要拆洗的旧被褥拆洗一遍。板结的棉被褥套，又加续一重柔软的新棉絮。拿到太阳底下一晒，软乎乎暄腾腾的一股太阳味。一家大小的过冬棉衣，自然要重新拆洗缝制一遍，尤其是孩子们，花苞一样地膨胀，重新剪裁翻制是不能马虎的。另外，她还想多做几双棉鞋，尤其是孩子，不是穿鞋而是吃鞋……这些活她必须夜里干。白天要下地干活，男人指望不上，她已经习惯不指望他了。清晨，露水湿透衣衫，冷飕飕的，整个人像泡在冰水里，她会怨恨不顾家的男人，委屈的泪水合着露水流。太阳一出来，就烟消云散了。她知道，那段时间，正是厂子爬坡的时候。男人作为掌舵驾辕的当家人，一点也不能松劲儿。她不想拖他的后腿。但她有时还是忍不住在心里埋怨，好像这样是对自己的宽慰。有时，她甚至迁怒于那位新上任的年轻书记。不知他施了什么魔法，让自家男人像变了一个人，整天忙得团团转。

多年之后，每逢倪国岭想起那个秋天，他的内心还会卷起汹涌的波澜。在年轻的公社书记说出要做他的入党介绍人，介绍他入党时，时间仿佛瞬间静止了。周围静得出奇，能听见落叶的声音。他一时不敢相信这是真的，思绪像漂浮的羽毛……说实话，在此之前，他从未认真考虑或触碰过这件事，尽管这是他梦寐以求的理想。几年前的那件事一直如影随形地困扰着他，像挥之不去的阴影。那是枚烙印般的伤疤，透明的孔洞。他想努力回避它，却徒劳无益。他从未想过自己还能入党，渐渐对此有一种本能的抵触和漠视。

当一切确信无疑，他的心首先感到的是一阵莫名的战栗和灼疼，随之是一股热血直冲脑门的晕眩感。内心却像打碎了五味瓶，一时说不清是什么滋味，整个身子就像悬浮在半空中的一片羽毛……当他独自冷静下来时，他问自己：我为什么要入党？入党究竟意味着什么？这些问题正是当初父亲问过自己的。他无法绕过，或者说，这些年一直在内心寻找着答案。为此他失眠了，想了许多许多……

父亲说，入党就是心里不能只装着小家，就是要做出牺牲……但这对妻子公平么？他想。

"吃十个豆不记腥,打一巴掌给个甜枣,就哄得你团团转。这么卖命,值得吗?"妻子说。他理解妻子的牢骚,这些年她无形中承受着心理的压力。他一时找不到合适的话安慰妻子,甚至不知道该拿什么话回答她。事实上,这是个十分复杂的问题。单纯从值不值得非常实用的角度理解,有时很难说清楚。他说:"古话说士为知己者死,土话说,人心换人心,四两换半斤。人敬咱一尺,咱敬人一丈。人心都是肉长的……"他这么说着,又觉得完全言不由衷,于是说:"这事挺复杂,一言半句也说不明白。"

妻子说:"不是俺不明事理。俺是说,咱跟人家当官的不一样。好的时候,臭蒿成了香草,不好的时候,蜜罐变成黄连。哪天一个不对,又让人跟着担忧操心……"

倪国岭知道妻子是在心疼自己。他很清楚,在自己最苦闷的时候,是妻子用柔弱的身躯和温馨的情感给了自己有力的支撑和温暖。他安慰她说:"不会的。其实,陈书记也不容易……"

李义兰并不知道,在那个年轻书记的背后,也有一个像她一样坚忍付出的女人。她从丈夫口中得知书记的家事,会心地笑了,好像突然找到了知己,说:"你们男人都一个样儿!哪天,俺姐妹俩凑到一块说道说道,非好好治治你们不可!"

其实,他和陈建国书记的心灵相通,绝不仅仅建立在"知遇之恩"上,而是有更深更复杂的心理基础。与其说出于简单的知恩图报,不如说彼此都在对方身上照出了自己的影子。当相互重合的影子和一个躁动不安的梦想融为一体时,他觉得自己整个人都变了,变得膨胀高大有点不可思议起来。原来身体里的那个小我会跳出来诧异地打量着当下的大我,略带茫然疑惑地问:"这是怎么啦?这还是原来的我吗?"

后来他渐渐明白,他们彼此的一拍即合,息息相通,源自共同的理想和抱负。新书记正是用自己的真诚和热情,点燃了他生命的激情之火。随着彼此之间的了解深入,他们成了无话不谈的朋友。原来横隔在心灵之间那层透明的隔膜,那种上下级之间本能的戒备与拘谨,荡然无存。彼此配合默契,心有灵犀,心无距离,情无敷衍,没有顾虑,无话不谈。心往一块想,事往一起做。同情体贴,不是兄弟胜似兄弟。这种新型关系,超越了一般意义上的兄弟关系,在另外一个更高层次上达成新的统一和谐。

对倪国岭来说,那个秋天,是他生命中最为难忘的,也是他事业的奠基和逐步走上良性循环的上升期。

那是个丰稔的秋天，家家户户院子里堆满等待晾晒风干攒起来的玉米棒。有的搭个简易隔潮的玉米床，周围用摆放整齐的玉米棒围成墙。有的干脆成堆地堆积在院子里，腾出手去忙地里的小麦播种。节气一过寒露，小麦就难分蘖了。心急的人家节气刚交秋分就准备插耧播种了。那段时间也是厂子最忙的时候。新产品刚刚投产，工艺技术都不够熟练，产品质量丝毫不能马虎。倪国岭几乎天天待在车间里，出现问题随时研究解决。纺织零部件也不能耽搁。人手不够，生产任务又急。偏偏又是秋收秋种的大忙季节，工人家里有地，且是家庭的主要劳动力。俗话说，人误地一时，地误人一年。几下争夺，疲于奔命。倪国岭只能让工人们轮班，机器夜里连续运转，歇人不歇马。他将秋播的小麦良种和播种施用的底肥，托袁恒山找前来拉化肥的车辆捎回家去，自己昼夜盯在厂子里。有时，他会想到家同样在农村的陈书记。乡镇干部一年三百六十五天，没黑没白，甚至没有星期天节假日，整天扑在工作上，真是难为他。他上任伊始，就对不温不火的社办企业倾注了最大的热情和心血，亲自深入工厂车间，了解当前企业的运转情况，出谋划策，解决企业面临的实际困难和企业管理人员的待遇问题，大大调动了企业管理人员和工人们的积极性。精诚所至，金石为开，就凭陈书记的一片苦心和赤诚，于公于私，自己还有什么个人得失可计较呢？

秋播之后，播种过小麦的新鲜土壤散发着泥土的气息。粮食进囤，棉花打包，一年劳作的成果实实在在地堆放在自家小院和临时的仓房里，可以踏实地睡个安稳觉了。庄稼院里的主人们进入闲适的季节。男人们倚在炕头的被窝卷上，掐着指头算计着要上缴的"提留"，一家人的吃喝嚼谷，剩余的粮食或粜或到集上抓只猪崽养起来。女人纳着鞋底，不满地嘟囔着："地分了，各顾各，提留一样不少！"男人说："皇粮国税，历代如此，没道理可讲。反正剩的总比缴的多。"女人仍旧愤愤不平，说："还有，计划生育。自古管天管地，就没有管人家生孩子这一说。妇女主任还是个没结婚的大姑娘，就整天动员，'戴环儿戴环儿'地挂在嘴上，真替她脸上冒火。"男人扑哧一下笑了。女人愤怒起来："你甭笑！这回，要剿就剿你！省得闲着没事干，闲不出好人！"

许多家庭里都在上演着大同小异的拌嘴喜剧。那时，秋后提留和计划生育是乡党委的两项重要大事。陈建国书记自从秋收秋种开始，就几乎很少回家。县里布置的阶段性任务必须完成，长期的工作目标更不能松劲。社办企业，更是乡镇的主要经济支柱，必须紧紧抓住这个牛鼻子，丝毫不能松手。这些人都是久经市场磨炼的老手，经验丰富，人脉旺盛。但处境尴尬，农工两栖，这种身份的双重性,也决定了他们脚踏两只船的摇摆性。农村有句古话:骑驴的不知赶脚的苦。要充分发挥他们的聪明才智,一心扑在企业上,就必须设身处地地为他们想,解决面临的实际困难。不能光叫马儿跑,又不给马儿吃草。在他看来,这些人恰恰代表着一种新崛起的经济力量,不可小觑。当务之急是扶持、引导、呵护,这是乡党委义不容辞的责任。过去虽然也有专人分管,但显然力度不够,忽略了他们的正常要求,冷了他们的心。作为一把手,上任伊始,首先要做的就是扭转过去的偏误,让这些人毫无后顾之忧地踏踏实实干好工作。因此,他把发展社办企业作为重中之重,亲自过问,事必躬亲,很快就和他们打成一片了。在别人看来,这些昔日处境尴尬的人一时成为陈书记的座上宾,难免会产生某种联想或误会,亦在情理之中。因此,这也为后来的矛盾激化埋下了伏根。

几十年之后,倪国岭仍然记得去陈书记家喝酒的事——那片泛着鱼肚白的初冬清晨的天空,像突然冒出灰色海面的湿淋淋的鲸鱼鳍。它富有质感深深浅浅的暗淡花纹,隐约呈现在灰色的虚空中,朦朦胧胧。小风像无数闪亮锋利细如毛发的针,扎进脸颊的毛孔里,脸上麻酥酥的——其实,根本没有风,只是行走时扰动寒冷的气流,像撞碎寒凝的玻璃而已。路边的树木满头白霜,枯草像肢节昆虫长满白色毛刺的腿部……

头天傍晚,陈书记正跟社办企业的一班人研究下一步企业如何突破瓶颈,更好更快发展的问题,突然,接到家里打来的电话。电话是书记夫人打来的,口气很急,说家里出事了。书记夫人言之凿凿,急切中带着怨怒。陈书记说:"我这里正忙,抽不开身。"夫人有些急起来,说:"就你忙得连轴转,这个家别要了!"说着,气呼呼地挂断电话。倪国岭说:"陈书记,还是回家看看。一个女人顶家过日子,不容易。再说,我们正想认认家门,见见弟妹,去你家喝酒。工作的事,随走随谈也是一样。"陈书记咧嘴一笑,说:"好吧,去我家喝酒。"

于是,一伙人骑车,直奔陈纸坊陈书记家。一进门,陈书记问:"到底出了什么事?"妻子说:"什么事?老鼠成精了,你到底管不管!"倪国岭说:"弟妹,别着急。你说,到底出了什么事?"书记夫人一指院子里的玉米攒,说:"老鼠们在里面开会呢!"

侧耳一听,果然,玉米攒内鼠奔乱窜,叫声不断。不用说,那里已经成了老鼠的快乐王国。书记夫人是个快言快语的人,说:"一年的收成,一家人的嚼谷,都在里头,眼看着被糟蹋了,哪个女人不心疼,这日子还过不过?谁像你们男人,吃凉不管酸,倒了油瓶儿不扶,整天仨饱一个倒地当甩手掌柜。你们有本事给人结扎上环搞计划生育，就没法治治老鼠，让老鼠少生不育？"

一句话把大伙都逗乐了，说："老鼠成灾了，家家闹得欢，连猫也不怕了。"

倪国岭说："弟妹，甭急。我们给它来个连锅端。"

当晚，几个人一起动手，把玉米攒拆开重新攒好。忙完已是后半夜了。书记夫人有些过意不去，要动手下厨炒菜，说："让你们跟着受了大半宿的累。"倪国岭说："弟妹，你去歇着，天不早了。有现成的，我们自己再对付俩毛菜，就得了！"

从陈书记家出来，已是遍地鸡鸣了。偶尔夹杂着一两声狗叫声，点缀着刚刚从沉睡中被唤醒的村庄和惺忪迷蒙的霜晨。虽然已经进入冬季，但天气并不怎么冷。好像那个细雨飘零的阴郁的晚秋沉陷得更深一层，变得平静祥和了不少。人们的走动扰动了凝滞的清寒，噼里啪啦霜碎了一地。当温柔的曙色展现出明朗的容颜，微醺的头脑也清醒起来。他们一路说笑着回到驻地，已是上班的时间了。

倪国岭远远看见工厂大院门口围着几个人，指指点点情绪激动，他本能地感到发生了事情，骑在自行车上单脚着地停了下来。陈书记问："那些人围在门前，出了什么事？"倪国岭说："没事，一定是牌匾的事。我约好门楣上的字迹重新粉刷一遍。"陈书记说："好。新追求，新气象。牌匾是脸面，要弄得精神神的。"说着，骑车直奔公社大院去了。没走几步，又回头说："你待会儿到我办公室来一趟。"倪国岭答应着，在原地稍停片刻，轻轻舒出一口气。刚才，他没有对书记说实话。大清早有人堵在门口，显然是发生了事情。从那些身影和动作，他隐约感到仿佛与驻地的居民有关。这些年，工厂建在村子里，少不了有些邻里纠纷。他愿意私下协商解决，不想给书记添麻烦。于是便顺嘴说个理由，搪塞过去。他没想到，那次竟是驻地的村支书带人上门兴师问罪了。

他刚到大门口，门卫迎上来小声说："倪厂长，支书气呼呼地带人找你解决问题，拦都拦不住……你要不要躲一躲？"

倪国岭说："躲什么？疖子不出脓，早晚会是疮。他来得正好。有组织出头，公对公，事情摊开说，就更好办了。平时鸡毛蒜皮的小事，还真不好意思劳他的大驾。"话是这么说，可他明白，俗话说，来者不善，善者不来。村支书一大早兴师动众找上门来，八成是与厂里的基建有关。

前两天，因为疏通排水管道，就曾有人出面阻拦，说占用了他家的地方。事出有因，原来厂里要招收两名技术工人，那家刚好有个孩子毕业没事干，想进厂里干活。倪国岭婉拒说："现在招收的两名技术工人，都是成手。厂里技术攻关,正需要。孩子的事,等车间改造完毕,一定尽量安排进厂干活。"那人一脸不悦,嘟嘟囔囔地走了……难道与此事有关?

倪国岭这么想着,走进了工厂院子。

有人说:"说曹操曹操到,他来了。支书,这回你可要主持公道。"村支书噗地吐掉嘴上叼着的半截烟头,说:"有理走遍天下,无理寸步难行。后魏的地盘养后魏的人,天经地义。别说在咱自家这一亩三分地上,就是去了县政府,我也为你争个公道。"

倪国岭对支书说:"支书大驾光临,一定有事。"支书说:"无事不登三宝殿。芝麻官,孩子生日娘满月,鸡嗛磨眼狗舔磨台,跑腿传舌,都得管。我有一事不明,特来讨教。"

倪国岭已经闻到支书话语里的火药味,笑着说:"有话坐下慢慢说。这些日子,一味地瞎忙,总想抽空咱哥俩好好坐下来唠扯唠扯。今儿你来得正好,我正有事找你商量呢!这事我跟陈书记插过一嘴,待会儿我们一起跟陈书记说道说道。"

支书说:"受人之托,忠人之事。这事用不着找陈书记,咱俩就能解决问题。这两天我没在家,回来就有人登门,说占着咱的地,胳膊肘子往外拐,当初定的规矩,优先安排村里人进厂还算不算数?这话问得我哑口无言……"倪国岭刚想解释,支书摆摆手说:"我知道你想说什么,这事不用解释,老百姓眼窝浅,凡事只顾眼前。咱干着这营生,又不能当缩头乌龟。我警告过他们,有事说事,不能胡来。无论如何,你要给我个台阶下……"

后来,这事传到陈书记的耳朵里,他把他俩叫去,当面做工作协调,并将村支书带人上门闹事的恶劣影响批评一顿,双方握手言和。支书说:"对不起,兄弟,我是炮仗捻子,一点就着。别人在耳朵边一吹风,就带人去你厂子里闹,实在不应该,你别往心里去。"倪国岭说:"咱这叫不打不成交。"

四、列车上的元旦

　　斯达·斯太尔载货汽车是中国重汽从奥地利引进的具有世界一流水平的生产线项目(所有配件均为进口)，是国家"85星火计划"重点项目。具体分工为：中国重汽技术中心负责技术研发，卡车公司负责生产制造，济南座塑厂负责汽车内饰件、座椅生产(后更名为中国重汽济南汽车内饰件厂、座椅厂)。当时，国内汽车驾驶室内没有内饰，车内根本没有内饰。车内装饰多用海绵＋面料＋胶合板代替。中国重汽也没经验，因为研发周期太短，经过权衡，考虑小厂比较灵活，船小好调头，决定把项目放在宁津(宁津有供汽车橡胶配件的基础)。进口内饰件要达到隔音、隔热、阻燃、抗撕裂等各项技术指标要求。俗话说："没有金刚钻，别揽瓷器活。"倪国岭却硬着头皮揽了下来。他相信那句话："世上无难事，只怕有心人。"只要用心去做，就没有攻克不了的难关。

　　一切从零开始，谈何容易！1989年，项目正式启动。当时，他们先接到的是驾驶室内的三个大部件(发动机衬垫、顶盖衬层、后围衬层)。接下来，首先要制作工装、模具、设备等。如果去市场采购设备、请专业厂家制作模具，所需资金达上百万元。对于这样一个小厂来说，无异于天方夜谭。倪国岭说：活人不能叫尿憋死。没钱想没钱的办法，比着屁股裁裤子。自己动手，花小钱办大事……

　　他们夜以继日，反复试验，失败了从头再来，毫不气馁。在这样一群拼命的人面前，还有什么困难是克服不了的呢？

　　产品定型需要压机，他们就因陋就简，从钢材市场买来圆钢、钢板及废旧设备配件,自己动手,制作了第一台人工合模压力机,用传统榨油的油墩进行改造,用手动油泵,人工加压。上上下下,循环往复,每次合模加压需 1300 多次,才能使模具完全闭合。后来,小批量生产后才逐步改造成电动,提高了效率,减轻了劳动强度。这是他们迈出的艰难的第一步。发动机衬垫模具制造也是这样,按照产品的形状和尺寸,用钢板分割焊接到做模具雏形再去加工,一道道工序,无数技术难点,没有专业技术人才,就在干中学习摸索,失败了重新再来。每个人都被逼成了多面手。模具的雏形出来,去哪里加工呢?当时,本地只有宁津机械厂有一台大型龙门刨加万能铣头的大型设备。于是,刘友良和杨成立两个人,白天黑夜陪在机械厂周师傅身边,反复加工三次,历时近两个月才完成,最终达到模具使用标准。在发动机衬垫模具和自制压机完成后,接下来是产品试制。进口发动机衬垫的结构材料为聚氯乙烯+橡胶+非纺毡+聚氨酯+铝箔纸复合而成。根据当时国内的现状,许多化工材料胶黏剂还是空白,他们就用国产材料代替。经过反复试验,最后采用面料+非纺毡+海绵+自制丁腈胶和天然胶制剂,经热压复合成型制成产品。经检测,完全符合进口件的技术标准条件并满足装车要求。这一胜利大大鼓舞了员工士气,工人们的干劲空前高涨。大家说:"国际标准,听起来高大上,不过就是穿龙衣的娘娘,咱这土窝里照样能飞出金凤凰!"

那时,简陋的厂房是过去炼油的简易大棚改造而成。两排破旧寒碜的平房,是宿舍兼临时休息室,一间办公室两个小车间。没有仓库。批量生产之后,车间场地不够,就在院子里临时搭棚。没有库房,材料和产品就码放在院子里的空地上,上面盖上苫布。每逢雨雪天气,工人们首先想到的是院子里的那些宝贝是否受到雪侵雨浇,第一时间跑去加固苫布,以免被风掀翻。临时搭起的篷布车间里,机器的轰鸣声合着风声雨声。雨水从缝隙和棚顶漏下来,在地上砸出许多小坑。冰冷的水珠滴在人们的脸上、身上,和着汗水一起流淌……没有一个人叫苦。有人开玩笑说:"老天爷撒尿泚尿窝儿,淋着淋浴好干活儿,爽!"

时令已进入冬季,北方的冬季,仿佛在深秋的边缘翘起摇晃 下身子,突然跌进寒冷的冰窟窿里了。

在发动机衬垫的工装模具制作的同时,后围衬层和顶盖衬层的材料还没有着落。为了寻找替代材料,倪国岭和孟宪华经理陪同中国重汽的王立义总工,一行三人,冒着严寒踏上南下的列车。

从家里出发时,落了第一场雪。天地间白茫茫一片,池塘河流结了一层冰，镜子般映照着瑟缩羞怯的阳光……根据得到的消息，他们第一站直奔湖北潜江。

从武汉去潜江的长途汽车颠簸得很厉害，摇摇晃晃得像个甲壳虫，笨拙吃力地爬行着。车厢里的人摇头晃脑，昏昏欲睡。其实，未必是困倦难耐，因为睁着眼睛没东西可看，相互大眼瞪小眼，倒不如闭目养神。虽说江南的冬季依然绿树葱茏，感觉不到多少凋败的样子，但汽车的窗玻璃上，已经结了一层厚厚的冰霜花。仿佛整个车厢都被密封在冰雪中，吃力地摇晃着身子，吭哧吭哧地喘着粗气。仔细看一下那些呼吸呵气凝成的霜花图案，呈现出梦幻般的样式，倪国岭心中十分惊奇，他好像从未这样近距离认真仔细地打量注视过霜花。它的鲜活和灵动，俨然和人的心情环环相扣，心心相印，他甚至不忍心伸出指头去触碰它。

有人说，霜花形成的花纹，其实与人的心情和思绪有关。心存善良美好，呵气形成的霜花就漂亮。对此，他深信不疑。

三个人下了火车转汽车，其他两人的样子显得有些疲惫，摇摇晃晃地闭目休息，只有倪国岭很亢奋，恨不得一下飞到目的地。自打与重汽联合开发斯太尔汽车内饰件国产化以来，太多的人和事让他感动。这些活泼的面容，时常会像走马灯一样在眼前闪过……

那次，重汽的吴建德厂长，亲自从济南开车来宁津视察。正是秋雨连绵的季节，小雨淅淅沥沥下个不停，平地积水，道路泥泞。整个世界像刚从水里捞出来一样，到处滴滴答答地滴水。天地之间混混沌沌冒着烟缕样的雾气，吸足水分的麦秸散发着一股霉味，人的心里也像长出了苔藓和蘑菇。夜里刮起西北风，气温骤然下降。风刮得很大，树木发出呜呜的呼啸，像一个粗鲁暴怒的黑汉抱着树身拼命摇晃。天明一看，地里刚卖过花花线的玉米倒伏了一片。路边碗口粗的树木，被连根拔起掀翻横倒在路上，树根不甘心似的紧紧抓住一大坨泥团，像攥紧的拳头。吴建德厂长他们顾不得这些，天刚放亮，风没停稳，就迫不及待地开着"伏尔加"小汽车上路了。从济南通宁津没有柏油公路，都是平时被各种牲畜拉的车辆碾轧得坑洼不平的土路，路况十分糟糕。再遇上下雨，就成了烂泥塘。一路上，他们的伏尔加小汽车，像陷在泥窝里的甲壳虫，嗡嗡地哼唧着，艰难地向前爬行。不时，车轮会陷进深深的泥坑里，几个人下车推，弄得满身泥水。遇到横躺在路上的树木树枝拦挡去路，直接拖开，或就近找老乡帮忙，用锯子将树身截断，挪开……可谓逢山开路遇水架桥——从早晨六点，一直到过午的两点多钟，240里的路程，他们整整用了8个小时才走完。当倪国岭抓住一身泥水满脸疲惫的吴厂长的手时，激动得半晌说不出话来。吴厂长拍拍他的肩膀笑着说："总算到家了。这一趟，来得真不容易，学会了锯木头搬木头，将来能当铺枕木的铁路工人了。"虽然是句玩笑话，倪国岭听了眼睛一热，说："吴厂长，真不知道该说什么好。路遥知马力，日久见人心……"他觉得这话有点空洞不着边际，一时又找不到合适的话来表达激动不已的心情。吴厂长说："咱们之间，用不着客套。不瞒你说，忙乎了大半天，肚子有点咕咕叫了。"众人一阵大笑……

一想到这些，他就显得格外亢奋和激动。潜江有一家麻纺厂，是全国做麻袋布的主干厂，也是粮食系统定点麻袋生产厂家，主要生产麻袋布和地毯用的针刺麻毡。这个麻是天然麻，是否能用地毯垫层做汽车内饰件的替代材料？他心里没底，那种急切心情，恍惚是坐在乡下颠簸摇晃的牛车上。江南的冬天别有味道。虽说是冬季，但与北方冬季的冷凝僵硬与萧索大不相同。好像慵懒困倦的美人，柔软地歪在那里打瞌睡，不小心弄乱的发髻，随着憔悴凌乱的靡草飘动。树的叶子被染上各种不同的颜色，汁液饱满，大地柔软的肌肤仿佛随着轻轻的呼吸在起伏……透过车窗看到的景象很快就被漂亮的霜花蒙住了，好像微微闭合的美人眼睑。不能凭窗朝外观望，人们只能收回目光。

在潜江的对接十分顺利。王立义总工说："这种麻纤维自然环保，经过加工处理，作为同类产品的替代材料，质量应该没有问题。"倪国岭长长舒了一口气，好像心里的一块石头落了地。随即，他们马不停蹄，从宜昌"九码头"买船赶赴重庆，赶往下一个资源点，争取在元旦放假之前，完成对接。

宜昌素有"川鄂咽喉"之称，长江穿城而过。作为长江中、上游分界线，地理位置举足轻重，是长江航运的中转港。从宜昌出发，经巴东、奉节、万县、忠县再到涪陵，一路逆水，过瞿塘峡、巫峡、西陵峡这三峡，全长约200公里。时令虽是冬季，山青水碧，绿树葱茏，给人的感觉却依然像无限延伸的秋色排闼而来。三个人无心留恋两岸风光，一心只盼船儿快行——眼看元旦就要到了，抓紧把事情办好，尽快赶回去。

到达重庆时，已是月末下旬了。重庆的冬天，空气湿润，并不像北方平原上干燥寒烈的冬季，倒像延续很深的细雨滋润的晚秋。早晚加穿一件绒线毛衣，即便是雾气迷蒙，也是柔柔的酥软，并不僵硬。倘若太阳出来，尽管也只有柔柔的光芒轻轻地爱抚，但浑身顿觉热烘烘的暖意，心情也激动得雀跃起来——这是个难得的被朗日惠顾的日子。王工介绍说："重庆属中国的高湿区，雨量充沛，日照最少。冬暖春早，夏热秋凉，冬、春季日照更少，多云雾，少霜雪。空气湿度大，整天雾蒙蒙的，因此又叫'雾都'。全年雾天就有一百多天，比日本的东京和英国的伦敦还厉害，是世界之最。"倪国岭说："冬季的雾，应该好一些吧？"王工摇头一笑："冬春季节更厉害。所以，重庆的辣子火锅有名气，大概是为了驱逐寒湿气。"孟宪华说："这些南方人吃辣，真是服了。"倪国岭说："下了船，先去吃一顿正宗的麻辣火锅……"

重庆是嘉陵江、渠江、涪江三江交汇，形成了三江六岸的独特格局。城市三面临水，一面靠山，依山建成，楼房层叠耸起，道路盘旋而上，城市风貌十分独特，是名副其实的山城。

一下船，倪国岭就被这座奇特的城市深深吸引住了。与其说城市是矗立在起伏的山坡之上，毋宁说是层层叠叠、错错落落依次挂在高低不同的界面上。依山坡而建的建筑物，上下落差极大，参差不齐地交织着，既拥挤又疏朗。由于雾气沁润，路边建筑物的墙壁显得厚重灰暗，窗玻璃泛着莹莹的白光。曲廊窄巷，石阶过道，紧傍建筑物迂回盘旋。两人对面行走，需侧身才能通过。高处突兀的树枝和人家阳台上晾晒的衣物，万国旗似的在头顶上招摇，让人有一种攀缘在相互叠摞着层次纷繁的立体世界里的感觉。走在曲折蜿蜒的过道上，聚集在高处树叶上的水滴会滑进路人的脖颈里，令人顿感浑身凉飕飕地晶莹剔透。这里的雾气，好像随时随地就会生出来，如纱如烟，袅袅娜娜，绕枝缠树，朦朦胧胧，恍若亦真亦幻的仙境。

尤其是到了晚上，华灯初上，万家灯火相互辉映，犹如满天星汉，瑰丽之极。两江汇流，双桥比邻。江中百舸争流，流光溢彩。桥上万紫千红，动如游龙。车辆舟船，纵横穿梭，错落有致，动静相宜。构成一幅高低井然，远近相互辉映的灯的海洋。

这真是个如梦如幻的城市，就像娇嗔羞怯地躲在轻纱后面的新娘。无论白天黑夜，你无时无刻不会被她轻柔的气息所包围，在枕边，在耳畔，轻轻地、柔柔地萦绕徘徊，把晚饭后升起的一点睡意都赶跑了。躺在床上睡不着，互相说着白天的见闻。孟宪华说："林子大了，什么鸟也有。刚才，我去洗漱间，听见隔壁住的那位本地老客，管服务员要媳妇呢！"二人听了，都忍不住笑了，说：'这怎么可能？是你想媳妇了吧？"孟宪华认真地说："我也纳闷，可我亲耳听到的，这还有假？"倪国岭说："他怎么说？"孟宪华一本正经地学着那人的腔调，说："服务员，没得媳妇儿哟！"王工笑道："人家是要洗衣粉呢！他们管洗衣粉叫'洗粉儿'，管鞋叫'孩子'，这下连媳妇带孩子全有了。"三人听了，哈哈大笑起来。

入夜，迷蒙的夜气像浮着一层水，像北方化雪的天气，身上的衣服和被褥潮乎乎的，冷飕飕的。心里也湿乎乎的。从下榻旅馆的窗口望出去，雾霭笼罩下的夜重庆，灯火闪烁，高高低低，几乎与迷蒙的星河浑然一体，愈发显得神秘。

他对王工说："现在家里等米下锅，趁元旦放假前，就是求爷爷告奶奶，也要把替代材料和需要办的事情办妥。不然，就拖到下一年了，我这心里总不踏实……"

1989 年岁尾最后一班绿皮内燃机客运列车驶出重庆站，已是万家灯火了。车窗外灯火辉煌，沿街的商家门口挂起庆祝元旦的大红灯笼和红条幅标语，人们沉浸在节日的气氛之中。列车鸣着长笛，先是恋恋不舍地挪动着脚步，缓慢地驶出车站，接着，一声长鸣，迈着节奏欢快的步伐，开始北上的旅程，从雾蒙蒙的山城暖冬，奔向北国冬季的冰天雪地。再见了，重庆！再见了，雾都山城！

在 1989 年即将结束的最后一天，他们终于完成了此行的使命，像逆行的候鸟，开始返程了。车厢里有些冷落，没有平时的拥挤不堪。人们都待在温暖的屋子里，一家人团聚在一起。只有少数在旅途列车上奔波的人，跨在 1989 年风驰电掣的时光列车上，与时间进行最后的赛跑冲刺。倪国岭突然觉得有一种说不出的伤感。虽说出来仅仅半个多月的时间，却感觉像半个世纪那样漫长。当整个身心突然如释重负，完全松弛下来时，整个身子和感情都软绵绵的了，像要飘起来。他感到一阵难以抵御的兴奋的疲惫袭上心头，好想痛痛快快睡一觉，一直睡到自然醒。广播里正在直播 1990 年元旦晚会，一个女歌手在唱着歌：

多少岁月只见太阳出山落山
只知道起早贪黑拼命地干
一个乡下的女人
挑着土地和命运的重担
任重的大山把我紧紧围住
只盼望生活能有小小的改变
只盼望生活能有小小的改变
我要去看看　看看山外青山
再戴上一朵　戴上一朵红杜鹃

......

倪国岭脸朝窗外，黑魆魆的原野什么也看不见，偶尔一点闪烁的灯光像流星一样映在窗玻璃上，一闪而过，落入遥远的天际，仿佛一声被噎住的轻轻叹息。在辉煌的灯火里，突然映现出妻子的面容——那个屠弱的身姿和略显憔悴的面容像一枝杜鹃花一样在眼前颤巍巍地晃动、绽放。

孟宪华用胳膊肘碰了一下沉思的倪国岭，说："想什么呢？"

倪国岭微微一笑。这个问题很难说清楚。或者说那一刻他什么也没想，抑或说历史的过往风驰电掣般划过脑际，像一颗拖曳着叹息尾巴的流星消失在黑暗的历史长河之中……

1989 年最末一班列车承载着曾经的欢乐和忧伤在广袤的原野上奔驰。车厢里的联欢晚会正在进行，多才多艺的女乘务员首先用一曲甜美的歌曲作为开场。接下来，旅客们纷纷操着不同口音，载歌载舞地表演起各自擅长的节目。车厢里的气氛顿时热烈沸腾起来，在联欢的音乐和人们相互祝福的狂欢里，列车迈着欢快的步伐跑进新的一年。

黑暗中，风驰电掣的列车正越过高山大河，行驶在广袤的原野上，向着北方那个悸动在残雪覆盖下的 1990 年的春天疾驰。

1990 您好！春天，您好！

五、冬天里的春天

从重庆回来，就接近农历的年底了。进了腊月，春节眼瞅着就碰到鼻子尖上，喘气都能嗅到年味了。腊八节的头天夜里，落了一场雪。鹅毛似的雪花像给大地盖了一层厚厚软软的棉絮，暖暖的。都说，下雪不冷化雪冷。太阳出来时，粘在树枝上的雪融化了，滴滴答答的。空气湿度大，像流动着的冰水，所以感觉特别冷。

对庄稼人来说，这却是最清闲也是最安逸最富足的时光——粮食进囤，地净场光，饱食终日，袖手蹲在墙根下惬意地享受阳光曝晒，悠闲地到街市上背着手视察似的逛一圈，旷野里空气清泠，残雪映着阳光，格外有情调。这是给个什么官阶都不换的静好岁月啊！这是一年当中最寒冷的季节，但也是最温暖的季节——俗话说，腊七腊八儿，冻死叫花儿。小大寒交替的节气，正是最冷的天气。加上化雪的陪衬，就更冷得有滋有味了。但人们心里却格外热乎，蠢蠢欲动。每年一进腊月，人们早已忍不住"春心萌动"，明面上看，是被过年的各项杂乱事务所困扰忙乱，暗中却对这种悠闲的困扰忙乱感到十分惬意和享受。过完腊八，再有半月就是辞灶日。辞灶日是个重要节日。这天，除洒扫庭院贴年画外，最重要的程序是打发灶王爷上天汇报。女人念叨着"上天言好事，下界多平安"的话，顺利完成了辞灶的仪式。黏嘴的糖瓜儿是少不了的，这多少有点贿赂的意思。

庄稼院里的当家男人们，这段时间是最悠闲也是最为慷慨大度的时光。为讨女人和孩子欢喜，在年集上，他们气宇轩昂出手阔绰，一反平日里的吝啬小气，变得大手大脚起来，说："钱是孬种，越花越涌。"不能哄娘们儿孩子欢喜，还叫男人么？嘁！因此常被女人唠叨埋怨，他们却满不在乎。

对于倪国岭来说，这些都是奢望。甚至连女人的埋怨唠叨，也是一种奢望。从重庆回来，他连家都没顾得回，就一头扎进新产品的研发试制中去。成立了以孟宪华、杨成立、刘如良等人为主要成员的攻关组。配合重汽的王立义总工，利用春节前这段时间，趁热打铁，抓紧研发试制，争取一鼓作气，攻克难关，尽快拿出合格的样品。因为重汽和许多厂家都在等待着他们的产品。合同已经到期，国外的供货眼看中断。从老总们的眼神里，倪国岭感到肩上的担子重大。经过反复权衡，他们决定采用麻纤维做后围和顶盖衬层的替代材料。这样虽然成本会略高一些，但更为环保，质量更为上乘，市场前景更为广阔。他认为，做就做最好的。

那时，倪国岭就像上了发条一样，一刻也不能停下来。他总觉得背后像有人挥着鞭子驱赶着。在外面考察材料资源时，他就有这种感觉。好像有某种无形的东西在如影随形地尾随着，追逐着，你快他快，你慢他慢，甩也甩不掉，使他心绪不宁，心慌慌的……后来在列车上过元旦，他突然一下明白，原来那个无形的玩意儿就是叫作"年"的家伙。元旦无非是"年"的孪生兄弟。据说，年是一种专食光阴的怪兽，这家伙正踞伏在暗中觊觎着，随时会扑过来……人生何尝不是如此？岁月在不知不觉中像流水般一年年消逝，人的生命，也在不知不觉中被这家伙慢慢蚕食吞咽到肚里去了。人活着，必须抓紧做事。

确定麻纤维作为内饰的基础材料，然后进入紧张的试验。负责技术的杨成立主任，作为技术骨干，披星戴月，呕心沥血，全身心投入到项目的研发中。那段时间里，他一心扑在产品研发上，满脑子装着要攻克的难题，绞尽脑汁，像着了魔。常常睡梦里一骨碌爬起来，为一闪而过的想法而激动不已……用各种土办法，先是对材料浸胶，每个部件浸四十斤汽油，来代替聚氨酯的缺乏。经过反复多次试验，终于取得成功。他整个人看上去瘦了一圈，眼睛里充满血丝……接着，又投入到工装设备和模具的制作中去了。好在，前边有车，后边有辙。自己动手，自力更生。没有大型液压机，就买陈旧设备，用制作三合板的1200液压机，自己改造。最初只有一台设备，后来添置到三台。所有配套的东西从结构到设计，都是自己改造，自己设计制作。后围衬层主体模具加工，委托济南汽车制造厂工具处加工制作。顶盖衬层模具，委托泊头模具加工厂制作。

刘友良那时还是年轻的小伙子，是负责生产的车间主任。他曾在县区划办工作，因为家属在农村，辞职回乡下来了。聪明的小伙子将自己的聪明才智完全投入到工作中。他事必躬亲，身先士卒，亲自动手设计改造设备，和工友们吃住在一起,学会了车铆电焊各种本领,成了既是指挥员又是战斗员、技术员、质检员的多面手。

腊八这日一大早,李义兰早早就把腊八粥熬好了。农村风俗,腊八节又是尝新节,新熟的五谷豆类用黏米加大枣,熬成香甜的腊八粥,越早预示着今后的日子越红火。五谷的馨香和大枣的甜蜜,在屋子里飘荡。倪国岭被一股诱人的香味唤醒时,天已经蒙蒙亮了。窗玻璃上蒙着一层白霜,光斑在一闪一闪跳跃。昨天很晚回到家,脑袋一沾枕头就打起鼾声。嘴里不时说着梦话,好像梦见什么喜事。妻子推推他,他翻过身又睡了。他太累了。从重庆回来,他几乎很少回家,白天泡在车间里,晚上,办公室的灯光通宵不灭。困了,就趴在办公桌上眯瞪一会儿。妻子看见他那副疲惫不堪的样子,既心疼又无奈。虽然他嘱咐要早些喊他,她却不忍心叫醒他,好在时间还早。外面又下了雪。这场雪下得静悄悄的,没有风,雪花像棉絮一样慢慢在空中飘,很轻地落在地上,世界成了个大棉包。狗不叫,远处偶尔传来惺忪迷蒙的鸡叫声,好像老大不情愿似的。

他一骨碌从热烘烘的炕上爬起来,边往身上套衣裳边问妻子:"什么时候了?"妻子搅着锅里的腊八粥说:"还早呢!再睡会儿。看你一惊一乍的。"倪国岭说:"不行,我得赶快去厂子里。"妻子说:"外头下雪了……"倪国岭说:"下刀子也得去。今天是新项目试制第一天,只能成功,不能失败……"妻子说:"那也用不着着急忙慌的,腊八粥熬好了,喝一碗再走吧,道上暖和。"倪国岭说:"不了,烫嘴。万事开头难,我必须早点赶过去。"妻子无奈地轻叹一声,说:"那就穿上翻毛大头鞋,路上踏雪不冰脚……"又嘱咐说:"一大早,道眼儿不明,路上小心点。"

头天,他就安排伙房,早起熬一大锅腊八粥,越早越好。粥料不多不少八样,是凑个"八",都是他精心挑选的。八和发是谐音字,近年来十分走俏,好像一沾八字就能发家似的。从家里出来,街上不见人影,迷迷蒙蒙的。有开门的吱扭声。半空中漂浮着轻微的雾霭,像嘴里哈出的热气。天地间仿佛有个人腆着肚子躺着粗喘。到处白茫茫一片,积雪把一切都掩盖住了,沟壑道路变得模糊不清,他只能凭着印象趟着积雪一步步往前走,积雪在脚下发出咯吱咯吱的呻吟。时有野兔跳动,从眼前滑过,深深浅浅歪歪斜斜窜进麦田里不见了。

他到达工厂时,热气腾腾的腊八粥已经熬好了。工人们陆续地来了,帽耳上蒙着一层白霜,跺着脚搓着耳朵说冷。大家开着玩笑,各自盛了满满一碗黏稠的腊八粥,捧在手里,浑身顿时暖和起来。有人说:"一吹一个浪头,一喝一个窝儿,围着火炉子喝粥,给个公社书记也不换!"

倪国岭说："都说瑞雪兆丰年，这是个好兆头。说明咱们就像一张白纸，可以写出更好的文章，画出更美的图画。今天的腊八粥，也是咱们新产品启动的第一顿饭，具有特殊的意义。长果（花生）代表着成果。枣，既代表着咱们出手早，抢占市场先机，又有期盼着早出成果的意思。黏米，希望咱们要像黏米一样黏在一起，团结一致，齐心协力。红黄黑绿豆加豌豆，都是一家人亲兄弟，没说的……八样食材，寓意咱们八仙过海各显神通！诸位弟兄，多多拜托！大家加把劲儿，争取早点拿出新产品！"大家听罢，齐声喝起彩来："说得好！想不到这顿腊八粥里还有这么多味道！"

一个说："我还以为'早（枣）生（花生）立子（栗子）'老一套哩。让咱厂长一说，原来还有这么多讲头。"另一个说："这就是文化，凡事都有个寓意讲究！"

杨成立说："万事开头难。大家警醒点，记住技术要领，干吧！"

那个冬天既格外冷，又异常热。

外面天寒地冻，滴水成冰。车间里却热气腾腾，挥汗如雨。从新项目试制到批量生产，就没有节假日星期天，甚至没有上班下班的概念。大家心往一处想，劲往一处使。甚至没有管理人员和普通员工的区别。工人随时可以提建议，出谋划策。管理人员身先士卒，同甘共苦，既是战斗员又是指挥员。

寒冷的冬季，锅炉停烧一次，再次点燃加热要浪费许多能源。为节省成本，锅炉昼夜不停烧，机器24小时连续运转。工人分成两班，每班12小时。歇人不歇马，连轴转。产品需要烘干，冬季的太阳靠不住，他们就在屋子里围一圈暖气片，对产品进行烘干。锅炉除垢，没有除垢剂，他们就土法上马，根据地瓜汁粘炉壁不粘垢的原理，采用地瓜除垢……这种最原始的操作方式和现代工业的水乳交融，组成一幅动人的画卷。工人们夜以继日，高强度的劳动，超负荷运转，铁打的人也有点吃不消。员工王海民，趁产品定型的空间，躺在锅炉旁循环水池边的水泥围墙上休息一会儿，头一沾地就睡着了，却不小心掉进水池里，大家连忙将他从水池里捞上来……外面寒风肆虐，滴水成冰，他换上衣服又继续干起来。有人劝他休息一下，他风趣地说："冲个澡，睡神跑了，精神了……"

那个冬季，在这个名不见经传的鲁北乡下普普通通的社办工厂里，这些普普通通的人们，正在用他们的顽强坚持和聪明智慧书写属于他们的传奇故事。

那个春节，倪国岭是在紧张忙乱和惊喜中度过的。直到除夕夜，他才匆匆回到家，陪父亲一起过除夕守岁。这是一年中父子俩待在一起最长的时间，辞旧迎新，从过去的一年跨入新的一年，新旧更迭，也是最有神圣感和仪式感的时刻。堂屋里的灯烛彻夜不灭，供桌上供奉着族谱和天地君亲师的牌位。院子里零星撒下的芝麻秸秆,人踩上去发出清脆的碎裂声,听上去格外清脆悦耳,俗称"踩岁"。过年的年货和孝敬父母的钱,妻子早已送过来。每年的除夕夜,他都要陪在父母身边。父子俩一壶老酒,边喝边说。他是家里的长子,尤其是少年时随军的经历,他对父亲的崇拜,更加根深蒂固。军营里的父亲和复员后任村党支部书记,都是他效法的对象。父亲的严厉是出了名的,因此,村里的女人常常拿来吓唬不肯听话的孩子。但父亲的爱是热烈而含蓄的,就像火山炽热的岩浆,隐藏在冷酷的外表之下。尽管他很少当面跟儿子表达他的爱,甚至不习惯和不知道该如何表达。但他知道,父亲一直在关注着他。尤其是从支部书记的位置上退下来之后,父亲变得有点沉默寡言。有时,他好像要对儿子说点什么,又不知道该怎么说,结果话到嘴边又咽回去。"爸,有事吗?"父亲连连摇着头,说:"没事,没事⋯⋯"父亲老了,不知不觉中老了。他怕人老了唠叨惹得年轻人不高兴。有时,脸上甚至带了点巴结的笑容。父亲渐渐老了,很寂寞。他觉得突然理解了父亲。同时也非常内疚,自己因为忙于工作,陪他说话的时间越来越少,昔日心目中形象高大的父亲,好像变得无关紧要。今年,他似乎憋了一肚子的话要和父亲说,说说他的工厂,他的产品,他的失败与成功,说说今后的打算,甚至说说自己内心的烦恼⋯⋯两代人,其实可以没有代沟,就像除夕和更始一样。父亲对自己的讲述听得津津有味,脸上绽开满意甚至自豪的笑容,他觉得这就是最大的褒奖,自己所做的一切都是值得的。急于想跟父亲分享心中喜悦的他有些激动,甚至变得有点语无伦次:"爸,我,我们成功了⋯⋯"看见父亲疑惑的眼神,他说:"我们的内饰件,成功了!"父亲怔了一下,一时不知该说什么好。他强调说:"而且是全国独一份儿!"

父亲嘴唇哆嗦一下,随后用力拍了一下儿子的肩膀:"真的?"

"真的!"

老人端起酒杯,一扬脖子喝下去,啪的一撅说:"满上!"

街上响起一阵鞭炮声⋯⋯

多年之后,倪国岭时常回想起那个除夕夜,那些往事,成功和失败,痛苦和欢乐,希望和沮丧,无不相互纠缠交织在一起,这或许就是人生吧。作为一个名不见经传的社小小厂,在设备简陋陈旧、缺乏技术的情况下,借助挂靠大企业,争取外部技术力量的参与支持,借船出海,借鸡下蛋,发扬蚂蚁精神,以小搏大,因陋就简,土法上马,克服重重困难,终于取得了成功。这听起来有点不可思议。他们开发的斯太尔汽车内饰件产品,获得了国家专利。作为汽车内饰件的行业标准,他们成了规则的制定者,而且一直延续下来,这不能不说是个奇迹。

　　在这个奇迹的背后，连缀着一长串终生难忘的身影和名字——敦厚真诚的重汽内饰件厂长吴建德，严谨和蔼一丝不苟的黄河厂技术处处长杨少华，沉默而不失幽默的重汽高级工程师王立义……他还记得党家庄卡车公司的蒋崇科厂长，看到他们，从二楼的工作平台上三步并作两步快步跑下来情景。这些都是他生命中的贵人。他听说：前世的五百次回眸，才有今世的擦肩而过。后来，他把企业更名为三岭汽车内饰有限公司——三寓意天时地利人和，岭取其名字中的一个字。他常会在心中默念：感谢前世的夙缘，感谢今世的遇见，让彼此曾经的拥有，化作天长地久！

　　那时的他还是个刚过不惑之年的成熟帅气的中年汉子。汽车内饰件的开发成功，填补了国内的空白。也让这个名不见经传的普通社办小厂，成为首屈一指的中国汽车内饰件的孵化器和摇篮，声名鹊起，炙手可热。他们和济南重汽、陕西重汽、四川红岩三家斯太尔汽车主机厂建立了牢固的合作关系。他们研发生产的汽车内饰件，成了具有自主知识产权的国际品牌。专利和荣誉，鲜花和掌声，也给他增强了做大做强的信心。企业像刚刚冲破黑暗的朝阳，从灰色的地平线上显露出锋芒。

　　当新一年的太阳从东方将要升起的时候，那层青灰色富有弹性的胞衣像被平原上的晨风轻轻揉弄着的湿漉漉的大水泡。随着颤动的水泡噗的一声破裂，从东方地平线下，突然喷溅出鲜红的血浆，将青灰色刀刃似的横云染成片片红褐色，似血光淋漓——倪国岭突然被眼前出现的惊心动魄的场面所震撼，尽管这情形差不多每天都在重复。这些年，他从未认真地看过日出。那种撕裂的疼痛，那种直击心灵的震撼，那种生命的不屈与顽强，似乎通过震荡的空气传导过来，瞬间传遍周身。恍若缠着脐带从大地母腹中分娩出的宁馨儿裹着淡淡腥味的啼哭。晨风滑过光秃秃的树枝，犹如柔指轻轻划过琴弦，一只花尾巴的鸟儿在唱，他从来没见过这种鸟儿。它一边唱一边梳理着斑斓的羽毛，像哼着小调对镜梳妆的女孩。

　　春天来了。万象更新，新的一年开始了。原野上的残雪还没融尽，燕子就飞回来了。风在惺忪松软的大地上轻轻地揉，百草权舆，随着连绵的细雨，一切都被浓浓的绿意湿透了。那个春天风多，雨也勤，吹到脸上的风是湿润的，滑滑的。人和动物植物都很惬意。柳絮纷飞的时候，希望在柳丝上欢快地荡秋千。土话说，行下春风好下雨。春季风多，接下来的夏季一定是个雨水的旺季。对于干旱多于水涝的北方平原地区，这是人们期盼的风调雨顺的好年景。然而，对于萌芽蹿长的宁津三岭汽车内饰件厂来说，却要经受一场狂风骤雨的洗礼和考验……

第五章

搏击潮头

一、鲜花与荆棘

　　倪国岭记忆中的那段岁月被盛开的鲜花填满了,也可以说是被勃然的激情和初夏的浓绿挤得满满当当。细想起来,那是一种如梦如幻的令人愉悦的感受,是对艰辛疲惫后的一丝慰藉。就像攀登山峰的人终于登上顶巅,迎面一股清风袭来,扫荡浑身的疲惫,带来舒适与安恬。鲜花只是结果的开始,蜜蜂的忙碌和蝴蝶翩翩,只不过吹响了轰轰烈烈的前奏。汽车内饰件的研发成功,填补了国内的空白,并获得国家专利,这让他及其名不见经传的社办小工厂一夜间声名鹊起,成了汽车行业瞩目的企业。原来的丑小鸭摇身一变,成了令人惊艳的白天鹅。一时间,鲜花和赞美将原本有些简陋寒碜的小厂装裹得花团锦簇,院子里临时搭建的帆布棚车间,也具有了童话般的神秘意味。

　　1990年的春夏之交,宁津县委县政府在人民剧场召开大会,倪国岭做了典型发言。那天,偌大的礼堂内座无虚席,阳光透过窗玻璃洒下斑驳跳跃的光斑⋯⋯当这位一表人才,身穿背带裤,脚穿油黑锃亮的三节头皮鞋,留着油亮背头的浓眉大眼的壮年汉子出现在讲台上时,立刻引起一阵骚动和啧啧赞叹声。犹如一股清风吹过平静的水面,荡起一阵波澜和涟漪⋯⋯在习惯于中规中矩的人们看来,这样的装束无疑颠覆了固有的农民企业家的形象,具有另类的感觉。其实,这是由20世纪五六十年代的工装背带裤发展演化而来,成了一种新的时尚。也把正在蜕变的农民企业家的气质和形象,展现得淋漓尽致。他走在大街上,回头率特高,人们用诧异艳羡的目光盯着他,有人悄声指点议论着:"嘿!'港客'⋯⋯穿'兜肚裤'⋯⋯啧啧。"

对于衣着的得体讲究,是他南下广州之后养成的一种习惯。在他看来,人应该跟环境匹配。像他们这种社队企业的业务人员,常年在外面跑,接触各种各样的人,装束的随便和土气,难免有自轻自贱的意味,总给人不伦不类,格格不入的感觉。除了真诚,诸如衣装言行,做一番修饰是必须的。俗话说,人配衣裳马配鞍,干什么说什么,这既是对自己的尊重,更是对别人的尊重,否则彼此都会很尴尬。因此,每次出差,他都把自己认真修饰一番。用他的话说:别影响市容,让人感到不舒服……

那次,他是第一次站在全县的大舞台上面对那么多人讲话,心跳得很厉害,脚像踩在棉花上,浑身轻飘飘的……伴随着光怪陆离跳跃的炫目光斑,他眼前浮现出过往的岁月,简陋的厂房,挥汗如雨的工人紫铜色脊背上星光般闪烁的汗珠……尽管事先作了充分的准备,他还是丢开手中的发言稿,即兴发挥,滔滔不绝。他有许多话要说,满腹的话语像泉水汩汩冒出来。究竟说了些什么,后来自己也不记得了。他觉得说什么不重要,关键是做。他在台上介绍时,眼前全是他的工厂和工人,他们的拼搏和喜怒哀乐……他在热烈的掌声中从台上下来,额头上渗出细碎的汗珠。许多双热情的手朝他伸过来,整个会场像激情澎湃的海洋……他应接不暇地接受着人们的祝贺握手,突然人群里一个火辣大胆的女子跑上来,将一张折叠的纸条塞进他的衣兜里,然后一笑跑开了。她火辣辣的目光,像涌浪反射的灼烫的阳光,永远镌刻在他的记忆里。后来他打开纸条,上面写着:倪国岭,我爱你!

三十年后,倪国岭回忆起这段往事时,仍旧激情澎湃……如果当初不是自己毅然决然地华丽转身,决定改行转产,那么,随着纺织器材行业的式微,他的企业也会像许多企业一样化作夕阳中的一声叹息。汽车内饰件的研发成功,填补了国内汽车内饰件的空白并获得国家专利,让他的企业崭露头角,犹如一轮冉冉初升的太阳,令人瞩目。要知道,这些竟然出于鲁北乡下一个名不见经传的社办小厂,出于一帮两脚泥土双手老茧的新型双栖农民之手,这是何等的荣耀啊!就在倪国岭摩拳擦掌准备大干一场时,一直全力支持企业全面提升档次的陈建国书记调走了。乡党委政府班子进行了调整,书记、乡长都换成新面孔。说新面孔也不准确,无非是原来不显山露水的熟悉面孔,突然被推到舞台中央成为焦点人物,你才突然感到原来的所谓熟悉不过是一种错觉。你会发现身边存在许多看似熟悉的陌生人。新书记原为县农业局植保站长,挂职任科技副乡长,主管农业。平时对企业的事并不过问,因此和倪国岭在工作上交集不多,见面时无非彼此打声招呼,大家一团和气,留给倪国岭的印象还算不错。

正是企业爬坡的时候，倪国岭把整个身心都倾注在企业的生存发展上。汽车内饰件成了国内专利产品，盛名之下，也对企业的提升提出更高的要求。先天不足营养不良的社办企业，就像刚刚脱离母体的新诞生的麋鹿幼崽，跌跌撞撞，站立不稳，迫切需要母鹿的舔舐爱抚。雄心勃勃的倪国岭满怀信心地敲开党委书记办公室的门，汇报目前企业新项目运营状况及面临的实际问题，希望得到新一届党委政府的大力支持，一鼓作气，开拓新的局面，再上新台阶。和新任党委书记的这次对话并未达到倪国岭的预期效果，相反，从新书记的话语之中，倪国岭感到的是新书记对社办企业现状的微词和不满，并说乡党委政府正准备专门开会研究，着手整顿企业发展不规范的乱象。

倪国岭满腹狐疑地从书记办公室出来，心里阴沉沉的。猛然抬头，天上一块硕大的黑云遮住太阳，好像一块巨大的石头从高空坠压下来。汹涌的云团从四周越聚越厚，风停了，空气像凝固一般令人窒息。一场正在酝酿的暴风骤雨马上就要降临了。倪国岭记不得自己是怎么奔回到工厂的。那时，他脑子里想的是工厂车间和临时简易仓库的屋顶，会不会被马上到来的狂风暴雨掀翻，他甚至后悔没能及时找人加固……那场狂风暴雨来得十分突然，瞬间乌云密布，狂风大作，闪电豁开厚厚的黑云，像划开狼奔豕突臃肿的黑色母猪的肚腹，瓢泼大雨决堤似的倾注而下，把李义兰院里的丝瓜架掀翻了，木架七零八落，绿蔓黄花堆了一地。

倪国岭浑身泥水地站在办公室的窗前，望着如帘的雨幕发呆。暴风雨中，他的工厂像风浪中浮浮沉沉的一叶扁舟。倾泻的雨水在院子里形成浑浊的溪流，眼看就淹没到成品垛的平台上了。临时挖掘的排水沟浊流滚滚，奔向厂外的小河里去了。雨还没有停的意思。幸亏加盖加固及时，他的露天成品库才逃过一劫。工人兄弟们冒雨用身体当坠头，死死抓紧固定苫布的绳索，像跟呼啸的狂风在拔河……这情形让他的眼睛湿润了，涩涩的，仿佛揉进了雨水。他和工人弟兄们齐心协力，同舟共济，终于战胜了肆虐的狂风暴雨，将成品垛加盖得严严实实。又在四周挖出临时排水沟……每个人都成了落汤鸡。他吩咐伙房，烧一锅红糖姜水，为大家驱驱寒气。虽然进入夏季，但雨水还是有点凉，整个人像被雨水浸透了，皮肤上起了一层鸡皮疙瘩。他打了一个喷嚏，右眼皮痉挛似的跳了一下。他的心情有些忐忑，七上八下的，总感觉好像有什么事要发生。从书记的办公室里出来，他的心里乱糟糟的。新领导带着弦外之音的话语，让他莫名其妙，摸不着头脑……到底发生了什么？他百思不得其解。

新的乡党委班子公布第七天,县税务局稽查大队的队长徐胜利一行就找上门来了。陪同前来的还有长官税务所所长舒长胜。因为平时打交道频繁,彼此都成了要好的朋友。一见面,舒长胜不好意思地说:"倪厂长,对不起,我们是例行公事,走走过场……"他把倪国岭拉到一边,附耳悄声说:"福利厂的企业税收变更手续办了吗?"倪国岭点点头,说:"我已经安排会计抓紧去办,这些日子忙得脚不沾地,头都大了……怎么,有问题吗?"舒长胜"哦"了一声,说:"没事,你去忙吧。"

结果很快就出来了,所有账目一清二楚,偷税漏税实属子虚乌有。存在争议的是,原来已在税务局备案享受免税优惠政策的宁津纺织器材福利厂,已经不适用现在的宁津汽车内饰件厂,因税收变更手续尚未来得及办理,违规也是明显的。倪国岭怎么也不会想到,百密一疏,竟然会在这里出现纰漏。处理结果是事先拟定好的:补缴劳保福利厂全部免缴税款计三万六千元。这近乎苛刻严厉处罚,对刚刚起步的汽车内饰件无异于釜底抽薪。倪国岭愣怔片刻,他知道,既然一切似乎都是事先安排好的,自己的任何争辩解释都毫无意义,所有苦果只能默默吞下。

倪国岭急火攻心,束手无策。

新麦上场,正是江南梅子飘香的时节,北方的梅雨季节如期而至。麦收后的梅雨季虽然短暂,但颇缠绵。如果抢收抢种不及时,稍有耽搁,新上场的麦子来不及打轧完成,收成就会打了折扣。接下来的雨季,雨会缠缠绵绵下个不停。没办法打轧,麦粒会像长出尾巴的蛆虫,在打麦场边蠕动。枣树林边湿淋淋的麦秸垛散发出腐烂的霉味。田野里的蔓草也会趁机疯狂蹿长,很快就超过刚刚间过的羸弱发黄的玉米苗。阴雨潮湿的天气,细雨霏霏,如烟似雾,像储满水分的破旧棉絮,将整个世界塞得满满的,也把人们的胸间填满了。没有办法锄草,只能眼睁睁看着蔓草与羸弱的庄稼苗争食吃。勤劳的庄稼院主人,趁着阴雨天气收拾耘锄,准备天一放晴,就套起牲口或是人拉耘锄,把草耘翻,松土追肥……李义兰十分郁闷又十分伤心,倒不仅仅是因为耽误了自家地里的活儿造成了损失。她是替男人不平。起早恋晚,风里雨里忙活,家里的活儿耽误了不说,最终还落一身不是,何苦呢?尽管这些年,她已经习惯在男人的问题上少插嘴,可是,看到男人那阵子整天愁眉苦脸、忧心忡忡的样子,她觉得心疼。忍不住插嘴说:"不是俺说你,家里的事俺不指望你也就罢了。你这么没黑没白整天拉套,那些人就没长眼?让俺看,人家不让咱干就不干,爱让谁干谁干去!"

倪国岭说："企业刚刚有点起色，我不甘心就这么打了水漂……"

李义兰说："那也是逼的。俗话说，一分钱难死英雄汉。三万六，就是砸锅卖铁也凑不齐，你到哪里想辙？"

倪国岭说："你甭管了。开弓没有回头箭，眼下已没有回头路了。卖了孩子买蒸笼，不蒸馒头争口气。"

李义兰说："你呀你呀……家里的事不操心也就罢了，还要别人为你操闲心……"

倪国岭突然觉得对不起妻子和孩子，一股内疚涌上心头，说："嫁给我你后悔吗？"

妻子白他一眼，说："早就后悔了！可惜，这世上没卖后悔药的。"

倪国岭说："车到山前必有路，没有过不去的火焰山。我找几个伙计想想办法。"

妻子叹口气说："别人添言添不了钱，只能添乱添烦。胳膊折到袖子里，自个知道……"

倪国岭找几个社办企业的朋友商量无果，大家都面临大致相同的情形，有心无力，爱莫能助。工交刘宝德主任说："现在大家都是锅腰子上山，钱（前）上紧。进货出货，三角债，狗扯连环，磨盘压手，恐怕谁也拿不出这么一大笔钱。"有人说："不行，就割皮补疮，拆东墙补西墙，临时填堵一下，走一步看一步，从长计议。关键要保住企业，保住项目，有鸡不愁下蛋。"刘主任说："话是这么说，可他眼下只有天上掉下来的窟窿，却没有可拆来堵窟窿的墙。少皮无毛，拿啥来补？"边说边在屋子里兜圈子。

袁恒山说："活人总不能叫尿憋死。倪哥刚刚过五关斩六将，拼出点眉目，大伙不能眼看着他一下子走了麦城。一分钱难倒英雄汉，钱，钱就是他妈的王八蛋！老子要是银……"他突然一拍脑袋，说："对呀！向银行贷款。我们光顾发愁，骑着马找马，这么绕来绕去，倒忘了这一层。向信用社贷款，不就万事大吉了……"刘主任说："这事我不是没想过，三万六，不是个小数。你空手套白狼，信用社怕也难担保。"袁恒山急起来，说："照你说，这不行那不行，就没有活泛步了？"刘主任说："要想走活这步棋，最好找个说话管事的人，搭个话！反正倪国岭已经窗户眼子吹喇叭，名声在外了，不信没领导识货。"

倪国岭听了，眼前一亮，心情顿时豁然开朗，他轻轻松了一口气，点头说："我知道该怎么做。大不了押上身家性命，也要闯过这道关口。"

最终，倪国岭决定去找陈建国书记。陈建国时任宁津县计委主任，主管全县经济。倪国岭找到陈建国主任,把整个事情的来龙去脉和企业面临的困境说了一遍,陈主任略作思索,说:"是非曲直问题先搁到一边,不去争论。当务之急是保住企业,保住产品项目。企业风风雨雨发展到今天这一步,非常不容易,不能毁于一旦。发展才是硬道理。只要有鸡,不愁有蛋。贷款的事我去协调,你的汽车内饰件,已是全县的标杆,不能一点挫折就黄了……针对社队企业出现的种种问题,如何为企业发展创造宽松环境,保驾护航,县里正准备召开专门会议进行研究……你回去等我消息。"

危机就这样化解了。后来,这件事引发了政企两方面更多的思考:乡镇党委如何领导经济,引导扶持社办企业健康发展,企业如何自觉接受监管,在政策允许的范围内,做出更大的贡献。

1992年的秋天,县委对后魏乡党委政府主要领导班子作出调整,孙国权接任乡党委书记。

二、柳暗花明

进入暑季之后，天就吊起来了。接连半个多月没下一滴雨，天上滚烫的毒日头像刺猬，躺在炙化的沥青般黏稠流淌的热浪里打滚儿。乡间土路上的浮土积了足足两寸厚，光屁股的娃儿们，趟着没过脚面的尘土，奔跑着玩飞机拉线的游戏。大地冒烟，地里的庄稼都打了蔫，庄稼人的脑袋都耷拉了……车间外面那片姜不辣却葳蕤繁茂，花黄一片。金灿灿的花朵昂扬怒放，没有半点沮丧和委顿。这是一种顽强的植物，几乎没人去注意它们，更别提经营侍弄它们，它们却毫不在乎，依然年年在寂寞偏僻的角落里热热闹闹顽强地盛开着，绚丽着自己无悔的青春……

这有点像倪国岭和他的工人们。此时，车间里，工人们挥汗如雨，正干得热火朝天。热烘烘又粘又滑的风从敞开的窗口挤进来，带着花粉的黄腻缠裹在古铜色满是汗水的赤裸臂膀上。工人们正全身心投入到工作中，脸上自豪地映着花的笑靥。他们就是在这间简陋的厂房里，在既缺资金设备又缺材料技术的情况下，用刚刚放下锄头的粗糙的双手，靠蚂蚁啃骨头的坚韧不拔的毅力，采用各种土办法，百折不挠，最终成功开放了斯达·斯太尔载重卡车内饰件，让这个名不见经传的鲁北乡镇企业，一夜间声名远播，订单纷至沓来，工人们夜以继日，加紧生产……

那段时间，倪国岭如同热锅上的蚂蚁，正为修建成品库和材料库绞尽脑汁。刚过去的梅雨季，堆放在院里的成品和材料堆虽然逃过一劫，但是，接下来的真正雨季，再也不能心存侥幸。尽管老天眷顾，给了他喘息的机会，但他不能保证,雨季到来时,他还会有好运气。当务之急,是先在院子里搭建简易的成品材料库,这样心里才踏实。可是,资金哪里来呢?银行贷款交了罚款,要扩大生产规模,上设备,进材料,保证生产完成订单的材料储备,处处捉襟见肘……他一时一筹莫展。后来,有人提醒他说,砖瓦可以暂时赊欠,工程款也可先预付一部分工资,其余可以暂缓……

地里的庄稼是顾不上了,妻子急得嘴上起了泡。倪国岭说:"甘蔗没有两头甜,累死累活一年到头,收入就那么点玩意儿。俩孩子都大了,干脆,不种了,你来厂子帮衬我干……"妻子说:"俺能干啥?念的书这几年都就着黏粥饼子吃了。"倪国岭说:"数钱,数钱你会吧?"妻子以为丈夫开玩笑,说:"喊,没正话!"

倪国岭说:"真的,你来厂里当出纳,让你数钱数到手抽筋。"

妻子笑了,说:"俺倒是盼着。"

那个秋天或许在历史的长河里只是一片凋零的鲜艳的红叶,很快随着岁月的流水逝去。但在倪国岭的记忆里,它总是那么艳艳的,像永不凋零的唇吻,温暖着他的感情——那是他和他的企业破茧化蝶的季节。

1993年9月下旬,全县乡镇合并,由原来的25个乡镇合并为18个。后魏乡划归大柳镇,李文达任镇党委书记。

这是他生涯中遇到的又一个至关重要的人物。在此后的岁月里,彼此推心置腹,无话不谈,很快结下深厚的情谊。

李书记上任伊始,就亲自深入镇办骨干企业摸底调查,了解企业面临的状况和困难,根据实际情况,给予不同的扶持和帮助。他的第一站就是倪国岭的汽车内饰件厂。早在那次全县四级干部会议上,他对倪国岭就熟悉了。尤其是他那别具一格的"兜肚裤"装束和轩昂的气度给他留下深刻的印象。他轻装简从,没人知道他是新来的书记。在简陋的厂办公室里,一个中年女人正在埋头整理票据。她整理得很认真,对客人到来也顾不得打招呼。

李文达问:"倪厂长不在?"

女人说:"刚出去。说吧,有啥事?都忙着呢!"说着,她轻轻用指尖沾一点唾沫,点起票据来。

随行的人刚想说什么,被李书记止住了。他说:"我们是从镇上来的,找倪厂长有点事。"

女人说:"知道你是从镇上来的。直说,又是来要啥钱?"

李书记笑了,说:"你怎么知道我是来要钱的?我脸上贴着贴吗?"

女人说："还用贴贴？不是大盖帽就是穿制服……"她觉得这话不礼貌，突然停住话头，又把手里的票据数了一遍，说："三天两头来，甭问，除了摊派要钱没别的事……"

话音未落，倪国岭从外面进来："李书记，你过来，怎么也不事先打个招呼？重汽那边催得紧，新产品正在研发试制，我刚去车间转了一圈。"随即，他对女人介绍说："这就是我跟你说的李书记。"

女人略显吃惊地说："你就是新来的李书记？"

李文达说："怎么，不像？"

女人咯咯笑起来，说："俺眼拙，没看出来。像，像……俺说话不中听，李书记别见怪。"

倪国岭说："这是我爱人，李义兰。"

李文达说："嫂夫人原来是我们本家，快言快语，不藏不掖，实话实说，刚领教了。"

李义兰笑着说："俺眼拙心笨，李书记，你甭笑话俺。"

虽然说者无心，然而听者有意。从李义兰简短的话语里，李文达感到党委政府在引导扶持发展镇办民营企业中亟须解决的问题。这也是最近县委县政府关于转变工作作风，大力扶持发展民营企业的核心问题。他在党委班子会议上说，要树立服务意识，党委就是要为企业搞好服务，当好后勤。不要高高在上，指手画脚，这不对那不行。要做好角色转变，由过去的大包大揽，到松手放权。由领导变服务。充分调动企业的主观能动性，焕发他们的创造和创新潜能。今后，所有对企业的不合理摊派，吃、拿、卡、要，一律不准。不能杀鸡取卵，不能既想马儿跑得快，又想马儿不吃草……

那次，李文达书记亲自深入倪国岭的企业走访，第一印象就是工厂过于简陋狭窄，这和企业的名声不符。交谈中，得知倪国岭正为修成品材料库发愁，决定将撤并的原乡计生办的小楼划归工厂使用，说："企业要成长膨胀，衣裳小再接上一块。扩出一块，先解决成品材料库，将来供销社撤销，再扩展进来……现在，企业发展势头正猛，制约发展的问题也会显露出来。党委政府会做你的坚强后盾，做好服务……"

倪国岭说："李书记，你真是及时雨，解决了企业的燃眉之急。"李文达说："咱们的目标一致，党委政府就是要急企业所急，想企业所想，搞好服务。"两个人谈得十分投机，倪国岭把企业现状和发展前景以及面临的实际困难一一作了汇报，说："李书记，不是会哭的孩子有奶吃。现在企业刚起步，发展前景很好,但许多困难也显露出来了。原来只是小打小闹,打一枪换一个地方。有钱赚就干,没钱赚就撤。现在不同了,是打阵地战。咱们抢占了高地,要巩固战果,做大做强。原先是有活干就行,现在是要把活干好,干精,干出一番事业。咱乡镇企业先天不足,一缺资金二没人才,在市场竞争中不占优势。要想站稳脚跟,一靠党委政府多给政策上的支持,二是具有劳动力优势,用人灵活方便,用工便宜。身上没那么多条条框框,光脚丫不怕穿鞋的,敢想,敢闯,敢干。这就是咱们的优势……"李文达说:"你只管放心大胆地干,只要政策不明确禁止,就去闯,去干,出了问题,党委兜着。我这次来,一是了解企业面临的实际问题,研究解决办法;二是表明新一届党委政府的态度,给你们吃个定心丸。今后,党委班子在抓企业上要真抓实干,不能招招扶扶,抱不哭的孩子。大家同心同德,没有上不去的企业。资金问题,镇上可以出面协调……"

倪国岭说:"太好了,我这就放心了。"

临行时,李文达跟李义兰开玩笑说:"嫂子,我下次再来,你不会不欢迎吧?"

李义兰说:"欢迎,欢迎,李书记来指导工作,帮着解决困难,欢迎还来不及呢!"

李文达说:"不是指导,是免费上门服务。"

几个人都笑了。

一路上,李文达耳边响着李义兰的话。他想:看来,要消除群众对领导和监管部门的不良印象,扭转过去的衙门作风,转变为真心实意为企业服务的作风,党委政府不能光喊口号,重在办实事,真正为企业排忧解难,一步一个脚印地真抓实干……

原野上蜃汽迷蒙,大片的庄稼地像涌动的黏稠的绿液,上面浮动着一层透明的蒸汽,压迫得人喘不过气来。太阳像被钉在空中的火球,一动不动。虽然接近晚秋,依然不减火辣辣的热情,这是被庄稼人称作"秋傻子"的天气。路边杨树上的鸣蝉在拼命嘶喊,好像要撕裂这混沌的燠热似的。虽然经历了短时间的干旱,地里的庄稼受到的影响微乎其微,依然长势喜人,看来丰收在望。李文达想,管理企业也一样,干旱的时候就要浇水,追肥,要精心侍弄,做好服务,才能茁壮成长。土地承包之后,随着化学肥料和优良品种的应用,粮食连年丰收,但产量却几乎在同一水平上徘徊,再想有所突破已经十分困难了。土地对年轻一代越来越失去诱惑力。农村农民的增收有待新的经济增长点。多种经营,发展乡镇企业,吸收富余劳动力,势在必行……

回到镇政府大院，日头已经偏西了。刚进门，财政所长就找来了。他看看办公室里简单破旧的桌椅，不好意思地说："李书记，本来早该向你汇报，听说你下乡了，实在对不起……"

李文达说："什么事？说。"

财政所长说："就是镇上开支的事。眼看到了月底，镇上干部的开支、教师工资都还没着落，以往也是寅吃卯粮，拆了东墙补西墙，挪挪借借临时对付，现上轿现扎耳朵眼儿……"李文达听着，皱起眉头，点点头。他知道乡镇开支困难，日子不好过。但他没想到，他接手的摊子比他想象的还要困难。财政所长说："这种情况，全县各乡镇都差不多，一个单子吃药……原来想给你改善一下办公条件……"

李文达说："不！减少一切不必要的开支，节流开源，集中保人头开支，保饭碗。钱，我会想办法……"

那时，各乡镇财政普遍困难，捉襟见肘。1991 年至 1993 年，宁津县各乡镇实行财政包干新体制，即核定收支基数（确定定补或上交），超收全留，短收自负，增人、增支、减人、减支不调整基数，一定三年不变。1994 年，税制改革，实行分税制财政管理，名曰"分灶吃饭"。乡镇税收上缴，然后再按基数比例返回来，由乡镇负责乡镇干部、教师工资及一切日常办公开支。因此，要维持正常运转，时常东挪西借，寅吃卯粮。

面对财政困难，李文达书记一筹莫展。

一晃半个月过去了。一天，倪国岭出现在他的办公室里。这是合并乡镇以来，他第一次来大柳镇政府。自上次和李书记见面后，因为一直忙于新产品试验和业务对接，忙里忙外，这次刚刚送走重汽的客人，便匆匆奔镇政府来了。

李书记见到倪国岭，有点惊奇地说："你怎么来了？"

倪国岭说："刚送走重汽的客人，顺便来看看你。"说着，随手把手里的提包放在书记的办公桌上。

趁李书记倒水的当儿，倪国岭将这间简陋的办公室环视一遍，说："李书记，你初来乍到，这办公室条件，也太过简朴了……"说着，从手提包里拿出两万块钱，放在桌子上。

李文达说："你这是什么意思？"

倪国岭说："李书记，不当家不知柴米贵。镇上财政困难，秃子头上的虱子，明摆着。你刚接手，肯定要嗑瘪子。这是两万元，权作我预交的承包款，你能临时应应急。"

李文达说:"镇上的事可以再想办法,你厂子里到处需要用钱,镇上用了,你们怎么办? 你们企业是镇上的标杆,正是爬坡的节骨眼儿……"

倪国岭说:"李书记你放心,厂里的事什么也耽误不了。今天去送客人,正好一笔货款打过来,我就绕道过来了。说实话,李书记,咱俩投缘,那天,你对我说的话,不虚不飘,句句实在,处处为我们着想,我很感动。这些年,就盼着能有你这样真心实意为企业谋划的领导,党委政府想着我们,我们也不能忘了党委政府。"

李书记激动地握住倪国岭的手,说:"谢谢你,老哥! 不瞒你说,我正嗑瘪子呢。这下,你可算帮了大忙,解了镇上的燃眉之急。"

他随即招呼财政所长过来,将款项点清入账,说:"这笔钱,要花在刀刃上,我不批,谁也无权动。"

秋收过后,很快进入敛提留阶段。这是乡镇干部最为棘手挠头的工作。镇政府全体脱产干部,分成若干小组分别进村入户催敛提留。乡镇合并之后,辖区扩大了,早晨天不亮起床,常常要骑自行车在乡间土路上颠簸二十多里路方可到达偏远的村庄,中午吃饭成了问题。看到干部们如此辛苦,为了不给村里增加负担,倪国岭主动请缨,全面负责乡镇干部的吃饭问题。有人当场编出顺口溜:"走百家,敛提留,乡镇干部都愁头,磨破嘴,说干喉,喝凉水,啃馒头,凉一口来热一口。倪国岭,真正牛,亲自慰问带好头……"逗得大伙一阵大笑。

年底,企业上交承包费3万元,税收4万元。在当时镇办企业中贡献最大。

这一年,倪国岭和吴国强被聘为大柳镇科技副镇长。

1995年,宁津县委县政府根据上级指示,号召镇办企业民营化。首批对10处乡镇企业进行股份合作制改制试点,倪国岭的企业成为改制试点的第一家。面对尚无先例的集体企业改制民营企业,李文达书记感到空前的压力。有人向书记耳朵里吹风说:"这不是化公为私么? 把公家的企业变成个人的企业,还是社会主义吗?"李文达书记感到事关重大,党委政府一班人必须统一认识。他召集镇党委政府班子成员开会讨论,对改制的利弊各抒己见,既要做政治上的风险评估,又要做经济上的考量。班子成员人人都要表态,是改还是不改。改有利还是不改有利? 他们首先算了一笔账。企业每年承包税收7万元,改制之后,积极性调动起来,贡献会更大。经过集体充分讨论酝酿,就连其初心存疑虑表示反对的人,也表示搁置"姓社姓资"的争论,大家一致认为,改制利多弊少,势在必行,最终决定对企业进行改制。有人说:"顶层设计,执行就是了。不改革，就下台。这是大势所趋，理解的要执行，不理解的也要执行，没什么好说的。更何况，人无远虑，必有近忧，乡镇财政寅吃卯粮，比着屁股裁裤子。这样一变，公私双赢，有利无害，吃一回螃蟹，冒一点风险是必须的……"有人提议说："要不，我们也学一回小岗村，大家按一回手印……"

而作为当事人的倪国岭，更是"压力山大"。此事非同小可，在此之前，他万万不曾想过会发生这样的事，这与他受过的教育和头脑里的固有观念大相径庭。两种观念在头脑里发生激烈碰撞。他困惑，迷茫，犹豫，甚至无所适从。镇党委政府决定对企业改制后，李文达书记找他谈话，希望他做第一个吃螃蟹的人……

他说："我考虑考虑……"

他回家对父亲说起这事，这位坚定的老共产党员顿时脸色凝重起来，甚至不相信这是真的。他说："国岭，我没听错吧？你是说，要把集体的厂子划归个人？"倪国岭点点头，说："这叫'企业改制'……"父亲说："这是又要回到公私混营的老路上去？上级真的鼓励这样做？"倪国岭点点头，说："上李书记已经找我谈过话……还有，县委李光仁书记、县长夏荣恩和陈建国副县长也都希望我能带个头，县委李书记还为此专门下了文件……"

父亲松了一口气，说："我老了，思想不跟趟了……上级有上级的道理，这是要你打冲锋。下了文件，就是'尚方宝剑'。只是螃蟹好吃，自己小心别扎了嘴……气候变了，人也要跟着变。记住那句话，身正不怕影子斜，无论啥时候，都别忘了，你是在党的人……只要根不动弹，枝摇叶晃都不要紧……"

倪国岭点点头。

1995 年，大柳镇党委政府一班人表决，一致通过对企业实行改制，并对企业现有资产进行认真评估。当时，企业建筑一排六间小平房（原乡工交办）和一座二层小楼（原乡计生办），一个简易厂房，评估作价 16 万元。倪国岭的汽车内饰件厂成了全县第一家由镇办改制为民营的企业。

是时，全县 24 处微、小、亏乡镇企业进行拍卖、兼并，5 处假集体企业摘掉"红帽子"，转为个体私营企业。

企业改制后，汽车内饰件厂正式更名三岭汽车内饰有限公司，改制第二年，税收翻了三倍，由以前的 4 万元一下上升到 12 万元，为全县企业改制起到了很好的示范作用。到 1998 年底，短短三年时间，企业总资产由最初的 10 多万元，迅速扩大到 400 多万元。1998 年实现产值 800 万元，上缴税金 110 万元。

　　回想企业迅速发展的主要原因,倪国岭说:"主要得益于三个方面:用人唯才、资金调配、精神文化。一是注重人才培养,充分发挥现有在职技术人才的作用,通过外出学习和专业培训,提高现有员工工程技术方面的基础知识。再一个就是从社会上高薪聘请技有所长、业有专精的专业技术人员,把他们的成熟技术成果拿过来为我所用。二是资金上"借鸡下蛋""借船出海"。将客户的往来资金临时拿过来弥补资金短板,有钱不闲,增速流转。增加产品的竞争力,把产品做精做细,做到人无我有,人有我精。三是精神文化建设。这是一个企业的软实力,它涉及企业的指导思想。我是这么想的,作为一个企业,尽管以盈利为目的,但是不单纯为盈利。我对员工讲,私营企业员工能够像一家人,就两个方面。一个叫经济杠杆,就是员工付出的代价大,他对社会的贡献大,他的报酬就高,这叫经济合理支配,也叫"按劳分配,多劳多得"。再一个,就是企业精神,也叫友谊杠杆——交朋友。工人和老板,没什么分别,在社会地位上是平起平坐的。大家都是平等的,是一家人。只是在经济分配上和工作分配上有差距,有分别,那是能力和贡献的不同,是经济合理分配。每个员工,进了三岭门,就是三岭人,大家是一家人。大家心往一处想,劲往一处使,为一个共同目标奋斗。培养员工的企业主人翁精神,这是个关键,也可以说企业硬件建设之外的软件。企业没有自己的软件建设,就形同没有灵魂的行尸走肉。你看我现在的企业,我有我的厂歌,我的员工,每天上工前都在一起唱《三岭之歌》。我的企业精神呢,叫努力拼搏,勇往直前。就是在市场这个经济大潮里面游泳,只能前进不能后退……"

　　这个鲁北的镇办企业,破茧化蝶,正在向现代化企业展翅腾飞。

三、荷花烂开云锦香

　　清晨，一轮喷薄的红日从东方冉冉升起，灿烂的朝霞铺满大地，伴随着工厂院内小广场上升起的红旗，身穿整齐工装的三岭公司的全体员工，在猎猎飘扬的国旗下引吭高歌——

迎着朝阳放声歌唱
我们的事业蒸蒸日上
从无到有，从弱到强
艰难险阻几沧桑
百折不挠志如钢
用智慧和汗水铸辉煌
我们是骄傲的三岭人
激情似火染霞光

迎着朝阳放声歌唱
我们的事业蒸蒸日上
打造今天，把昨天珍藏
面向明天勇开创
精益求精永向上
用智慧和汗水铸辉煌

我们是骄傲的三岭人
激情似火染霞光
……

这是三岭人的心声,是三岭人自己的歌——《三岭之歌》。它唱出了三岭人的艰辛与拼搏,骄傲与自豪。

企业改制后,倪国岭大刀阔斧,把原来不适应市场的产品和项目果断下马转产,并根据市场经济的要求,制定了严格的质量和销售奖惩体系。先后开发出斯达·斯太尔及红岩汽车内饰件、黄河系列汽车配件等适销产品,并以优惠的价格、良好的质量、完善的售后服务在全国汽车行业一炮打响,迅速成为企业的拳头产品。三岭公司像插上了腾飞的翅膀,企业一步一个台阶,上缴利税连年翻番,迅速成为全县明星企业,并跻身汽车内饰件行业的龙头行列。企业面貌日新月异。规模迅速膨胀扩张,将毗邻的医院、棉站尽收囊中,由原来20多亩地拓展到150亩,公司跨上飞速发展的快车道。

最初,他们每天唱的是《敢问路在何方》,如果当初是择路的话,眼下,显然不合时宜了。企业迫切需要有自己的歌,唱出自己的心声。李文达书记找到县文化局,由本县作家杨柱山作词、张仲波作曲的《三岭之歌》便应运而生。这是包含着三岭人豪迈激情和酸甜苦辣的歌,是从三岭人心底流淌出的歌……

清晨,当最初一缕霞光乍现时,三岭公司院内的小广场上红旗猎猎,宽阔的厂房内,机器轰鸣,笑声喧喧,墙外杨柳依依,流水潺潺……他们的歌声伴着霞彩传得很远很远。

随着企业的逐步发展壮大,倪国岭越来越觉得,一个现代化企业要想健康发展,离不开自己的企业文化。企业文化是一个企业的向心力和凝聚力,是一个企业的软实力和创造力,是前进的方向和奋斗目标。只有加强员工对企业文化的认同感,才能最大限度地发挥每个员工的主人翁自觉性,激发他们的创造性。一个没有自己文化的企业,就像没有灵魂的躯壳,注定行之不远。

倪国岭说,企业要前进有方向,奋斗有目标,不能再瞎盲人骑瞎马,摸着石头过河,瞎摸一气了。他们已经找到一条属于自己的发展道路,不必再问路在何方。路就在我们自己脚下,更在远方。我们不光盯住脚下,更应该看到远方……

倪国岭提出"三个一",即:同走一条路,三岭之路;同唱一首歌,三岭之歌;共筑一个梦,三岭之梦。

企业就是一个大家庭，在这个大家庭里，上到老板下到每个普通员工，都是兄弟姐妹。大家相亲相爱，没有高低贵贱之分。彼此要做到"四情"并容：亲情、友情、爱情、感情。

以亲情为基础（这里所说的亲情不仅是血缘关系，更是情同手足的相亲之情），由此延伸到友情，彼此如亲如友。再从友情到爱情（这里的爱情不是男欢女爱之情，而是爱众，老吾老以及人之老，幼吾幼以及人之幼的博爱之情），大爱无疆，以此建立志同道合的感情基础。

两条行为准则：一、先做人后做事。二、工作讲原则，对人讲感情。

三条具备（用人标准）：一、具备德才兼备的素质；二、具备遵纪守法的行为；三、具备尊老爱幼的美德。

三条要求（工作标准）：一、要求以三岭利益为最高准则；二、要求上为老板负责下为自己负责；三、要求按照岗位职责进入程序。

墙壁上醒目的口号（工作效率标准）是：今天的事情今天办，明天的事情提前办，重要的事情优先办，困难的事情想法办。

照壁上的励志格言是：忆岁月道路曲折战绩辉煌；瞻前程光明引路更须拼搏。

每次会前会后，全体员工都要齐声高喊"努力拼搏，勇往直前"的口号。一走进厂区，马上就被一种浓浓的企业文化氛围所浸润。倪国岭说，拼搏是企业的底线。作为民营企业，既要追求企业利益最大化，更要追求社会效益最大化。君子爱财，取之有道。不能只顾眼前，剜到篮子里都是菜。民营企业要脱开家族小圈子思维，社会效益才是长久立足的根本。每位员工，除了自己挣钱之外，还要想到我为企业为社会创造了多大价值，做出了多少贡献，这才是一个人最大的价值所在。要树立厂兴我荣、厂衰我耻的主人翁意识。说到底，企业是社会的，是大家的，不光是老板的，公司的好坏，直接与我们每个人的切身利益息息相关。要用延安精神、老八路作风、现代思维去工作。中国市场经济不光是企业盈利，还要具备社会责任感，具有德才兼备的良好品德。你素质良好，技能过硬，对企业和社会做的贡献越大，你的收入自然就越高，这就是社会主义按劳分配的基本原则。个人对企业贡献大，企业对社会贡献大，这样才能永远立于不败之地。人无远虑，必有近忧。企业的奋斗目标是：企业做一流，产品做精品，奋斗做百年企业……

这是一份沉甸甸的承诺，也是企业的前进方向和奋斗目标。

继斯达·斯太尔重型汽车内饰件完成后，随着中国重汽车型的增加，公司又把所有车型内饰全部开发直至配套生产。他们成了中国重汽下辖济南重汽、陕西重汽、四川红岩这三个主机厂内饰配套的主要厂家,产品成了具有自主知识产权的国际品牌。

企业改制后,倪国岭不忘回馈社会,投资 30 万元将所在地原来坑洼不平的大街路面整修硬化,通水通电,安装路灯,街道两边的商铺门市面貌焕然一新。镇党委决定将修葺一新的街道命名为三岭大街,由三岭公司负责管理,担负大街路面维护以及沿街路灯和敬老院的水电开支,并建立包括前魏、后魏、小韩三个村在内的三岭大街党总支部,由倪国岭担任党总支书记。倪国岭对所辖三个自然村予以力所能及的资助,逢年过节,携带猪肉、粮油、礼品对敬老院和贫困户进行走访慰问。

一次,倪国岭得知邻村谢庄有两个孩子,哥哥 10 岁,弟弟 8 岁,父亲患精神病,母亲另嫁。这个飘摇欲坠的家里的顶梁柱折了。从此,两个孩子本应五彩缤纷的童年,被黯淡无光的暗夜吞噬了,只剩下恐惧的噩梦。因离异变得脾气异常暴躁的父亲,精神病时常发作,小哥俩便成了父亲发泄施暴的对象。俩孩子吓得不敢回家,几乎成了野孩子。书也念不成了,白天在外游荡,饥一顿饱一顿。身上衣裳凌乱,浑身污垢,骨瘦如柴。偶尔会有村里心软的女人,给孩子弄点吃的,看着小哥俩狼吞虎咽的样子,叹息说:"真是作孽呀! 这样下去,什么时候是个头呢? "

每逢父亲发作的时候,哥哥就带着弟弟躲出来,无处投奔,像两只无枝栖息的小鸟。晚上不敢回家,就钻进村头的麦秸垛里睡觉。小哥俩相依为命,相互抱团取暖。眼看秋已深了,西风渐紧,树叶凋零,大雁南飞……

倪国岭想到两个孩子的遭遇,想到两个像刺猬一样蜷曲在麦秸垛里瑟瑟发抖的生命,再也无法控制自己的感情,他的眼睛湿润了。他们还是孩子啊!可命运却给他们本应该天真烂漫的童年蒙上一层灰暗的阴影。倪国岭心里沉甸甸的,他最见不得人受苦,尤其是少不更事的孩子……后来,他们在村边的一个麦秸垛里找到两个孩子。多年之后,倪国岭仍然清晰地记得初次见到两个孩子的情景——那天晚上,月亮像一柄弯刀吊在空中,随时会被夜风摇落下来似的。两个孩子那充满诧异恐惧的眼神和树叶一样瑟瑟颤抖的枯瘦的肩膀,让倪国岭感到一阵刀割般的疼痛。朦胧中,两个受到惊扰的孩子不知道发生了什么,他们显然被眼前的阵势和几个陌生面孔吓住了。他们不知道做错了什么,更不知道将接受什么样的惩罚。弟弟本能地紧紧依偎在哥哥胸前,他身上穿着哥哥肥大的衣服,瘦小的身躯像吓鸟的幌子,在衣裳下战栗,寻求哥哥的保护。哥哥头发上沾满麦草，凌乱得像个老鸦窝。他赤裸着肋骨分明的上身，紧紧搂着弟弟的脖子，身子像疾风中的树叶在抖动，就像无处可逃做错事的孩子，在等待着惩罚的降临。

倪国岭安慰说："孩子，别怕，叔叔接你们回家……"

两个孩子本能地往后退着身子，摇摇头。

也许，家对他们来说，就是一个噩梦。

倪国岭说："孩子，叔叔领你们去一个新家。再没人打你们，有衣穿，有饭吃，有书念，再不用睡麦秸垛了。"

倪国岭向李文达书记做了汇报，李书记当即决定，将两个孩子安排在敬老院。三岭公司主动承担孩子的全部生活和学费开支，一直到孩子长大成人，能够独立生活。在新的生活环境里，两个孩子很快恢复了原本活泼的天性，性格开朗起来。他们很懂事，有时帮老人做点力所能及的事，院里的老人都很喜欢小哥俩。孩子们的笑声也给老人们带来了乐趣和生机。他们说："老话说，救人一命胜造七级浮屠。倪国岭，好人！"

倪国岭时常扪心自问，难道我仅仅满足于做一个好人吗？

他想，但愿世上没有贫穷和苦难，所有家庭都过上幸福美满的小康生活，这比造多少级浮屠都重要。共产党承诺要让大家都过上好日子，靠的是社会制度的优越性，不是怜悯，不是施舍，这是一份责任，更是一份义不容辞的历史使命……

这一年，三岭大街党总支被县委组织部评为"全县模范党总支部"。

倪国岭感到肩上的担子更重了。他虽然已经是名副其实的企业家，但在感情上，他仍旧是一个横跨"农""企"两界的两栖人。

他对土地和农村有一种与生俱来的难割难舍的深厚情感，他生命的根须深深扎在脚下这片并不肥沃的泥土里，他能感到她的呼吸心跳，她的喜怒哀乐，她并不奢侈却沉甸甸的梦……

那段时间，倪国岭既要关心企业，又要照顾几个村里的事物，两头忙得不可开交。改制后，企业发展步入快车道，倪国岭出差的次数越来越频繁，几乎很少闲下来。常常出差回来，脸顾不得洗，就跑到车间里去，商量研究改进产品。产品虽然不愁销路，但他还是多次调查用户，以图改进，精益求精。要想企业做大做强，就必须树立精品意识，把产品做精做细，出类拔萃。这样才能在激烈的市场竞争中，永远立于不败之地。产品不求多而全，只求专而精。同时加大研制开发系列新产品的力度，从无到有，从粗到精，不断改进，直到做成精品。倪国岭认为,只有保持不断的创新能力,才是企业不断前进的永恒动力。斯太尔汽车内饰件系列产品开发完成后,他们又加大投入,陆续开发出其他车型驾驶室内饰产品,在国内汽车内饰件行业,一直处于遥遥领先的地位。他们与中国重汽、陕汽、川汽的合作配套,也愈发紧密,牢不可破。

随着业务量的日渐增大,倪国岭更忙了,像被鞭子抽打的陀螺,几乎一刻也难停下来。常常从外面风尘仆仆地赶回来,走在街上就被村里的人拉走了。他们说:"倪书记,你可回来了。你不在,有些事就玩不转了。有些拐骨,油盐不进,就认你!"

身为党总支书记,他成了三个自然村百姓的主心骨。无论村里的大事小事,都要找他商量,听听他的主意。就连普通村民家孩儿生日娘满月这样的琐事,也要拉他去脸上才有光彩。

妻子心疼地说:"整天忙得火烧腔,火烧棍儿没个大小头。这样没黑没白地四下拉巴,早晚得把你拉巴零散了。不行,书记咱不干了……到底图个啥?"

倪国岭说:"人家一片好意,不拿咱当外人,也不能扫人家的兴不是?人敬咱一尺,咱敬人一丈,总不能打着坠咕噜往牛栏里缩。既然应了这差事,就不能打退堂鼓。再说,能帮乡亲们一把,操点心,尽点力,心里踏实。累点,值!"

妻子说:"家里的事也没见你这么好心性儿,不嫌烂糟。俺还不是怕你没黑没白两头忙,按下葫芦浮起瓢,身子骨吃不消?俺倒成了不看眉眼高低不识好歹的恶人了。嗐,懒得管你……"

倪国岭说:"你放心,累不着。"

妻子说:"爱累不累。"

倪国岭好像习惯了这种忙忙碌碌的生活节奏。这么忙,他觉得心里充实。每天睁眼起床,他就这么不停地忙着。即便是出差的途中,他的脑子里仍然在盘算着各种各样的念头。后来,为联系业务方便,特意配备了一辆普通桑塔纳轿车。为节省开支,他自己学会开车。无论风霜雪雨,白天黑夜,一脚油门,有事随叫随到,想去哪儿就去哪儿,大大提高了工作效率。

一次,他身在济南,因为厂里有工作亟待处理,倪国岭在济南忙完业务,没顾得吃午饭,就急急忙忙开车往回赶。一路上,他脑子里想着如何尽快处理问题的解决方案,心里着急,不觉脚踏油门,车速如飞。路旁队列般站立的杨树,迅速朝后退去。正午已过,路上车辆很少,田野上浮动着一层明晃晃的蜃汽。车过烟囱吕村,前面不到一里就是宁津的小店村了。这时,一辆农用柴油三轮车出现在前面。开足马力的三轮车颠簸着,屁股后面冒着大团大团的黑烟，一片乌烟瘴气。这是一种令人头疼的农用车，驾驶人多是没经过任何专业培训的村民，对交通规则不屑一顾，对车辆的鸣笛更是无动于衷，只是一味亢奋地哒哒往前窜。倪国岭加大油门，想尽快超过去，突然，一辆小驴车从三轮车的对面斜插着拐出，迎面逆行而来。倪国岭再踩刹车已经来不及。说时迟那时快，倪国岭一阵手忙脚乱，本能地朝旁边一打方向盘，红色桑塔纳汽车腾空而起，从路边的树隙间猛冲过去，越过路边深深的道沟，在半空中打了个滚儿，翻过对面沟崖上的枣树枝，四轮朝天，重重拍到道沟另一侧的南沿上。枣树上正打瞌睡的鸟儿，被惊得仓皇飞走了……就在那一瞬间，倪国岭只觉眼前一黑，大脑一片空白。

等他被嘈杂的施救人声惊醒过来时，才明白刚刚的一刹那发生了什么。当他惊魂未定地从变形的车内爬出来时，刺眼的阳光照在脸上，他感到一阵天旋地转的晕眩。那一刻，他才确定自己还活着。四周已聚集了许多人，七嘴八舌，议论纷纷。

他被扶到路边稍稍定下心神，打电话联系家人和朋友。很快，李文达书记、周连悦镇长和张书岭、吴国强等人赶到现场。李义兰由陈建国夫人陪同一起赶来。一路上，李义兰傻了似的，一句话也不说，甚至顾不得流眼泪。她的心里乱糟糟的，只希望这一切只是一场噩梦。当看到丈夫的第一眼时，她突然从"噩梦"中猛醒，一下回到现实中来。她再也忍不住，后怕和委屈的眼泪夺眶而出："哎哟，这是怎么搞的，人差点糟践了……"

吴国强说："国岭哥福大命大，不幸中的万幸。都说大难不死必有后福，晚上大伙一起喝酒压压惊。"

经过那场生死瞬间，倪国岭对生命的脆弱和世事无常有了深刻的感受和体悟，也对人生价值和意义有了深刻的理解。他想，所谓生命的价值，或许就像焰火一样能在空荡荡的历史星空中瞬间爆发出照亮、温暖他人的璀璨花束吧！其实，说到人生的价值和意义，只有在同他人的相互关系中才能体现出来，就像月亮因为太阳才会发光一样。这或许就是人们常说的"燃烧自己，照亮别人"。

那时，正是企业上升期。为了扩大业务范围，方便开展业务，他们在济南北园设立了办事处。办事处的主要任务有三：一是业务拓展，二是政府对接，三是社会事务。当时，中国重汽的总部就设在这里。重汽麾下的另外两个主机厂——西安陕汽汽车厂和重庆川汽红岩汽车厂，大部分业务也集中在这里。他们成立了汽车内饰件销售公司，无缝对接社会和用户。同时对接政府，取得各项政策支持,并以此作为舞台,广交朋友,拓宽渠道。倪国岭准备把主板业务迁移安排在这里发展,就是要占"天时、地利、人和"。

北园,原名北渚园,地处济南城北、黄河以南,东到华山,西至药山,地域广阔,小清河横贯其中。地势低洼,水资源丰富,多为水田,藕塘连片,曾有济南的"小江南"之称。每当六七月间,碧叶接天,荷花映日,姹紫嫣红,分外妖娆,蛙叫蝉鸣,别有洞天。从明清开始,北园成了济南人的"菜园子"。《济南市地名志》上说:"因地处济南市区之北,以园畦地为主,故名。"北园的大卧龙莲藕更是美名远扬,它表皮白中微黄,一茎藕五六节,生食香脆微甘,入口嚼后无渣,煎、炒、烹、炸都可,深受人们喜爱。

济南著名景观"齐烟九点"中的凤凰山、标山都在北园。这里还是元代大散曲家张养浩归乡吟曲,生于斯,隐于斯的故里。他曾写下北园荷花盛开的景象:"辞参议还家,连次乡会十余日,故赋此离省堂,到家乡,正荷花烂开云锦香。"

1958年,毛泽东主席视察北园,发出了"还是办人民公社好"的号召。山东省第一个人民公社在这里成立;改革开放,"山东第一镇"在这里诞生。北园地理位置优越,南邻风景秀丽的大明湖,北望滔滔的母亲河——黄河,东近济南遥墙机场,西接济南长途汽车站,济南火车站近在咫尺。火车东站、济南凤凰公路口岸、济清高速公路零点、济南国际集装箱分流中心毗邻辖区,交通便利,区位优势明显。改革之初,北园大街是7米宽的土渣子路,走的是牛马车。路两旁拥挤着低矮的小平房,路南是大片荷花池。每逢下雨,一片泥泞,蛙声一片。如今,这里成了齐鲁家居业的龙头。高架桥下通了快速公交,桥上跑的是汽车,两旁高楼林立,一派繁华气象。这个荷塘上铸就的现代化商圈就像出水的芙蓉,摇曳多姿,亭亭玉立。

济南的夏天,就像突然从天而降,原来还是春寒料峭,冷不丁从天上掉下一团火球,瞬间就把这个素有火炉之称的城市点燃了。人们仿佛从春寒料峭里,一步跨进热腾腾的烤箱中。街上的柏油路面变得软绵绵的,柔软的肌肤渗出黑油油的汗,整个城市好像被密不透风的热烘烘的黏稠的绿色汁液浸泡着,连夜雨也充满热乎乎的温柔……

倪国岭后来时常会想起那片湿漉漉的荷花塘,那一片闪烁的霓虹灯和蛙鸣的神秘去处,那片闹市中被田田荷叶覆盖着的难得的清寂与恬然……从下榻的旅馆的窗口望过去,它被林立的鸽笼似的楼房半掩着,像羞怯的新娘娇嗔地送来一瞥闪烁的明眸。细雨霏霏,霓虹闪烁,风掀莲动,绿色荷叶上集聚滚动的水珠像顾盼的眼睛，阵阵蛙声传来，令人怦然心动。其实，雨夜蛙鸣并没什么新鲜，但在闹市里第一次听到，还是让他激动不已。他早就听说，大明湖的蛤蟆是从不叫唤的，因此有俗语：大明湖的蛤蟆——干鼓肚。这里与大明湖紧相毗邻，蛤蟆却叫得格外欢，恍若远古神秘的呼唤。他耳边突然响起童年的那首歌谣：风来了，雨来了，蛤蟆背着鼓来了……

1998 年是个多事之秋。

受亚洲金融风暴波及，中国内地经济受到不同程度的影响，进而陷入低迷。进入夏季，连降暴雨，洪水泛滥，长江流域和嫩江、松花江流域发生特大洪水。连续的暴雨也给全国各地造成不同程度的损失，情况十分严峻。其时，受金融风暴和洪灾的双重夹击，各行各业纷纷收缩银根，调整生产规模，以迎接更严峻的考验。尽管新兴的汽车内饰行业不可避免地受到影响，但对倪国岭来说，企业所受影响微乎其微。危机也孕育着时机，倪国岭审时度势，趁机逆势而上，加大科研投入，增加研制开发力度，始终在同行业居于领先地位。为未雨绸缪，在做好内饰件主业的同时，倪国岭注重多元化发展，见缝插针，利用工厂的闲置厂房，又增加了玻璃器皿和烧酒等项目。为改善伙食，提高工人福利，在闲置的空地上建起一排猪舍养猪，种植蔬菜。酒糟喂猪，猪粪肥浇灌菜园，形成良性循环……他说，红花还要绿叶配，主业疲软副业补……

那时，中国重汽集团总部就在济南，他们与重汽集团三个主机厂的主要业务也集中在这里。因为济南办事处接待任务繁重，疲于应酬，为了方便联系业务，是时，他在北园路上投资 90 万元的三岭大酒店正式开业，其规模可与济南明湖大酒店相媲美。酒店集吃、住、娱乐于一体，一开张，生意兴隆，红红火火。酒店内设宁津、齐河等老乡厅和行业业务专门招待厅，分别招待不同行业不同层次的客人。谈业务，联络感情，八方宾客纷至沓来。孔子曰：有朋自远方来，不亦乐乎！三岭大酒店一时间高朋满座，宾客爆满。是年，倪国岭提议，成立济南黄台老乡联谊会，并出任会长。通过老乡联谊会，他结识了许多各界的老乡和朋友，他说："中国的市场经济，从某种程度上说，就是朋友经济——多个朋友多条路。企业之所以迅速发展，在很大程度上得益于结识了许多推心置腹的朋友。"

这些朋友就是他心中璀璨的星空。每当看见漫天繁星璀璨时，倪国岭就会想到曾经给他无私帮助，彼此肝胆相照、相互璀璨的朋友。这些朋友遍布各行各业，却各自用不同的方式辉耀温暖着他。在他人生途中，是他们的热让他发光、璀璨。他也用自己的光和热去温暖别人、照耀别人。他说，君子取财有道,这个道就是政治上守规矩,有底线,对朋友要讲诚信,讲规矩,讲双赢,讲感情。俗话说,人心换人心,四两换半斤……

他把这些朋友都视为自己生命中的贵人,深深铭刻在记忆里。

在济南的这段时间里,他有幸结识了许多宁津老乡,有周秋田、张长森、郝福照、刘德荣、周凤山、崔志民、艾宜忠、张万勇、张玉良、李振芳、贾景林、付金芳……俗话说,老乡见老乡,两眼泪汪汪。身在异地,老乡就是亲人。还有宁津本土的三张一凤——张振海、张书岭、张国庆、李凤军,以及多年来支持企业的历届大柳镇党委政府的领导李文达、周连悦、范连村、张金中、张炳光、杨龙、薛勇、赵军太、郑文生、王学峰、王清胜、肖志勇、周延国、闫荣熙、李爱新、耿增瑞等,这些人在整个企业发展中,都起到了助推作用。随着企业的不断发展壮大,他和企业的合作伙伴接触更加频繁,关系更加密切。像重汽的马纯基、马法骧、于友德、张中和、孙国华、蔡东、孙建设,内饰件厂的吴建德、王永兴、张朝鑫、杨少华、王立义、孙茂祥、王天明、万春玲,黄河汽车厂的龚玉生、苏嘉庆、王东辉、王东风、周忠厚、严文俊、王志峰、蒋崇科、杨北键、赵廷华、于天明、段守泉,陕汽的张玉璞、陈巨远,重庆红岩汽车制造厂的蓝洪华、川汽的唐树荣东……这些人的面容时常浮现在他的脑海里,这些人是构成他漫长人生故事的重要环节,成了他人生道路上的一道靓丽的风景。

倪国岭把这些人看作生命中的贵人,属于他心目中灿烂的星空,永远在他生命的天空璀璨闪烁。

啊!朋友,因为有你,所以星空璀璨,花开烂漫……

四、悠悠寸草心

倪国岭很小的时候就听爷爷说过，羔羊跪乳、乌鸦反哺、虎不食子、马不欺母、鹿得草而呼众、蜂见花而聚群的故事。小小年纪的他觉得好奇，问爷爷，为啥呢？爷爷说："羊马比君子，禽兽都晓仁义礼，人更应该这样，你还小，慢慢就会懂了……"

这些潜移默化的教育，在少年的心底深深扎下了根。尤其是父亲对他的影响更大。这位甘愿放弃城市生活，毅然决然回到故乡来的转业军人，素有忠耿严厉之称。父亲一直担任村党支部书记，曾因仗义执言而被撤职，后来恢复工作仍旧初心不改。母亲问他："你这么拼死拼活的，到底图个啥？"他说："就图个庄户人的好前程。当初打仗流血牺牲，不就是为了穷人不再受穷，都能过上好日子吗？共产党是穷人的党，咱是党的人，就是为大伙谋利益的。不能眼珠儿光往里翻，盯着自家那点好处……"这给少年倪国岭留下了深刻印象，也在少年的心里埋下了一颗善良的种子。随着年龄增长，阅世日深，倪国岭渐渐理解了父亲的倔强与坚持。少年时贫穷和苦难的经历，也让他变得更加富有同情心和责任感。

每次回到生他养他的村庄，倪国岭的心里总有一种说不出的失落感。往日熟悉的一切似乎都没有变，只是更加凋敝破败。农村衰老了，日渐老态龙钟。坑坑洼洼的街道，低矮破败的黄土房屋，几乎不见人影。偶尔有无精打采的狗，卧伏在胡同口的树荫里打瞌睡，见有人过来，才懒洋洋地站起来，拱起身子抖一下松垮的皮毛，甚至懒得招呼一声，就溜进胡同里去了。夕照中，倏忽腾起抢地觅食的灰色雀群，像沉重的灰色叹息，一切都显得那么落寞和死气沉沉。村里的年轻人受到外面新奇世界的诱惑，已经对土地失去了兴趣，纷纷出外打工。平时，除了老弱病残和上学的娃儿，再难见到年轻人的影子。

父亲说："土地拴不住带腿的，年轻人都想往外奔，怨不得他们。人往高处走，水往低处流。土里刨食养不住，怪就怪我们没本事把农村建设好，拢不住年轻人……"一向倔强的父亲神情迷茫，似乎充满疑惑和愧疚。他说："那时你往外跑，我总是拦着，怕你心变野。现在看来，也许我错了……"

他说："爸，说这干吗，都过去了。这怎么能怪你呢？"

父亲说："可我心里有个坎儿，过不去，不说憋在心里难受。人老了，就爱翻陈芝麻烂谷子的旧账。那时，总觉得农村就是根，是国家的根基，只有把农村搞好，才是正道。要不，我也不会回农村，不会想办法拴住你。将来农民都不种地，吃什么，喝什么？国家还稳吗？"

母亲说："老东西，不愁你吃，不愁你穿的，操那个闲心干吗？天塌下来，有高个儿的顶着。"

父亲说："话是这么说，天真塌了，高个儿的真顶得住吗？还不是下边吃亏。"

倪国岭有时会想，父亲的话不无道理。那些不甘命运摆布的年轻人正在纷纷逃离农村，他们宁可舍家撇业只身闯入陌生的城市，也不愿困守在土地上受苦受穷。这些被称为"农民工"的群体，充斥在新兴的工厂或麇集在建筑工地上。每当看到眼含渴望没人管教的留守儿童，夕阳中叹息的空巢老人，逢年过节候鸟般匆匆往返的年轻人，他就感到一阵隐隐的心痛……各种社会问题随着社会的发展逐步凸现出来。

可这一切能怪谁呢？

他想起父亲说过的话："国岭，做人要厚道。你有出息，别忘了，能帮乡亲们一把是一把……"

其实，这不仅仅是个道德问题，更是深层的社会问题。

他是时代的宠儿，是一名成功的企业家，他时常问自己，我又能为他们做些什么呢？

他想，一花独放不是春。农村的春天应该是另一番样子。他想为乡亲们办点实事。作为一名成功的企业家，追求利润固然重要，但社会责任更加重大。鹿得草而鸣众，蜂见花而聚群，羊有跪乳之恩，鸦有反哺之义，动物尚且如此，何况人呢！

2006 年的初夏的浓绿，已经把整个世界胀满了，连空气中也好像储满了黏稠的绿色汁液。济南的夏天更是绿得浑透。湖光山色，绿柳涌泉，荷叶田田，莲花灼灼，热烘烘一股脑挤得满满当当。虽然还没到最热的季节，这个有着火炉之称的城市已经威力乍现。疲倦的风偶尔掀动一下绿成一块的荷塘，莲叶翩翩，灼浪滚滚，人就像在蒸桑拿浴。

是时，宁津县委、县政府为抢抓被列入全省 30 个重点扶持县的机遇，充分利用省委、省政府出台的各项扶持政策，特别是 14 项优惠政策。县委、县政府制定《关于抢抓列入重点扶持县机遇，加快县域经济发展的实施意见》，明确指导思想、目标任务和工作重点，努力实现县域经济发展速度明显加快，经济结构明显优化，整体竞争力明显增强，财政状况明显好转，社会文明程度明显提高，基层组织建设明显加强等"八个明显变化"。加大对外招商引资力度，规划辟建经济开发区，向集约化产业化发展。要求各乡镇规模化以上企业必须进开发区建厂，对说服动员工作不力者，党委书记就地免职。

这成了摆在乡镇党委政府面前的一道难题。进开发区建厂，不仅意味着企业需要投资，更意味着原有生产费用和用人成本的提高，这对企业来说，得不偿失。所以，大多企业抵触情绪非常大。大家都在等待观望，谁也不肯先迈出第一步。

一天，县委副书记冯如胜把倪国岭叫到办公室，说："老倪，这次县里抢抓机遇，规划辟建经济开发区，要求规模化以上企业全部进开发区建厂，并特意为入驻企业制定优惠政策，规划、批地、建厂，一站式服务。俗话说，人无头不走，鸟无头不飞。目前，各企业都在犹豫观望，你是咱县的优秀企业家，县里希望你能起个带头示范作用。这次，县委、县政府下了决心，所有上规模的企业，都必须进开发区建厂，这当作一项政治任务贯彻下去。许书记在会上说，企业不搬家，所在乡镇党委书记就搬家……所以，你这个响鼓，就不要我这个重槌来敲吧。"说着，冯如胜笑了。"怎么样？说说你的打算？"

冯副书记曾任县委组织部长，两人过去接触较多，关系密切，因此说话直截了当，开门见山。话说到这个份上，直接推辞拒绝的理由似乎难以出口，倪国岭咂咂牙花，琢磨着该如何回答。那时，企业在济南的业务正风生水起，红红火火，发展势头正猛。他们的产品成为重汽集团济南黄河、四川重庆红岩、陕西汽车制造厂三家国营汽车制造厂的内饰件配套厂家，刚刚又成为军车的指定供应商。他甚至打算将整个主业都迁往济南发展。这一下，他的整个计划被打乱了。

见倪国岭犹豫不决，冯如胜又说："你有什么困难，尽管说，县里能解决的，尽量解决。"

倪国岭说："冯书记，不是我不想带这个头。只是，济南那边，紧挨重汽，背靠大树，外接川汽陕汽，各种关系对接步入正轨，运转良好，业务发展势头强劲。不瞒你说，我正打算将企业主板业务迁过去，集中力量，做大做强。县里要建开发区，这是好事，我举双手欢迎。不过，要再在开发区戳一摊，实在……"他轻轻摇摇头，后边的话没有说出口。

三岭公司在济南发展的优势，显而易见。近傍重汽，远连川陕，政策宽松，交通便利，不仅占尽天时地利之机，更为有利的是，平时接触交往的人，不是国有大企业的领导，就是政府部门举足轻重的工作人员。视野开阔，各种政策信息渠道畅通。这些人脉优势，绝非偏远地方小县城所能望其项背。

冯如胜明白倪国岭的意思，笑笑说："我知道你在济南干得不错，理解你的难处……县域经济，上不着天，下不着地，政策滞后，交通不便，高不成，低不就，这都是明摆着的。说实在话，这事搁在谁身上，也难免会抵触犹豫。不过，话说回来，不在其位不谋其政，县里的难处更大。要振兴县域经济，本土扶持起来的企业都拢不住，翅膀稍硬就远走高飞了，等于眼睁睁看着自己辛辛苦苦养大的母鸡，飞到别人家的窝里去下蛋……眼下，关键是如何留住本地规模以上的企业不外流，肥水不流外人田……所以，这次县委、县政府下了决心，要一抓到底，各乡镇一二把手，亲自上前抓，许书记在会上说那番话，也表示县委、县政府在这件事上的态度和决心……"冯如胜停顿一下，又说："县里并非要强企业所难，在这件事上，县里的态度是既要尊重企业的自主权，又要把说服动员工作扎实做透，不做行政干预，只做苦口婆心，交心透底……虽然进开发区，近看好处不大，可往长远看，对企业的集约化规模化发展势在必行。可多数企业不理解，任乡镇干部说破嘴，跑断腿，说服动员工作收效甚微，毫无进展。大家都在犹豫观望，谁也不肯先迈出第一步……你是咱们市里县里著名的企业家，这些年配合县委、县政府做了大量工作，这些有目共睹。都说火车跑得快，全靠车头带。这次，县委对你寄予厚望。你这个响鼓，我想，不用重锤，你也知道分量了。我的话你认真考虑一下，不必急着回答……"

既然书记话说到了这个份上，倪国岭再也无话可说，于是说："冯书记，你的意思我明白。尽管办企业为追求盈利，但盈利的目的不仅仅是个人利益的最大化，更要追求社会效益最大化。人民币，人民花，就是这话。既然是县委、县政府规划建设开发区，是为了拉动县域经济发展，作为宁津土生土长的企业，我责无旁贷，没话说，服从就是了……"

冯如胜说："事关企业发展大事，你再仔细考虑考虑，不必着急作出决定。"

倪国岭说："不必考虑，我已经想好了。企业发展了，不能忘本，回馈社会，回馈家乡，造福一方百姓，是企业义不容辞的责任。就这么定了！"

冯如胜高兴地说："说得好！我就佩服你这点，透脱！有胸怀，敢于担当！老倪，感谢你对县委、县政府的理解支持！"

6月，三岭公司占地150亩的新厂房正式奠基开工。新开辟的宁津县经济开发区工地上，红旗招展，机器轰鸣，一派热闹景象。时任大柳镇镇长的郑文生亲自现场指挥。工地临时搭建的工棚，成了临时指挥所。年轻秀气的小伙子满脸汗水，面带自豪，跑前跑后，指挥协调，有条不紊。这是全县第一个入驻开发区的企业啊！

镇党委书记赵军太说："老倪给力，衬党委政府这个台。他济南那边一时脱不开手，我们镇党委政府就要顶起来，全力做好服务。没说的！"

其时，"三农"破题，县委号召充分发挥能人带动效用，鼓励企业家和有能力的脱产干部，回村兼职党支部书记。经过镇党委研究，决定让倪国岭回村兼任党支部书记。

倪国岭二话没说，一口答应下来。

最初，家人朋友对此都不理解，说："企业发展势头正猛，摊子大，事情多，何必再揽闲事，给自己找麻烦。再说，农村的事你又不是不知道，一人难称百人心。好了无功，坏事有过。好不容易从农村拔出脚，何必又要去趟这趟浑水？"

倪国岭说："人无头不走，鸟无头不飞。穷家难当，如今村里的事，耽误功夫没油水，好汉子不干，赖汉子干不了。要收拾散了的人心，得切切实实做点他们看得见的实事，群众才信服。咱有资源条件，信息畅通，帮乡亲们想点致富的门道，总比他们四处乱碰强。能帮扶一把，心里踏实。"

他回村做的第一件事，就是规划街道，垫平坑塘，修建田字形六条路。有人说："好是好，可村里要啥没啥，老弱病残，出个工都困难。这事还是稍后，先顾肚子后顾面子。"他说："村子有没有人气活力，一看街道就知道。坑坑洼洼窝窝囊囊高低不平，一看就不是过日子的来头。日子穷不能倒了精神，心气不能窝囊。这事，我想办法解决。"

其时，正好乡村道路规划，他把村里的路重新做了调整规划，纵横交错呈田字形六条路,并把规划呈报上级,得到时任县长杨同军、土管局长孙凤树和公路局长苏丙臣的支持。说干就干,一时间,整个村子顿时热闹起来。推土机轧路机轰鸣声打破村庄往日的沉寂,街道上人来车往,到处一片欢声笑语。

正是炎热的夏季,赤日炎炎,大地着火。太阳像刚刚钻出火塘的刺猬,刺烫得皮肤又疼又痒。施工的人们挥汗如雨……在人们的欢声笑语,孩子的追逐嬉戏中,昔日丑陋的溃烂的伤口一般的自然坑塘被夷为平地,街道变得开阔平直,头戴白色安全帽的电工正在架设安装路灯,新铺的柏油路面散发着沥青的气味……有人深深吸口气,说:"嗯,好闻!"一个调皮的孩子在平坦油亮的路面上跳着跺了两下,对小伙伴们喊道:"冲啊——去看打井啦——"

打井队竖起的铁架子那边,正围着许多人。有人正在安装压力水罐。通往各家的自来水管道都已准备就绪,只等送水了。小学校那边,正在课间游戏的孩子们好奇地朝这边观望着……这些孩子都是来自本村和附近的村子,就在他们短暂的上课期间,外面的世界像变戏法一样变了模样,他们惊奇地相互指点议论着。放学的时候,他们会像一群撒欢的小鹿,抢着书包绕着新铺的柏油路追逐嬉戏,把欢笑洒满一路。上课铃响了,孩子们簇拥着跑进教室,老师在黑板上赫然写下作文题目《新路》……当初,倪国岭看见村里有些孩子要跑很远的路去前魏或后魏上学,有的孩子因为父母出外打工,要照顾弟弟妹妹,有的因交不起学费而辍学,他想,穷啥不能穷教育,人穷或者穷一时,教育穷要穷一世。于是,他萌生了在村里捐资建学校的念头。这个想法得到父亲的大力支持。父亲说:"这是功德无量的事。旧社会,穷人没钱念书,都是睁眼瞎,挨欺负。新中国刚成立那阵儿,村里办夜校和扫盲班,就是教大伙识字明理。那时候说,穷人要翻身,先要从文化上翻身。没有文化,干啥也白瞎……现在不让孩子念书,就是害了孩子一辈子……"

倪国岭出资在村里建起国岭小学,招收本村和邻村的孩子上学。对困难的学生,实行全免费,并给予相应的救济补助……每当看见那群像小鹿一样欢蹦乱跳的孩子,倪国岭都会感到一丝慰藉,一种莫名的感动。他们是民族的希望和未来……后来,他把出资修建的民办国岭小学无偿交付县教育局,重新命名为高伊范小学。

道路很快修通了。家家通上自来水。村里的面貌焕然一新。柏油路面平展宽敞,傍晚,街道两旁的路灯亮起来,闪闪烁烁,像落了一片星星。倪国岭独自一个人在方阔平直的街道上走着。原野似乎刚刚从白日的燠热中透过一点气来,微风习习,蝉声阵阵。他喜欢这种被田野的雄浑气息所包裹的感觉。他喜欢田野，喜欢方正，或许他骨子里有一种与生俱来的田野和土地情结，所以才把村庄的道路规划成一个方方正正的大大的"田"字。这些年，他很少有闲暇在村子里转，曾经熟悉的村庄已经显得陌生，这种隔膜就像一层透明的薄膜，似乎明了又难以走近……后来，他渐渐明白，这是一种血液和朴素情感的融合，是心与心的碰撞。在回村任党支部书记的这段时间里，他才渐渐走进村庄和乡亲们的心里去，人们才不拿他当外人，有话愿意跟他说，有事找他商量，跟他逗闷子开玩笑。他又回到乡亲们中间，成了他们中的一员……正想着，路边一家半敞开门的院子里，传来一个女人的声音："外面路灯明快着呢！甭开灯费电。天井地上泼点水，凉快……"

这是一对残疾人夫妇。这个院子，倪国岭不止来过一次。那是他刚回村不久的事——得知这对残疾夫妇正在读高中的孩子，因为家庭经济困难，交不起学费，正准备辍学出外打工。倪国岭便亲自上门了解情况，做工作劝说孩子重返课堂。他说："现在是知识经济时代，孩子一步赶不上，步步赶不上。只有学好知识，才能改变命运。"孩子父母说："书记，你说的话俺都懂。你看俺俩这样，实在是上不起学，都是俺俩这不争气的身子，耽误了孩子……"倪国岭说："别的你俩甭愁，孩子从高中到大学的一切费用，包在我身上。另外，我想办法给你俩安排个力所能及的活儿，日子会慢慢好起来。"孩子父母听说，感动得流下泪来，马上叫孩子给倪国岭磕头，说："赶快给恩人磕头……"倪国岭连忙拦住说："你们这就见外了。乡里乡亲的，我能帮上一点，也是本分，谁也有个过不去的坎儿，搭把手，就过去了。"孩子父母说："你是俺家的救命恩人，这辈子忘不了你的大恩大德……"

倪国岭对孩子说："记住，有志者事竟成。好好念书，要改变命运，只能靠你自己。"

孩子认真地点点头。

果然，那孩子读书非常用功，门门功课都是优秀，还把在学校获得的奖状拿给他看……这让他感到莫大的安慰。

他时常想，一个人的成就感或者说存在的价值，或许就在于能为他人做点有益的事吧！

后来那孩子考取了大学，现在已经是在北京读书的医学博士生了。

……

2007 年 6 月，县委、县政府制定《关于着力推进三大特色产业发展的实施意见》，把宁津打造成中国实木家具制造中心、中国汽车零部件产业基地、中国纺织机械产业基地。建设"三大特色产业"聚集区5处。三岭集团在开发区的新厂房建设正紧锣密鼓地进行。工程分两期,一期一栋,二期两栋。先建车间,后建办公综合楼和生活区。建好一片,拆迁安装设备投产一片,前后历时一个月。2008年陆续完成从后魏老厂区的整体搬迁。

这一年,倪国岭已年届花甲。他的企业从改制时的只有十几个人和简陋的土制设备的小厂,发展到现有四百多工人,现代化设备齐全,资产超2亿元,纳税过千万,冠居汽车内饰行业龙头企业的大型现代化企业,用了短短十年的时间。

有人欣然提笔为三岭集团作赋,曰:迢迢正阳路首,环二区带三路,南接德滨高速,北依水郡绿城,此三岭集团。改革开放,沐万里之春风,雄起于后魏;励精图治,奋斗进取,开前无古人之业绩;外引内联,广招贤才,建后有来者之功勋。看今日之三岭,厂房林立,拔津城之地而起,商旅云集,聚五洲之商而盛,车水马龙,货运三江五岳,机器轰鸣,物产巧夺天工,一桥飞架,似长虹贯日,乐泉飞舞,若蛟龙腾起,亭台楼阁,美生活旨趣,鹰击长空,展鹏程万里;三岭发展,几经沧桑,领导呕心力举,高瞻远瞩,厚积薄发,引领时代风潮,背靠中国重汽,南征北战,革故鼎新,力揽重汽名企;凝企业文化之张力,弘民族精神之轩昂,先做人,后做事,打造企业文化之核心,三放三提,三个具备,促企业员工素质之提高;汽车内饰,特色优势明显,汽车座椅,蓬勃兴起正浓,三岭物流,通达四面八方,集团上下,众志成城,百业兴旺,千帆竞发,春秋代序,风雨兼程,躬逢盛事,幸甚至哉,天时地利,再臻人和,试看明日三岭胜景,文明和谐更繁荣。

倪国岭先后被选为宁津县人大常委会常委、县政协常委、县工商联副主席、德州政协委员企业家联谊会副会长、德州市政协常委、德州市工商联副主席、山东省汽车协会常务理事、山东省工商联执委、山东省光彩事业促进会理事。曾多次被授予"模范员""科技拔尖人才""市级农民企业家"等荣誉称号。2003—2008年连续五年被德州市委、市政府评为中国特色社会主义建设者。2008年12月又被授予"改革开放30周年德州企业家"荣誉称号,并记二等功一次。2009年9月,被授予"山东省中国特色社会主义事业建设者"荣誉称号。三岭公司成为纳税过1000万元的全市重点骨干企业。

作为四届德州市政协常委,倪国岭多年来始终以"政协人"自居。"政协委员不仅是荣誉的象征,更是一份沉甸甸的责任。"倪国岭说:"当好政协委员,就得盯牢'认真、诚信、谦虚、沟通'八个字,坚定不移地扛起社会责任。"多年来，他是这样说的，也是这样做的。他为村里修路打井安装路灯自来水，捐资助学修学校，与5位企业家朋友结对帮扶德州市120名家庭困难的高中生，并建立"因善结缘"微信群，对接宁津县新城实验学校，长期资助困难学生，直至后来以企业一己之力，撑持扶持一个濒临倾圮的县域经济产业的金字招牌，充分展示了一个企业家的高尚情怀和舍我其谁的责任担当。

2009年，德州汽车协会成立，倪国岭被选为副会长。德州市委书记雷建国、市长助理李月明亲临现场祝贺，并到三岭集团视察指导。雷建国书记对老当益壮的倪国岭十分赏识，赞不绝口说：倪国岭62岁的年龄，26岁的激情。搞现代企业，既需要这样稳重成熟的魄力和胆识，又需要年轻的蓬勃和激情。

为扶持企业发展，雷建国书记、吴翠云市长亲自与重汽马纯基总经理、蔡东副总经理对接洽谈。雷书记曾和马总一起共过事，老同事见面格外亲切，气氛轻松热烈。雷书记开门见山，要求重汽给予德州企业以扶持和优惠政策，说："德州企业发展相对滞后，你作为央企大佬，少不了要在政策上倾斜一下。"马总笑着说："既然地方大员发话，敢不服从？"一句话说得大家都笑了。马总当即拍板应诺，将航空智囊座椅百分之三十的份额交给三岭。

2010年，时任县委书记孙起生和县长景文新亲自找倪国岭做工作，动员他回家乡发展，对县域经济起拉动带动的作用。并承诺，将举全县之力，扶持三岭集团发展。面对如此重托，倪国岭欣然答应，放弃主板在济南发展的规划，毅然从济南回宁津，支持家乡经济建设。

2011年，三岭集团再扩展150亩，在开发区建设新厂区。并对企业加大投入，将收入的30%~40%用于企业的提升改造。为吸纳留住高素质人才，宁津县委、县政府出台优惠政策，依托三岭集团为平台，对就业的大学生和高层次人才，实行"双薪双管"。这一创新举措，迅速在全国引起极大反响，各级报纸电台纷纷刊载播发。

同年，根据县委决定，筹建三岭会馆。三岭会馆是属县里扶持的企业行为，依托企业经办，服务于政府。后来形势变化，市委书记雷建国和县委书记孙起生先后调走，项目搁浅。

倪国岭说："我是个干事的人，不做违背规则的事，不做没把握的事，不打无把握之仗。"南部项目流产后，得不到政策优惠，企业投资8000多万元，后来上了电动三轮车……第一代"启迪"牌电动车，小巧玲珑，造型独特，新颖别致，在当时尚属首创，一经面世，就深受消费者青睐，市场前景一片光明。有人说，启迪启迪，赛过奥迪，轻巧灵便，无所不及。

倪国岭将生产的第一批启迪牌电动汽车全部无偿捐献给城管局。经过一番周折,企业总算步入轨道安定下来,运行良好,倪国岭长长地松了一口气。他感到有些疲倦,是那种长时间紧绷神经松弛过后的慵倦。冬天来了,工厂门前的柳树依然绿叶葱葱,没有旷野里树木凋零衰败的景象。朔风吹过,窸窸窣窣,喁喁细语。清晨,树冠结满雾凇,像满头插满白银步摇首饰的贵妇……他听母亲说,自己也是出生在银装素裹的雪天。他喜欢雪,纯洁,晶莹,像玲珑剔透的六角花瓣,从遥远的天空中优雅地飘落下来,干干净净,一尘不染。

2012年11月8日,是倪国岭和老伴李义兰的生日。这一年他64岁,已经是四世同堂大家庭的长者了。在庆祝生日的宴会上,面对四世同堂其乐融融的大家庭,他突然宣布了一个出人意料之外的决定,退出企业管理。他说:"我年纪大了,该退居二线颐养天年了。"倪桂龙说:"爸,你怎么突然想起这事?我们……能行吗?"看着毫无心理准备、面露惶惑的儿子,他说:"我跟你娘商量过了,我不能管一辈子,你们应该学会自己飞。该早点给你们身上压点担子,经些风雨历练历练了。老子打下的江山,你们迟早要接班。早点给你们舞台,也好独当一面。把你们扶上马,我从旁还能送你们一程。"孙子倪磊说:"爷,你真放心交给我们?"倪国岭说:"有啥不放心的,经过这么长时间的磨炼,你们也有了经验。你和你叔各管一摊儿,各负其责,只管放心大胆地去干!记住,是分摊儿,不是分家!"

儿子还想说什么,他一挥手制止,说:"好了,什么也不用说,这事就这么定了!"说着,他举起酒杯,说:"来,大家一起干杯!"

那个生日,一家四代其乐融融,过得轻松愉快。倪国岭卸下一身重负,好像重获新生似的,感到浑身轻松。

自此,由倪桂龙任总经理,主要负责北厂区汽车内饰件厂,倪磊主要负责南厂区座椅和电动车厂。

如果不是后来发生的事,倪国岭完全可以高枕无忧地安度晚年了。可是,后来形势变化,加之管理经验不足,企业主要领导缺乏必要的权威性,导致新的高管团队出现步调不一致,各自为政的混乱局面。企业内部管理混乱,有章不循,赏罚不明,规章制度形同虚设。产品质量控制不住,生产成本摸不着底,纪律松懈,人心涣散,各行其是。随之而来,各种问题浮出水面——其中,一个1989年入厂,企业多年培养派驻外地的业务员,由于疏于管理,没原则地迁就退让,致使失去底线。原本是企业岗位职责行为开发的客户,竟然全部纳入他自己的业绩,年薪拿到200万元仍贪心不足,讨价还价,俨然成了独立王国。

对于集团办公室传达企业文化，更是不屑一顾，拒不接受，说："你们哪有正事啊！我们干实事，没闲工夫捣鼓那些狗咬尿泡闹虚气的玩意儿。不管黑猫白猫，捉住老鼠就是好猫。什么企业文化，全是扯淡。咱们是两股道上跑的车，各干各的。我凭本事吃饭，按完成业务量比例提成，多一分不取，少一分不干，眼红没用。这是签了条款的，说别的不新鲜……"

另外一个车间主任，原本是岗位职责的正常行为，就因某个领导的个人好恶，月奖金竟然罚到 4000 元。当人力资源问为什么，那位副总竟然振振有词地说："我看他干得不孬。"

这种管理上的无序和混乱，最终导致原本蓬勃向上的企业在五年时间里，如同逆水行舟，不进则退，企业管理机制和创新能力都有所削弱。

为什么会出现如此情况？

企业接连出现的问题和每况愈下的状况，迫使倪国岭对家族企业的传承进行思考。家族企业究竟传承什么？难道仅仅是工厂和资产？尽管蓬勃兴起的民营企业已经占有全国经济总量的半壁江山，可是，有统计数据显示，民营企业的平均寿命却只有短短的 3 年。这是为什么呢？如何才能摆脱"其兴也勃焉，其亡也忽焉"的魔咒怪圈？对此，倪国岭想了很多很多……他想，家族企业必须跳出家族管理的固有思维模式，厘清企业产权和管理权的不同概念。说到底，现代企业传承，不仅仅是资产财富，更是一种企业精神文化的传承延续。产权是财富，管理是能力。现代企业管理，必须社会化。只有不拘一格降人才，实行能上庸下，运用现代化管理模式，才能适应不断变化的市场经济形势。"没有文化的军队是愚蠢的军队，而愚蠢的军队是不能战胜敌人的。"他的脑海里突然蹦出这句伟人名言，眼前顿时一亮。是啊，企业之所以管理混乱，出现了这样那样的问题，主要原因还是在对企业文化的贯彻执行和认同上。企业文化是企业的灵魂，是企业的凝聚力和软实力。一个没有自己企业文化的企业，如同行尸走肉，注定行之不远。

物是死的，人是活的，人的因素第一。灌输什么样的企业文化理念，才有什么样的企业。必须尽快扭转这种局面，将企业文化理念深入人心，增强员工对企业文化的认同感。只有这样，才能上下一心，步调一致，心往一处想，劲往一处使，实现"共筑一条路，三岭之路；同唱一首歌，三岭之歌；同圆一个梦，三岭之梦"的理想目标。

2017 年，年届古稀的倪国岭重披战袍，再跨战马，又上战场。从干部队伍、员工思想、企业管理制度三方面，着手治理整顿。

五、重振雄风

芳菲四月,桃花盛开。

夜里的一场细雨,让原野上数不清的野花竞相开放,这些叫不出名字的野花,就像一群闹哄哄装扮随意的村姑,扭动着腰肢,叽叽喳喳带着土里土气的俗艳和蓬勃的生命气息,掐着腰调皮地向着蔚蓝明净的天空挤眉弄眼。路边花坛里的樱花已经开始凋落了。这是一种开得妩媚又娇弱的花,风一吹,光艳明洁的花瓣随风飘飘洒洒,带着一缕叹息般凋零的幽香。空气被清洗得清新明净,工厂大门前路两边长发飘飘的柔柳,如新浴出水娇艳欲滴的新娘,把嫩绿鹅黄舞弄得千娇百媚。远处送来布谷鸟的叫声……倪国岭很早就起床了。他先是围着厂区内的甬道转了一圈,伸伸腰,扩扩臂膀,这是他多年养成的习惯。空气中弥漫着一股淡淡的麻纤维的芬芳气味,这是一种温暖而亲切的气味。他时而会甩开膀子绷着腿走两步正步,浑身充满力量。已是七十挂零的人了,但早晨起来依然精力充沛,好像有使不完的劲。开始整顿以来,他每天泡在工厂车间里,眼看,耳听,找人谈心,多方面听取意见……他能感觉到,这部由人和物组成的庞大的工厂机器,像擦过油一样飞速运转,情况良好,再没有先前那种滞涩的不和谐的声音了……晨曦中,广场上空的红旗在迎风飘扬,渐渐把晨光搅成橙红色的霞彩。每天的太阳都是新的,人也是新的,充满希望和力量。上工的工人们三三两两,陆陆续续从门口进来。有人和他打着招呼,工厂里热闹起来,一切都苏醒了,活泼泼欢实起来。他喜欢这种复活似的感觉。夜里,车间里的机器静静地卧着,也像在做梦。其实,机器也有疲劳的时候，他有时会觉得它们也有感情，也有精气神，它们的精气神是通过人来表现的。

每天上工前，身着整齐工装的员工们统一集合在广场上飘扬的红旗下，迎着冉冉升起的旭日，放声歌唱《三岭之歌》。这是他们自己的歌，是给人鼓劲的歌，凝聚着三岭人的过往和未来，豪气和理想。这成了雷打不动的仪式，他每天都坚持跟着大家一起唱。甚至有时晚上遛弯，也会情不自禁地哼两句。他仿佛听到另一个自我的心声。

这不仅仅是一种形式，更是一种企业文化的认同感和凝聚力，一种潜移默化的精神力量。透过这种颇有仪式感的群体合唱，他能感受到一种生气勃勃的士气，一种涓流汇入大海的汹涌澎湃的激情和力量。歌声反映出一个企业的精、气、神。

企业的这种精气神很重要。没有这种精气神，企业就像行将凋零的树叶，黯淡无光。然而，它却往往不被人重视，容易被人忽略，这就是许多民营企业昙花一现的深层原因。企业必须重视硬件建设，同时必须有与之相适应的精神文化建设，二者缺一不可。要两手抓，双管齐下，抓大不放小。既要注重远方，又要看到眼前，注重细节。千里之堤溃于蚁穴，细节决定成败。自从决定重新工作以来，千头万绪，他很少睡个囫囵觉。在着手整顿干部队伍、员工思想、企业管理制度的同时，又承担起县委交给的恢复家具展厅，接纳关闭的家具大世界的经营业户的任务。

宁津是著名的"中国实木家具之乡"。2004 年，县委、县政府为发展实木家具产业，采用行政干预引进上海开发商，建设 3 万平方米的实木家具展厅。开发商毕竟不是经营商，他们的心思不在经营上。由于经营策略上的短期行为，加之宣传招商力度不够和实际操作中的不力，3 万平方米的实木家具展厅，实际经营面积只有 1 万平方米。偌大的经营场地，近三分之二空荡闲置，门可罗雀。即便是开业的展厅，也是苦苦经营，难以为继。2015 年 11 月，上海开发商撤资，显赫一时的宁津家具大世界黯然落幕，偃旗息鼓。原来进驻家具大世界的经营业户，突然失去经营场所，如失去巢穴的雀鸟，无处寄身，无枝可依。作为主导产业的宁津家具企业也因失去对外展示的窗口，顿时黯然失色。外地客商来宁津没有目标去处，本地加工企业的产品无法展示，经营效果自然大大打了折扣。

为改变这种尴尬局面，县委找到三岭集团，希望他能承担起恢复家具大世界展厅，接纳原经营业户的重任，为县域经济的主导产业独当一面。作为一个企业,这副担子委实有些太重,可他还是硬着头皮拍着胸膛承担下来。每逢困难压下来时,他总是本能地迎上去,从来不会退缩。这种不服输的性格,至今没有变。这有什么办法呢?这就是人们所说的"江山易改,禀性难移"吧!这些年下来,他从未在困难面前低过头。眼看着"中国实木家具之乡"的金字招牌,就因为开发商的撤资面临倾塌,一个蓬勃的主导产业顷刻间华彩顿失,黯淡无光,他觉得责无旁贷。难道死了张屠夫,就吃带毛的猪肉?许多事情都是逼出来的,人有时就得逼一逼。

此事非同小可。况且,企业面临着调整产业结构的诸多问题,再揽这个活,不可不慎重。他从不打无把握之仗。他和李文达书记商量(从工商局局长位置上退休的李文达,被邀请来协助工作,成为他的得力助手和参谋),经过反复权衡,最终决定关闭南厂区的生产项目,将车间进行装修改造,为家具展厅腾笼换鸟。这样做虽有得有失,却符合国家转方式调结构的政策,更契合工厂面临的实际状况和长远利益。这样更利于集中人力物力,攻其一役,把汽车内饰件产品做大做强。所失在于家具城既要先期投入,又不可能短期见到效益。人无远虑必有近忧。孰重孰轻,甘蔗没有两头甜。倪国岭最终决定,干!

眼看就要过春节了。为了赶时间赶进度,争取早日营业,装修工人们夜以继日争分夺秒,春节期间,工作不间断,仍在紧锣密鼓地进行。吃完饺子,马上又投入到紧张的装修工作中,车间里热气腾腾,一片繁忙景象……这让倪国岭无比感动。

整个春节,他差不多是跟工人们一起度过的。尽管家人多次劝阻,他还是一有空就跑到装修车间里来……老伴儿说他:"都那么大岁数了,还那么没日没夜地拼,操那么多心,不累?"他说:"习惯了,闲不住,谁叫咱是社会人……"

他把自己定位为社会人,说:"社会人就要有社会责任感,不能光为个人和小家庭打算,还要多为社会做点有益的事。这不是虚话。有句话叫格局决定成败,一个人只知道紧盯住鼻子尖上那丁点好处,唯利是图,企业会干不好,早晚得黄摊子。不抬头看天空,你就只能是土里刨食的鸡,永远变不成飞翔的鹰。"

莺飞草长,春光明媚,转眼已是暮春天气了。

夜晚,倪国岭独自沿着南厂区的甬道走着,他嗅到一股新装修的展厅木质的气味混合着烂漫樱花的馨香气味,他本能地深吸一口气,那种气味顿时浸透周身……明天,2016年4月28日,就是近一万平方米的A厅正式开业剪彩的日子。从接受任务到展厅开业,仅短短几个月的时间,一个崭新的家具大世界展厅，就像即将揭开盖头露出神秘容颜的新娘，呈现在人们面前。一想到这些，他就忍不住一阵激动……回想起这段日没日没夜劳碌奔波的日子，终于让一个倾圮的家具大世界又重新矗立在世人面前，倪国岭顿感浑身充满力量。仅凭企业的一己力量，撑持起即将轰然倒塌的"中国实木家具之乡"这块金字招牌，原是不可能的事，他竟然做到了。这不能不说是个奇迹。

倪国岭眼前浮现出展厅剪彩开业的情形，一片落英缤纷，樱花乱舞。他的脑海里突然蹦出一句最近在朋友圈很流行的话：不必仰望星空，自己就是最美好的风景……

那天晚上，倪国岭失眠了。逝去的岁月被一层层揭开，它们并没有消失，只是存储在某个深邃幽暗的深层里，当心境平静如水，浮世的杂虑尘埃落定，这些心灵的密码便会自动打开，像透过澄澈的水面，看见水藻飘摇，活泼泼的鱼儿在游动……这种存在，既是一种过程，又是一种永恒……这或许就是一种生命的美好风景吧！

在宁津家具大世界落成开业典礼上，市领导史好泉（德州市政协主席）、李光仁（德州市人大常委会副主任）、夏荣恩（德州市人大常委会副主任）、张跃中（德州市政协副主席）、陈建国（德州市政协副主席）纷纷前来祝贺。这些领导在三岭公司的发展中，给予了大力支持，在拉动地方经济建设中，功不可没。

宁津县委常委办公室主任武永生说："三岭公司正是以企业一己之力，扶持一个县的产业，功莫大焉。"

倪国岭说："作为一个企业家，要有社会责任感。前进有方向，奋斗有目标。当时接这个活，就是想为社会做点事。尽管是企业行为，但当时考虑更多的是社会效益。能助人者，下善，能助社会者，上善。企业要赚钱，但不急功近利，不能剜到篮子里就是菜，更不能干杀鸡取卵的事。过去说借鸡下蛋，现在哪儿还有能下蛋的鸡借给你？必须养鸡下蛋，要养企业，打造好平台。有了好的平台，才能拉动全县的家具产业健康发展，擦亮宁津实木家具之乡的金字招牌。这样带动整个社会受益，全县受益，三岭自然也受益……"

A厅开业后，业户第一年进入免收租金。开业后3~4个月时间，从最初一个展厅面积不到1万平方米，很快发展壮大到四个展厅面积4万多平方米，全部爆满。经营业户由最初50家，迅速增加扩大到300多家。高中低各档产品品类齐全，应有尽有，充分满足各种客户对产品的不同需求。走进展厅，展现在眼前的是一片琳琅满目的家具艺术世界，令人目不暇接，叹为观止。为了照顾社会不同层次的需要，满足普通家庭用户，不仅家具，就连家居建材类产品也应有尽有,一站式服务。装新房,娶新娘,来到三岭大市场,物美价廉又便当。

为保障家具大市场有序健康经营发展,宁津县委书记王刚多次指导过问,副县长王新志亲自协调操作,将家具城原来的工业用地性质改变为商业用地性质,由此增加了广大经营业户扎根经营的信心。加强内部管理,对经营业户的经营规范加以约束,使严禁欺诈、不准互相拆台、杜绝恶性竞争成为每个经营业户的共识。质量保证,做工实在,厂家直销,价格便宜,外地客商纷至沓来,销售范围迅速扩大到全国各地,产品深受广大用户的青睐和好评。三岭家具大世界拉动了实木家具产业的蓬勃健康发展,成为宁津对外展示的靓丽窗口。2018年12月30日,宁津三岭家具大世界商会成立大会在三岭集团会议室举行。县委常委、统战部部长、县总工会主席武永生,三岭集团董事长倪国岭,原大柳镇党委书记李文达及商会会员理事80多人参加。会议审议通过《三岭家具大世界商会章程》,审议通过三岭家具大世界商会第一届会员大会《选举办法》,选举产生了第一届三岭家具大世界商会会长、常务副会长、副会长、秘书长。

2019年1月1日,宁津三岭家具大世界精品展厅投入使用。中国实木家具之乡接待中心和三岭家具大世界商会也相继揭牌。县委常委、统战部部长、县家具产业转型升级工作领导小组组长武永生,县人大常委会副主任郑文生出席。武永生在致辞中说,宁津三岭家具大世界是宁津家具对外展示的一个重要窗口,是宁津家具销售的一个重要集散地。宁津三岭家具大世界精品展厅的投入使用,一定能更好地促进宁津家具产业更好更快地发展。

为了进一步擦亮宁津家具对外展示的窗口,宁津县决定以三岭家具大世界为平台,以宁津县家具产业推进办公室为依托,建立中国实木家具之乡接待中心,接待中心设在三岭家具大世界。接待中心将设计一幅电子地图,把各商会会员企业和产品都标注出来,让到宁津来采购家具的客商在这里就能一目了然地了解到全县的家具企业和产品。

倪国岭时常会想,什么才是人生的价值和意义呢?其实,人生的价值和意义,只有在同他人即社会的关系中才能真正体现出来。就像吃饭为了活着,但不等于活着仅仅是为了吃饭一样。个体作为更高精神层次的存在意义,更多体现在利群利他的活动中……

人过留名,雁过留声。

倪国岭想:人生一世,虽然不必刻意在乎身前身后的名声,但总该为社会做些力所能及的事，也不枉白来世上走一遭了。

过了立夏，麦子扬花灌浆，风是醉醺醺的，摇摇晃晃，带着麦香味荡来荡去。天气越来越热了，工人们穿起单衣单衫，女工们的身体曲线更加流畅，笑容更加灿烂……工厂更新设备的工作已经结束，车间工作环境得到进一步改善。在这一点上，倪国岭非常舍得投入。企业要做一流，就必须具备一流的条件和实力。俗话说，人巧不如家什妙。更新先进工装设备，改善工人工作环境，倪国岭从不惜花血本。比如水切割设备，他们上得最早。企业要有竞争力，不仅人员素质要高，更须工装设备强大，做到人无我有，人有我优。人家干不了的，我们能做；人家能做的，我们干得更好。现代企业的竞争，是人员素质和科技实力的竞争。看得见的是硬实力，看不见的是软实力。软实力就是现代企业的科技文明程度和精气神。进入开发区以来，这是他秉承的企业理念。年年进行必要的车间改造，更换排风扇和通风设备，改善工作环境条件。今年又对环保设备进行更换，这已经是第 4 次（每次投入近百万元）。工装设备和工作环境条件的改善，大大提高了员工的工作积极性，增强了工人们以厂为家的主人翁意识。人人心情舒畅，个个争先恐后，大大提高了工作效率。

每天下午，他都要穿着工装到车间里转转，和工人们随便唠几句家常，顺便问问他们的想法和看法，听听他们的合理化建议。这成了他的习惯。和工人们在一起，他感到亲切踏实，心情愉快。

这一年的 8 月，农历闰六月，已交立秋节气。暑期尚未过去，天气仍旧一味地燠热着。经过一段时间的考察酝酿，一个对企业忠诚，主动大胆工作，敢于负责，敢于坚持公司原则，有能力、有魄力的新的 9 人高管团队诞生。

这是整顿后经过风吹雨打结出的果实。

倪国岭说："我的用人原则，就是想干事者给机会，能干事者给舞台，干成事者委以重任，不拘一格降人才。工作讲原则，对人讲感情。量体裁衣，人尽其才。你是骏马，我给你草原，你是雄鹰，我给你蓝天，让你有用武之地。"

新的高管团队上任伊始，坚决按照董事长的意图，前进有方向，行动有目标。统一思想，步调一致，各负其责。充分认识企业存在的问题，制定行之有效的行动措施，按照董事长的指示贯彻执行不走样。操作一段时间，对不适应者，拿下去。能者上，庸者下，没人情面子，不讲亲情关系。一切以公司利益为最高标准，一视同仁。

倪国岭说："方向既定，目标明确，干部就是执行力。干部干部，就是先干一步。打铁还要自身硬，对公司的既定目标，规章制度，要坚决落实不走样。要彻底改变由来已久的自由散漫,各自为政,手持一把号,各吹各的调,脱离三岭规则的不良风气。目前,治理整顿,调整干部,已经初步达到预期目标。第二步,就是要抓落实。要踏石留印,抓铁有痕,不需要空喊口号,不需要忽悠的工作作风。要求三岭的全体干部做到:转变观念,端正态度,认真工作,说真话,干实事。推行考核岗位职责执行力,完善 TS16949 要求标准,完善落实三岭工作业务平台,上下一心,同心同德,忠于职守,既对企业负责,又对自己负责,真正拧成一股绳,形成向心的凝聚力,而不是各自揣着小九九的离心力。只有这样,三岭才能走上健康发展的道路,真正做大做强。全体员工必须精诚团结,共同努力拼搏,继续发扬勇往直前的精神,一起夯实新的一年,实现三岭百年企业梦。"

2018 年 8 月 16 日,经过一年多的实战,面对国内外复杂多变的市场形势,倪国岭觉得要实现原定目标,仍需加强中层管理的执行能力,提高管理效率,决定对高管团队及时做出调整:倪桂龙不再担任总经理职务,改任董事长助理,三岭集团党支部书记。聘李灿任总经理。倪康任副总经理。张东任主任。组成四人高管核心。原高管团队杨成利、张霞、倪磊退出高管团队,担任原职责工作。

2019 年 9 月,又对高管层做出充实调整,新提拔郑红霞任副总经理,同时负责塑料车间、热合车间、修边车间(修边车间后改由李总负责)、座椅车间的全面工作,享受高管待遇(郑红霞原是普通工人,因为工作出色,被提拔为车间主任,再提为副总)。为加强科研创新力度,2020 年 3 月,聘任桑晓跃为副总经理。主要负责产品研发、质量检测、设备工装更新和工艺改进,建全技术部门配岗等全面工作,享受高管代遇。原卡车一线经理孟宪华退休,另聘为三岭驻重汽顾问(享受经理待遇)。2 月,张东主任离职,由人力资源王慧接手工作。王慧单纯热情,工作积极认真,善于学习,成熟成长很快。8 月,提任集团办副主任,负责人力资源管理及办公室其他任务。整个集团管理团队在实际工作中,为适应新的变化形势,不断学习,不断磨合,在不断淘汰和吐故纳新中逐渐稳定下来。

2020 年,是农历庚子年。

正是一年一度的春运期间,武汉突发疫情。1 月 23 日,是旧历除夕的前一天,武汉宣布封城,道路封锁,交通断行。全国各地迅速调集白衣天使,星月兼程,逆行援鄂;各地组织的支援武汉抗疫救灾的生活物资,从四面八方源源不断驰援武汉。一场全国抗击新冠病毒的人民战争,就此拉开帷幕……

为支援抗击新冠状病毒，1月31日，山东三岭集团向宁津县慈善总会捐款103万元，彰显了企业家的担当。倪国岭说："作为民营企业，在疫情紧急之时，我们有责任也有义务帮助国家和人民渡过难关。当前，全国人民万众一心抗击疫情，作为企业家，我倍感责任重大，此时更应尽自己的微薄之力反哺社会，有一分热发一分光。"他是这么说的，也是这样做的。2008年汶川地震，倪国岭积极带头捐款捐物支援灾区，并于2009年亲赴灾区参加灾后重建工作。他说，一方有难八方支援，现在国家有难，作为企业责无旁贷，必须为国分忧。企业家毕竟是"家"，有国才有家……

事实上，奉献爱心，回馈社会，人民币，人民花，早已成了倪国岭内心的信条和不变的情节。早在20世纪80年代，倪国岭就在家乡大柳镇高伊范村建起了近万平方米的"国岭小学"，不收一分学费，无偿招收周围村庄的200余名适龄儿童读书。1994年，倪国岭为宁津县大柳镇后魏村、前魏村、小韩村修建公路，安装路灯等基础设施，打了深井，架设自来水管道，让三个村的3000多户村民在宁津县用上路灯，喝上自来水。2010年，倪国岭同其他4位企业家，将90万现金手对手交给全市120名家庭困难的高中毕业生，鼓励他们完成大学学业。2017年，倪国岭建立"因善结缘"微信群，带动身边的企业家一起参与到捐资助学的队伍中，长期资助困难学生。2017年9月11日，宁津县第一所寄宿制公办小学举行开学典礼，山东三岭集团等七家企业捐赠10万元现金爱心助教，为全体教师送上一份节日礼物，县委副书记毕志国出席捐赠仪式。2017年至2020年，三岭集团连续4年对该学校进行捐助。倪国岭说，现在是知识经济时代，孩子们是我们的未来，没文化不行。我一直也在关注教育，这所学校很规范，应该拉动拉动。他说，我做事情不求回报，就是宁津人做宁津事情，目的就是叫孩子们有个学习的环境，有个奋斗的目标，长点儿宁津人的志气。2019年8月，倪国岭为公司困难职工张丙花及其考入大学的女儿高硕颁发了10000元助学扶贫金。

据初步统计，自1994年起，山东三岭集团多次参与、组织公益活动，多次无偿捐赠钱款、物资，累计数额近千万元。

新冠无情人有情。

就在武汉封城的同时，全国各地都迅速行动起来，层层设防，封村封路，处处设卡，戒备森严，形势骤然变得紧张起来。整个春节期间，人们都隔离在自己家里，不串门，不走动，不聚会，不拜年。偶尔上街，也是戴着口罩，将自己浑身上下裹得严严实实。大街上很少有车辆行驶,偶尔有全副武装不见面目的行人从街边走过,也是行色匆匆,别无他顾。大多数人宅在家里,无事可做,闲且无聊。除了看电视,就是心不在焉地摆弄手机。这样的日子要到什么时候才结束,谁也说不出来。只能等待,让无聊充填空虚的时间。据说,春暖花开时节,病毒会得到遏制,人们盼着天气快点暖和起来。

春节的几天,天气晴朗,倪国岭的心情却是阴沉沉的。

他不知道该做些什么,常常心情忐忑地对着电视机发呆。电视上传来武汉抗疫的最新消息,被确诊的人数与死亡人数在不断攀升,医院人满为患,抓紧抢修方舱医院……事态的发展出乎意料地严重起来。尤其是微信朋友圈,各种触目惊心的消息接连不断。

网上的消息五花八门,令人眼花缭乱。一切都像雾里看花,朦朦胧胧,真假难辨。倪国岭懒得为这些事操心,他操心的是过了年节,工厂什么时候可以开工;一旦开工,有哪些事需要做。

让他暗暗庆幸的是,虽然新冠病毒来势凶猛,打了人们一个措手不及,但在全国人民的齐心协力抗击下,蔓延势头很快得到有效控制。相比之下,新型冠状病毒很快就在世界范围内蔓延流行起来,一发不可收拾。他想,这得益于中国的社会主义制度,得益于公共医疗体系。否则,一切都不可意料……

他相信事在人为。过去的一年,受中美贸易摩擦的影响,企业遇到各种困难,他已经充分领教过了。面对复杂多变的形势,他未雨绸缪,预先研判,迅速做出调整,不是闯过来了么?在无法改变外部环境的条件下,只要适时改变调整自己,就能立于不败之地。实践证明,自己当初所作出的决策是对的。在新的管理团队和全体员工的共同努力拼搏下,终于圆满完成了预期目标。而新的一年,还会发生什么?一切都难以预料。企业面临的形势将更加严峻,他必须有清醒的认识和做好充分的思想准备。一想到这些,他的心情就格外郁闷,像灌了铅似的沉甸甸的。

他原计划春节一过,初三开工。节前放假时,谁也不会想到形势会变得如此紧张。现在,整个抗疫形势虽然有所缓和,但上级并没有要企业开工的意思。倪国岭思量再三,决定组织特战队,实行封闭管理,按照原定计划,初三正式开工。这样做须冒很大的风险,也是对整个管理团队执行力的考验。要做到万无一失,必须缜密精细,不留任何死角,严格把控每个环节。

在全县企业都在等待观望时,倪国岭的工厂就像第一只报春的燕子,悄然如期开工了。

开工当天，所有高管团队成员，深入一线，对人员严加检测，量体温、戴口罩，整个防护措施严密，有条不紊，卡住源头，避免交叉感染。工厂实行半军事化封闭式管理，所有员工必须服从命令听指挥，做到招之即来，挥之即去。后勤伙房，把好食品安全关，提高用餐补助。伙房有补助，供应商有补助，经销商都有补助。进了三岭门，就是三岭人，这不是一句空话，而是实实在在的行动。他的企业就像一个亲密无间的大家庭，目标一致，协力同心。每个人都得到应有的尊重，每个人都有各自的获得感。他想起一句话，兄弟同心，其利断金。企业的凝聚力就是企业的实力，只要到他的工厂车间看看，你就会知道这句话所包含的深层意义。

在其他工厂还在犹豫观望，等待复工的指示时，三岭公司的车间内已是机器轰鸣，热火朝天了。

明媚的春光已经把世界胀破了。花儿竞相开放，她们对这个世界发生了什么一无所知，一如既往地讪笑着，十分不解地望着无暇他顾来去匆匆忧心忡忡的人群，因遭受冷落而轻轻叹息。此时，大洋彼岸的新冠病毒正肆意横行，并没有因为天气变暖而偃旗息鼓，相反，变得更肆无忌惮……

细节决定成败。开工以来，三岭集团高管团队成员，每个人的神经都高度绷紧起来，事先安排，事后检查，事无巨细，扎扎实实，不敢稍有疏忽。每天，他们都工作到夜晚 12 点。舍小家，顾大家，放弃休息节假日，放弃和家人孩子的团聚，忘我地一心扑在工作上，一刻也不敢松懈。眼睛熬红了，成了熊猫眼。身体消瘦了，变得苗条起来……对家人的愧疚，有时只是一个手机上的"么么哒"或"笑脸"，或是匆匆一句留言：我在忙……

的确，作为公司的高管，他们既紧张又忙碌，无暇他顾。在当前情况下，工厂里的事太多，件件需要过问处理，一丝不苟。国内的抗疫形势虽然得到有效控制，但决不可掉以轻心，以防病毒卷土重来。整个经济形势也不容乐观，外部压力增大，内部竞争激烈，如何完成全年预期目标，这对三岭集团的高管团队是个巨大的考验。他们就像陀螺一样被鞭子赶着转，一刻也难停下来……眼看就到国庆节了，全年三季将过，眼下是关键的一季，他们会捧出什么样的成绩向国庆节献礼呢？

2020 年的国庆节，恰逢农历八月十五，双节同庆，花好月圆。三岭集团在广场上举行盛大的节日庆功晚宴，应邀前来的各级领导以及曾经的老朋友和社会各界人士欢聚一堂，共话今昔。在雄壮的《三岭之歌》的歌声里，晚会正式开始。首先，对总经理、副总经理、书记、主任等新的高管人员颁发聘书。受聘的新的集团管理人员纷纷表示,绝不辜负董事长的信任期望和重托,将兢兢业业,夙夜勤工,把全部身心热情和聪明才智投入到工作中去。宁津县人民政府副县长王新志,大柳镇党委书记李爱新,以及小韩村支部书记先后上台献词表示祝贺。飒飒秋风吹来,带着原野的郁勃气息和黍禾的馨香……

倪国岭说:"2020 年,天灾人祸双至,整个形势与市场变化莫测,险象环生,三岭面临历史上最严峻的艰难险阻。面对空前复杂多变的不可预测的形势,三岭人没有被吓倒,而是勇敢地积极面对,我们采取了'三个必保'的硬性措施。各位高管,全身心地投入工作。总经理挂帅,各位副总经理、书记努力做好各自负责的工作。大胆负责,不推诿,不退缩,敢于担当,主动采取措施完成任务,做到责任延伸。全体员工积极努力,上下一心,攻坚克难,义无反顾地朝着既定目标勇往直前。时间已经进入第三季度,残酷的搏杀仍在继续。所有同仁所做的努力,董事长看得清楚,心里有数。实践证明,困难是弹簧,你弱他就强。只有把困难踩在脚下,就没有过不去的火焰山。行百里者半九十,在此,我希望大家,要继续发扬一往无前的精神,不骄不躁,继续努力,加油!凡事以三岭利益为最高准则,以三个必保为基调。董事长要求做到,团队作战,狼性出击。忠诚,精通,参谋。各位,努力吧!董事长十分感谢你。在三岭的发展史中,有你的贡献,留存你光辉的一页。我们四情并融,携手同行,共圆三岭百年梦。努力,加油!"

……

喷泉流彩,霓虹闪烁,宴会伴随着精彩的文艺演出正式开始。台上歌声曼妙,翩翩起舞;台下觥筹交错,笑声朗朗。大家共同举杯,祝贺三岭的明天更加美好。

今夜星光灿烂,今夜花好月圆。

三岭的明天一定会更加辉煌灿烂。